처음 마케팅에 도전하는 소상공인을 위한

인스타그램
셀프 마케팅

국내 유일
#해시태그
마케팅 강사

INSTAGRAM SELF MARKETING | 조영빈 저

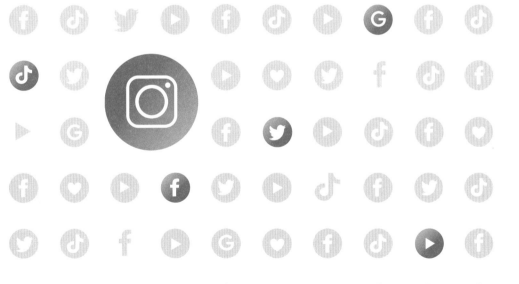

DIGITAL BOOKS
디지털북스

처음 마케팅에 도전하는 소상공인을 위한
인스타그램
셀프 마케팅

| 만든 사람들 |

기획 IT · CG 기획부 | **진행** 양종엽 · 장우성 | **집필** 조영빈 | **책임편집** D.J.I books design studio
표지 디자인 D.J.I books design studio 원은영 | **편집 디자인** 디자인 숲 · 이기숙

| 책 내용 문의 |

도서 내용에 대해 궁금한 사항이 있으시면,
디지털북스 홈페이지의 게시판을 통해서 해결하실 수 있습니다.

디지털북스 홈페이지 digitalbooks.co.kr
디지털북스 페이스북 facebook.com/ithinkbook
디지털북스 인스타그램 instagram.com/digitalbooks1999/
디지털북스 유튜브 유튜브에서 [디지털북스] 검색
디지털북스 이메일 djibooks@naver.com
저자 이메일 passionvip@naver.com

| 각종 문의 |

영업관련 dji_digitalbooks@naver.com
기획관련 djibooks@naver.com
전화번호 (02) 447-3157~8

처음 마케팅에 도전하는 소상공인을 위한

인스타그램
셀프 마케팅

CONTENTS

PART 00

시작하기에 앞서

게시물 인사이트

1,113

이 게시물에서 발생한 행동

프로필 방문

웹사이트 클릭

찾아가는 길 보기

발견 ⓘ

22,668

도달한 계정
회원님을 팔로우하지 않은 사람의 비율이

팔로우

도달

노출

홈
해시태그
프로필

CHAPTER. 01

프롤로그 : 마케팅의 메커니즘이 바뀌고 있습니다.

수많은 팔로워를 보유한 인플루언서의 영향력이 점점 떨어지고 있습니다. 대체적으로 유명 크리에이터나 SNS에서 유명한 인플루언서를 활용한 마케팅의 효율이 점차 떨어지고 있는 모습을 보이고 있습니다. 하지만 이는 굉장히 자연스러운 현상입니다.

플랫폼*을 선점해 거의 독점하다시피 성장한 크리에이터*와 인플루언서*는 소수이지만, 새롭게 성장하는 크리에이터와 인플루언서는 다수입니다. 이미 성장했던 이들의 영향력이 새롭게 성장하는 다른 이들에게 흩어지는 것은 어찌 보면 너무 당연한 것 아닐까요? 플랫폼의 도달*이 한계에 이른, 수요 보다 공급이 더 많아지는 이 시점에서 누군가의 성장은 누군가의 하락을 의미합니다. 기존에 있던 인플루언서의 영향력의 하락과 새로운, 수많은 인플루언서의 등장이 이를 보여주고 있습니다.

> ***플랫폼** platform. 역에서 기차를 내리는 곳, 정거장. 사람이 많이 타고 내리는 정류소, 사람이 많이 모이는 곳을 의미합니다. 온라인상의 트래픽이 많이 몰리는 곳을 의미합니다.
>
> ***크리에이터** 콘텐츠를 제작하는 사람. 유튜버, 인플루언서, 블로거 등을 의미합니다.
>
> ***인플루언서** 팔로워나 구독자가 많은 소셜 미디어 유저, 유튜버 등의 영향력을 가지고 있는 사람을 의미합니다.
>
> ***도달** 콘텐츠가 보여지는 것. 콘텐츠의 공급을 의미합니다.

그리고, 저는 앞으로 이러한 영향력이 모든 이들에게 분산될 것이라고 생각합니다. 매스미디어의 막강한 영향력이 소셜 미디어와 같은 다른 채널에 분산이 되었던 것처럼, 대형 인플루언서(*메가 인플루언서)의 영향력이 마이크로-인플루언서에게 분산이 되는 것은 자연스러운 현상이라고 생각합니다.

*메가 인플루언서   10,000 이상의 팔로워/구독자를 보유한 인플루언서를 의미합니다.

*마이크로 인플루언서   1,000 이하의 팔로워/구독자를 보유한 인플루언서를 의미합니다.

SNS가 등장하고서, 특히 인스타그램이 등장하고 나서 마케팅의 메커니즘이 많이 바뀌었습니다. 최근 국내에서 마케팅의 트렌드로 떠오른 "INSTAWORTHY(인스타워씨)"만 봐도 알 수 있습니다. 사진을 찍게 만들고, 인스타그램에 업로드하게 만들면 마케팅이 끝나는 세상입니다. 마케팅이 너무 쉬워졌습니다. 반대로, 사진을 찍게 만들지 못하면, 인스타그램에 업로드하게끔 유도하지 못하면 여전히 마케팅이 어려운 세상입니다.

누군가가 찍어 올린 사진은 다른 이에게 광고판의 역할도 하고, 입소문의 역할도 하고 있습니다. 이제 마케터는 이러한 유저들의 자발적인 후기를 유도할 수 있는 기획력을 갖춰야 한다고 생각합니다.

생각해보면, 마케팅의 메커니즘은 바뀌지 않았습니다. 우리는 언제나 고객의 후기에 집중했고, 가능하면 이 후기가 우리 홈페이지의 구매평과 함께 SNS나 블로그에 콘텐츠가 되기를 바랐고, 궁극적으로는 입소문이 되기를 원했습니다.

시간이 흐를수록 콘텐츠를 업로드하기 좋은 플랫폼과 도구가 생겨나고 있습니다. 덕분에 우리 모두는 더 적극적으로, 실시간으로 방대한 콘텐츠를 생성할 수 있게 되었죠. 이전에는 소극적으로 들을 수밖에 없었다면, 이제는 적극적으로 목소리를 낼 수 있습니다. 이러한 한 사람 한 사람의 작은 목소리가 모여 목소리가 큰 인플루언서의 목소리 보다 더 큰 영향력을 만들 수 있습니다.

이제는 목소리가 큰 인플루언서에게 의존하는 마케팅에서 벗어나야 할 때입니다. 작지만, 누군가에게는 큰 영향력을 미칠 수 있는 목소리를 모아야 합니다. 고객들이 자발적으로, 그리고 적극적으로 우리 업체에 대한 긍정적인 후기를 남길 수 있도록 유도하는 데 성공하시기 바랍니다! 인스타그램은 해시태그라는 도구를 통해 우리 고객들의 작은 목소리를 모으기 매우 좋은 플랫폼 입니다. 이 책을 통해 고객 분들의 작은 목소리를 큰 영향력으로 만들어낼 수 있기를 바랍니다!

오늘도 고객을 위해, 나의 갑을 위해 고군분투하고 계실 소상공인과 브랜드의 마케터 및 대표 분들을 응원합니다.

CHAPTER. 02

머리말 : 이 책을 집어 든, 감사한 당신에게.

아마 "소상공인"이라는 문구가 당신의 시선을 사로잡지 않았을까 합니다. 소상공인의 수는 점점 증가하고, 이에 따라 소상공인끼리의 작은 경쟁도 점점 증가하고 있습니다. 2020년에는 코로나 바이러스로 인해 어쩔 수 없이 소상공인이 된 분들도 많다고 합니다.

저 또한 소상공인입니다. 여기가포토존/여포존스냅이라는 작은 사업체를 3년째 운영하는 사업자이고, 스마트 스토어를 활용해 위탁판매 쇼핑몰을 운영하고 있는 쇼핑몰 사장이자 소상공인입니다.

저는 "돈 넣고 돈 먹기"식의 광고는 좋아하지 않습니다. 저 또한 소상공인이다 보니 단 돈 1만원도 너무 소중하니까요. 그리고 돈 넣고 돈 먹기는 누구나 할 수 있는 일이고, 돈이 없으면 좋은 결과를 기대하기 어렵다는 한계가 분명하다고 생각하기 때문입니다. 제가 좋아하는 마케팅은 '고객을 마케터로 만드는 일'입니다. 누구나 특별히 좋아하는 상품이나 브랜드가 있죠. 마케터는 우리 브랜드나 판매하는 상품/서비스가 고객들에게 이러한 존재가 될 수 있도록 만들어야 한다고 생각합니다. 그래서 어떻게 하면 우리 브랜드가 고객들에게 매력적일 수 있는지, 그리고 이들의 자발적인 후기를 어떻게 유도할 수 있는지에 대한 기획에 신경을 많이 쓰는 편입니다. 덕분에 제가 컨설팅과 광고 대행을 진행하고 있는 몇몇 브랜드의 ROAS가 10,000~25,000% 라는 놀라운 수치를 기록할 수 있었다고 생각합니다.

ROAS Return On Ad Spends : 광고비 대비 매출액, 보통 매출/광고비*100 으로 나타나는 수치입니다.

고객을 마케터로 만드는 일은 매우 어렵습니다. 고객으로부터 긍정적인 구매평 하나를 얻는 것조차 쉬운 일이 아닌데(이를 위해 따로 솔루션까지 존재하는 거 아시죠? 그것도 엄청 많이!) 단순히 "좋아요"하고 끝나버리는 구매평이 아니라 다른 이에게 우리를 대신해서 우리 업체(브랜드)를 알리는 마케팅을 하도록 만드는 일이니까요. 누군가에겐 허황된 이야기로 들릴지 모르지만 우리 주변에는 이런 마케터이자 고객인 고마운 사람들 덕분에 좋은 결과와 함께 브랜드를 지속하는 경영자와 마케터가 있습니다. 옆 경쟁사에서 판매하는 제품이 유명 크리에이터의 콘텐츠에 소개가 되었다는 소식을 접하면 단순히 "저기는 운이 좋았다" "왜 우리는 운이 좋지 못했는가?"라고만 생각하실 건가요? 고객들, 유저들의 자발적인 입소문의 영향력은 어마어마 합니다. 이들의 자발적인 입소문이 유명 크리에이터에게로 전해지는 운을 만들어주고, 지속적인 성장을 할 수 있는 힘을 만들어 줍니다.

마케터는 마케팅을 하지 않아도 됩니다. 고객을 마케터로 만들 수 있는 "기획"이 있다면 말이죠. 고객들이 알아서 콘텐츠를 생산해주고, 소문을 내고, 영업을 해주니까 마케터는 아무것도 하지 않아도 됩니다. 실제로 제가 광고 대행을 하고 있는 한 브랜드에서는 광고를 집행할 때와 광고를 집행하지 않을 때의 매출 차이가 크게 없는 브랜드도 있습니다. 덕분에 지금 당장의 매출을 위한 광고를 내보내기 보다는 브랜딩[*]과 관련된 콘텐츠를 발행하고 이를 광고 소재로서 활용하고 있습니다. 경쟁사는 "돈 넣고 돈 먹기"식의 광고에 의존하며 ROAS의 수치에 매달릴 때 우리는 #브랜드명 이라는 해시태그의 수를 보며 브랜드의 성장을 판단하고 있습니다. #브랜드명 #업체명이라는 해시태그의 수는 곧 '우리 고객님들이 온라인상에서 얼마나 많이 우리 브랜드에 대해 이야기 해주는가에 대한 지표'이니까요. 저는 이 지표를 인스타그램 마케팅에 있어 가장 중요하게 생각합니다. 사실 이 지표를 제외한 나머지 지표는 크게 신경 쓰지 않습니다. 비용을 투자해야만 나오는 수치는 비용 투자를 멈추게 되면 수치도 멈춰버리게 됩니다.

*브랜딩 Brand+Ing, 브랜드 + ing. 브랜드의 이미지를 만들어 가는 과정.

인스타그램이라는 플랫폼은 고객을 마케터로 만들기에 아주 매력적인 플랫폼 입니다. 하나의 콘텐츠를 올리기 위해서는 사진을 찍고, 캡션(텍스트)만 입력하면 되니까요. 누구나 쉽게 브랜디드 콘텐츠를 발행할 수 있습니다. 일례로, 네이버와 유튜브, 그리고 페이스북은 크리에이터가 콘텐츠를 만들면 다수가 소비하는, 일방향적인 성향이 매우 강한 플랫폼이죠. 콘텐츠를 생산하는 주체와 소비하는 주체가 명확하게 구분이 되어 있습니다. 하지만 인스타그램은 콘텐츠를 생산하는 주체와 소비하는 주체가 나뉘지 않습니다. 누구나 콘텐츠를 생산하고, 누구나 콘텐츠를 소비하죠. 덕분에 모든 고객이 우리 브랜드에 대한 콘텐츠를 소비할 수 있음은 물론, 생산할 수 있는 가능성도 열려 있습니다.

어떻게 하면 고객의 후기를 쉽게 유도할 수 있는지, 어떻게 고객을 마케터로 만들 수 있는 지에 대한 방법이 궁금하시다면 이 책을 정독해보시기 바랍니다. "고객이 마케터다!"라는 마케팅 신념을 가지고 있는 저만의 마케팅 노하우를 담았거든요.

P.S.   어디서나 쉽게 듣고 접할 수 있는 기본적인 내용(가입하기/피드에 사진 올리기/프로필 설정하기 등) 및 매뉴얼 내용은 이 책에서는 과감하게 뺐습니다. 다만, 소상공인을 위한 책인 만큼 최대한 쉽게 읽으실 수 있도록 친절한 설명을 더하기 위해 노력했습니다.

제 책에 가장 많이 등장하는 '브랜드'라는 단어는 '기업', '가게', '매장', '소상공인' 등 고객과 상품(서비스)이 있는 모든 브랜드를 의미합니다.

CHAPTER. 03

인스타그램 vs 타 플랫폼("보는"SNS, "하는"SNS)

인스타그램은 고객과 가장 친밀하게 소통할 수 있는 플랫폼입니다. SNS(Social Network Service)란 원래, 온라인상에서 사람(Social)과 사람(Social)간의 연결(Network)을 위해 태어난 서비스(Service)입니다. 이러한 장점을 기업 SNS에 적용시켜 탄생한 것이 SNS 마케팅이죠. 하지만 요즘의 SNS는 이러한 "본질"을 잃었습니다. 기업과 인플루언서가 콘텐츠를 생산하면 유저는 이것을 소비하기만 합니다. 고객을 포함한 유저들과 '소통'을 하려고 하지 않습니다. 콘텐츠에 대한 피드백을 남길 수도 있지만, 이는 극소수에 불과하며 시간이 지날수록 이러한 유저들의 수도 점점 줄어들고 있습니다. 그저 '노출'을 많이 발생시키기 위한 활동만을 합니다. 요즘은 SNS를 "한다"라는 표현 보다는 SNS를 "본다"라는 표현을 더 많이 합니다.

한다/본다의 차이는 SNS의 본질적인 기능이 제 역할을 하지 못하고 있음을 의미합니다. 가장 대표적으로, 우리는 페이스북을 봅니다. 보기만 합니다. 우리들의 페이스북 피드에는 내 사진도 없고, 내 일상도 찾아볼 수 없습니다. 소수의 유저만이 일상을 공유하고 셀카, 또는 셀피를 올립니다. 블로그, 유튜브도 마찬가지죠?

네이버

네이버를 통해 얻는 콘텐츠에 대한 기대감이 예전에 비해 많이 떨어졌습니다.

인스타그램 마케팅을 하기 이전에 저는 네이버 마케팅을 해왔습니다. 마케터 조영빈의 첫 번째 커리어는 네이버 마케팅을 통해서였습니다. 개인 블로그 운영 11년과 더불어 지난 9년 이상 꾸준히 네이버 마케팅을 해오면서 요즘 가장 크게 느끼는 부분은 〈블로거의 부재〉입니다. 특히 어린 10대와 20대 블로거의 부재를 많이 느낍니다. 요즘은 블로그 운영보다는 유튜브나 인스타그램을 운영하는 것을 선호하는 분위기입니다. 분명 수익적인 문제도 있겠지만, 다른 세대에 비해 글을 읽고 쓰는 것을 싫어하는 10대와 20대에겐 더 강하게 나타나는 현상입니다.

요즘의 20대는 블로그를 많이 하지 않습니다. 이들이 블로그를 많이 하지 않는 가장 큰 이유는 아마도 "귀찮아서"이지 않을까 합니다. 사진 1장과 간단한 코멘트로 후기를 남길 수 있는 다른 SNS(페이스북, 인스타그램, 트위터 등)가 있는데 군이 블로그를 할 이유가 없다고 느끼는 것 같습니다. 수익적인 부분을 목표로 하는 유저라면, 더 많은 돈을 벌 수 있는 유튜브를 더 높은 우선순위로 생각하고 있기도 하죠.

네이버를 이용하는 유저들의 성향도 블로거의 이탈에 큰 영향을 끼친 것으로 보입니다. 네이버에 무언가를 검색할 때는 "어차피 다 광고(협찬)야"라는 생각으로 콘텐츠를 소비하는 모습을 보입니다. 네이버를 통해 얻는 콘텐츠에 대한 기대감이 예전에 비해 많이 떨어진 거죠. SNS 검색을 통해 실제 유저들의 사용 모습이나 후기를 살펴보고, 유튜브를 통해 제품에 대한 설명을 듣는 것을 더 편하게 생각하기도 합니다.

블로거 및 크리에이터들의 수익을 높여 더 많은 콘텐츠가 쌓일 수 있도록 하는 모습을 보이고 있는 네이버

　블로그에 꾸준히 콘텐츠를 양산해주는 블로거들은 '수익적인 면에서도, 신뢰성의 면에서도 다른 경쟁 플랫폼에 밀리는 블로그를 계속해서 운영해야 하는가?'라는 생각이 들 수밖에 없습니다. 블로거들의 이탈은 곧 네이버에 꾸준히 쌓이는 양질의 콘텐츠가 줄어든다는 것을 의미합니다. 네이버의 양질의 콘텐츠가 곧 유저들이 네이버 서비스를 이용하는 이유인데, 이 이유가 점점 사라지고 있습니다. 그래서 네이버는 최근 〈네이버 인플루언서〉〈셀렉티브〉〈지식in 엑스퍼트〉등의 서비스 오픈으로 신규 인플루언서를 모집함과 동시에 해당 서비스에서 활동할 때 추가 애드 포스트 배너를 삽입하거나 상품/재능을 판매할 수 있는 기능 등의 업데이트를 통해 블로거 및 크리에이터들의 수익을 높여 더 많은 콘텐츠가 쌓일 수 있도록 하는 모습을 보이고 있습니

다. 네이버에서 활동하는 크리에이터가 발행하는 양질의 콘텐츠가 많아져야 네이버를 이용하는 유저들의 유저 경험이 좋아지기 때문에 네이버는 지속적으로 크리에이터들이 네이버에서 활동할 수 있는 환경을 제공해줄 것 같습니다.

(2020년 3월에는 셀렉티브 앱을 통해서 라이브 커머스 툴을 제공해주어 스마트 스토어의 판매자나 셀렉티브의 크리에이터가 라이브 방송을 통한 상품 판매를 할 수 있도록 해주었습니다.)

페이스북

페이스북은 "본다"라는 표현이 가장 적합한 SNS가 되어버렸습니다.

페이스북은 어느새부터 꾸준히 하락세입니다. '믿거페(믿고 거르는 페이스북)'라는 단어가 있을 정도죠? 나의 사생활이 내 지인들에게만 보여지는 것이 아닌, 모르는 사람들에게도 보여지는 공간이다 보니 페이스북에 일상을 공유하는 것이 꺼려집니다. 유저들의 오가닉 콘텐츠 수는 점점 줄어드니 자연스럽게 대형 페이지의 게시물이 피드를 장악하게 되었습니다. 그리고 즐겨 보던 대형 페이지에서는 언제부터인가 광고 콘텐츠만 쌓이기 시작했습니다. 피드를 내리면 나타나는 스폰서 광고 또한 노출 빈도가 높아지면서 페이스북에 대한 유저들의 신뢰성은 점점 떨어지고 있습니다. 그래도 여전히 '킬링타임'용으로 페이스북만 한 것이 없습니다. '믿거페, 믿거페'하지만 페이스북만큼 재미있는 콘텐츠를 빠르게 볼 수 있는 플랫폼은 없기 때문입니다. 그러다 보니 페이스북은 "본다"라는 표현이 가장 적합한 SNS가 되어버렸습니다.

*오가닉 콘텐츠 광고가 아닌 순수 유저, 페이지에서 발행하는 콘텐츠 게시물.

최근 페이스북 콘텐츠의 트렌드는 B급 또는 유머입니다. 재미없는 콘텐츠는 소비하지 않는 유저들의 성향 때문에(특히 킬링타임을 위해 활용하는 유저가 많은 만큼 이러한 성향이 더 강합니다.) 수많은 광고주들은 잠재 고객들의 시선을 사로잡기 위해 최대한 재미있는 소재를 활용하여 광고 콘텐츠를 만들고 있습니다. 페이스북의 광고 시스템 또한 이러한 분위기를 계속 부추기고 있습니다. 내가 선택한 타겟들이 내가 만든 광고 콘텐츠를 보았을 때, 반응도(관련성 점수)가 낮으면 광고의 단가가 비싸게 형성이 되는 모습을 보여주고 있습니다. 페이스북을 통해 효과적인 마케팅을 하기 위해서는 콘텐츠가 재미있어야 함은 물론, 매출에 도움이 될 수 있는 '콘텐츠 기획 능력'이 점점 중요해지고 있습니다. 단순히 재미있는 콘텐츠는 좋아요/덧글 등의 반응이 활발하기 때문에 겉으로는 굉장히 효과가 좋아 보이지만, 실제로 전환이 발생하지 않아 매출에는 도움이 되지 않습니다. 저를 포함한 수많은 마케터들은 유저들에게 재미있는 포인트를 제공함과 동시에 매출을 발생시킬 수 있는 콘텐츠를 만들기 위해 노력하고 있습니다.

캠페인 이름			예상	결과	도달	노출	결과당 비용	지출 금액	종료	구매 ROAS(광고 지출 대비 수익률)	웹사이트 구매 ROAS(광고 지출 대비 수익률)
										64.16	64.16
										22.75	22.75
										56.04	56.04

ROAS는 스폰서 광고를 얼마나 잘 집행하고 있느냐에 대한 핵심 지표입니다.

그래도 페이스북이라는 플랫폼은 여전히 대단합니다. 국내의 유저 수와 이용시간은 점점 감소하는 추세를 보이긴 하지만, 여전히 '마케팅 채널로서 페이스북 보다 나은 채널이 있나?'라는 생각을 가지게 만듭니다. 특히, 페이스북의 스폰서 광고는 정말 대단합니다. 정확히는 페이스북의 머신 러닝*이 정말 대단합니다. 실제로, 페이스북의 광고 관리자 업데이트는 광고주가 세팅 값을 크게 건들지 않아도 효과가 나올 수 있도록 하고 있습니다. 〈광고 세트〉단에서 설정할 수 있는 〈타겟〉〈노출 위치〉를 가능하면 페이스북에서 자동으로 해주려고 하는 모습을 보입니다. 광고 관리자 툴 사용에 익숙하지 않은 초보자 분들이 페이스북 광고를 집행할 때 가장 어렵게 설정하는 부분이 〈광고 세트〉인데, 페이스북은 이 부분을 자동으로 설정할 수 있도록 하고 있습니다.

머신 러닝 컴퓨터가 스스로 학습하는 방대한 데이터. 광고주가 페이스북/인스타그램을 통해 광고를 집행하면 해당 데이터를 스스로 학습하고 다음 번 광고에 적용하여 더 좋은 효율을 낼 수 있도록 하는 시스템.

페이스북에 스폰서 광고를 집행하는 기록이 많으면 많을수록 광고의 효율은 점점 좋아집니다. 점점 똑똑해지는 페이스북 광고의 머신 러닝 덕분입니다. ROAS가 1,000%가 넘는 브랜드가 끊임없이 생겨나고 있습니다. 불과 1-2년 전만 해도 ROAS 1,000%라는 수치는 '마케팅 신의 영역'같은 존재였지만, 지금은 흔하게 보이는 수치가 되었습니다. 인스타그램 스폰서 광고도 마찬가지로, 페이스북 광고 관리자를 활용해야 모든 기능을 온전히 활용해서 효율적인 광고를 집행할 수 있습니다.

✏ 유튜브 ✏

현재 가장 핫한 플랫폼, 유튜브

10대부터 50대, 60대까지 모든 세대가 이용하는 유튜브도 페이스북과 마찬가지로 대부분의 유저는 콘텐츠를 소비하는, "보는"활동만을 합니다. 콘텐츠를 생산하는 유저는 크리에이터 또는 유튜버라 불리는 극히 일부의 유저들뿐이죠. 사실 '유튜브를 SNS라고 보기에는 조금 무리가 있지 않나?'라는 생각을 합니다. 아니, 저는 유튜브는 SNS가 아니라고 생각합니다. 애초에 유튜브는 영상 콘텐츠를 콘텐츠 소비자들에게 전달하기 위한 '일방향적 플랫폼'입니다. SNS처럼 유저들끼리 소통하는 커뮤니케이션을 위한 '양방향의 플랫폼'이 아니기 때문입니다. 물론 채널 별로 커뮤니티라는 것이 존재하지만 주로 채널의 주인인 크리에이터의 공지를 전달하기 위한 수단으로만 활용될 뿐 실질적인 소통이 발생하는 공간은 아닙니다.

유튜브가 성장하면서 가장 크게 타격을 받은 SNS는 페이스북이지 않을까 합니다. 실제로, 국내 유튜브의 이용자 수와 이용 시간은 계속해서 증가하는 반면 <u>페이스북</u>* <u>의 이용자 수와 이용 시간은 점점 줄어들고 있다는</u> 소식을 쉽게 접할 수 있습니다. 콘텐츠의 트렌드가 동영상으로 넘어 가면서 유저들 또한 동영상 콘텐츠를 쉽게 접하고, 고화질로 영상을 시청할 수 있는 유튜브로 많이 이동했습니다. 수익성과 도의적인 부분 또한 페이스북의 이용자가 유튜브로 많이 이동하는데 큰 역할을 했습니다.

┌
참조 링크

[앱 속 세상] MAU 변화로 살펴본 '페이스북 엑소더스'

크리에이터의 입장에서 수익성은 크리에이터로서 활동하는 데에 있어 가장 중요한 부분입니다. 동영상 콘텐츠를 제작하여 페이스북에 업로드하는 것보다 유튜브에 업로드했을 때 더 많은 수익을 얻을 수 있기 때문에 크리에이터는 굳이 페이스북에서 활동할 이유가 없습니다. 물론 페이스북도 계속해서 크리에이터들의 활동을 장려하기 위해서 수익을 발생시킬 수 있는 〈페이스북 크리에이터〉시스템을 발전시켜 나가고 있습니다. 하지만 여전히 유튜브의 수익에 비하면 적은 수익이기 때문에 1인 크리에이터라면 페이스북에서 활동할 이유가 없습니다. 오히려 페이스북에서 나오는 조회수가 유튜브에서 나오는 것이 훨씬 더 많은 수익을 가져다 줍니다. 크리에이터가 플랫폼을 이동하면, 이들을 좋아하는 팔로워/구독자 또한 크리에이터를 따라 플랫폼을 이동하게 되는데, 이는 자연스러운 현상입니다.

도의적인 부분은 〈저작권 문제〉입니다. 페이스북에 공유가 되는 콘텐츠의 대부분은 저작권을 무시한 채 퍼오는 식의 동영상입니다. 가장 대표적인 예시가 유튜버의 동영상 콘텐츠입니다. 유튜버가 유튜브에 동영상 콘텐츠를 업로드하면, 대형 페이지에서 이들의 영상을 허락을 구하지 않고 본인들의 페이지에 업로드하는 경우가 많습니다. 페이지의 조회수, 페이지 좋아요 수를 늘리기 위함은 물론 〈인스트림 동영상 광고〉수익을 창출하기 위함입니다. 이렇게 되면 유튜버의 수익이 감소하게 됩니다. 유튜버는 물론, 해당 유튜버의 구독자 또한 이러한 행위를 좋아할 수가 없습니다.

페이스북에서는 이러한 행위를 규제하고자 여러 장치를 만들어 저작권 보호를 위한 조치를 취하곤 있지만, 원본 영상을 살짝 편집하거나 썸네일을 일부러 이상하게 만들거나, 재생 속도를 높이는 등의 방법으로 페이스북의 제재를 피해 저작권을 무시한 채 무단으로 콘텐츠를 업로드 하는 사례들은 넘쳐나고 있습니다. 늘어나는 제재와 비례하여 꼼수도 늘고 있는 것이죠.

페이스북을 이용하던 유저들이 떠나는 가장 큰 이유 두 가지는 〈동영상 콘텐츠의 소비〉와 〈콘텐츠의 공유〉때문이라고 생각합니다. 앞서 설명 드린 대로, 동영상 콘텐츠를 소비할 때 페이스북 보다는 유튜브에서 소비하려는 유저들이 점점 많아지고 있습니다. 이는 시간이 지날수록, 유튜버가 많아질수록 더 강하게 나타나는 현상입니다.

다른 사람의 콘텐츠를 소비할 수 있는 재미와 더불어 SNS가 재미있는 이유는, 내 기분이나 감정, 상황, 일상 등을 다른 사람들에게 공유할 수 있다는 점입니다. 〈콘텐츠를 공유하는 재미〉이죠. 이러한 재미는 '자랑'과 '소속감'이라는 인간의 본능적인 욕구로부터 시작합니다.

누구나 끊임 없이 행복을 추구합니다. 그리고 사람은 자랑을 하면서 행복감을 느낍니다. 예전엔 자랑할 만한 거리나 모험담이 생기면 친구에게 전화를 하거나, 만나서 신나게 이야기를 했습니다. 요즘은 SNS를 통해 사진 1장과 함께 불특정 다수에게 자랑을 할 수 있습니다. 또한, 많은 사람들이 많이 하는, '요즘 핫하다!'라고 하는 콘텐츠를 공유해서 다른 이들과 함께한다는 소속감을 느끼기도 합니다.

제가 생각하는 인스타그램의 가장 큰 장점은 모든 유저가 콘텐츠를 생산하고 소비한다는 점입니다. 페이스북과 유튜브는 "보는"플랫폼입니다. 재미있는 콘텐츠를 소비하기에는 너무 좋은 플랫폼이지만, 내 일상을 공유하는, 무언가를 자랑하기에 좋은 플랫폼은 아닙니다. 반면 인스타그램은 다른 유저들의 콘텐츠를 소비하기도 편하지만 내 일상을 공유하기에도 너무 좋은 플랫폼입니다. 그래서 인스타그램은 "한다"라고 표현합니다.

✎ 트위터 ✎

SNS 시대를 연 트위터

원래 '#(해시태그)'는 트위터의 전유물이었습니다. 해외에선 #을 보면 트위터와 인스타그램이 머릿속에 떠오르지만, 우리나라에서는 트위터가 잘 떠오르지 않습니다. SNS의 시작이라고 할 수 있는 트위터는 서비스 시작의 초기에 국내에서는 자리를 잡지 못했습니다. 아마, 당시의 <u>유저 인터페이스</u>가 국내 유저들에겐 너무 익숙하지 않았기 때문이지 않을까 합니다(반면 초창기의 페이스북은 싸이월드와 비슷하게 받아들이는 분위기였죠). 이미지나 동영상이 없이도, 텍스트만으로도 콘텐츠를 빠르게 만들 수 있는 장점 덕분에 가장 빠르고 활발한 소통을 할 수 있는 채널이지만, 국내에서는 이용자가 그리 많지 않습니다. 이에 반해 인스타그램은 국내에 대중화되기 시작한 2013년 이후로 지금까지 쭉 사용자 수는 계속해서 증가하는, 활발하게 성장하는 모습을 보여주고 있습니다.

*유저 인터페이스 사용자 인터페이스라고도 합니다. 유저가 보는 화면 구성, 버튼 등의 환경을 의미합니다.

국내에서 트위터는 살짝 매니악한 SNS로 여겨지고 있는 듯합니다. 저스틴비버나 BTS와 같은 유명 연예인들이 팬들과 소통하기 위한 창구로서 트위터를 많이 활용하기 때문에 자연스럽게 이들을 좋아하는 어린 10대와 20대의 유저가 많습니다.

또한, 정치색도 매우 강한 편입니다. 미국의 트럼프 대통령이 미대선 당시에 트위터를 활용해 많은 활동을 했던 사례도 있습니다. 실제로 트럼프 대통령은 기존의 매스미디어를 활용한 광고나 홍보 보다는 트위터나 페이스북과 같은 소셜 미디어를 많이 활용했습니다. 꾸준히 자신의 의견을 어필하면서 많은 사람들의 구설수에 오르게 되었고, 결과적으로 자신의 정책을 직/간접적으로 홍보할 수 있는 기회가 되었습니다. 결과적으로 트럼프는 미국의 대통령이 되었습니다.

틱톡

어린 유저들이 열광하는 SNS 틱톡

현재 인스타그램을 가장 크게 위협하는 SNS는 틱톡입니다. 앞으로 유저들이 틱톡과 인스타그램 중 어떤 플랫폼을 더 많이 이용하느냐에 따라 SNS 시장의 판도가 크게 바뀌게 될 것입니다. 인스타그램과 틱톡은 닮은 점이 정말 많습니다. 틱톡을 보면 인스타그램의 미래가 보이기도 하고, 반대로 인스타그램을 보면 틱톡의 미래가 보이기도 합니다. 우선, 두 플랫폼 모두 유저들이 콘텐츠를 소비하기도 하고, 적극적으로 콘텐츠를 생산하기도 합니다. 가장 크게 다른 점은 인스타그램 유저들은 '피드 콘텐츠'를 소비/생산하기도 하고, '스토리 콘텐츠'를 소비/생산하기도 하지만 틱톡은 '스토리 콘텐츠'만을 소비/생산한다는 점입니다.

인스타그램의 많은 유저들은 이미 피드 콘텐츠 보다는 스토리 콘텐츠를 더 많이 소비하고 생산하는 모습을 보이고 있습니다. 꾸며서 올리는 피드 콘텐츠 보다는 날 것 그대로의 콘텐츠를 생산하고 소비할 수 있는 스토리 콘텐츠에 더 재미를 느끼고 열광하고 있습니다. 하지만 여전히 인스타그램의 유저 인터페이스는 스토리 콘텐츠 보다는 피드 콘텐츠에 보다 더 친화적인 구조를 가지고 있습니다. 유저들은 점점 스토리 콘텐츠를 많이 생산하고 소비하지만, 인스타그램은 피드 콘텐츠를 더 많이 보여주고 있습니다. 유저들의 이용 행태를 생각하면 인스타그램 역시 틱톡처럼 스토리 콘텐츠를 더 많이 업로드할 수 있도록 장려하고, 소비하기 편하게 만들어 주어야 합니다.

실제로 인스타그램의 인터페이스가 아주 잠깐 동안 피드 콘텐츠와 스토리 콘텐츠의 보는 방식을 바꾼 적이 있습니다. 갑작스런 변화에 인스타그램 유저들이 불만을 갖자 변경 1시간 만에 원래의 인터페이스로 돌아왔지만, 앞으로는 피드 콘텐츠 보다는 스토리 콘텐츠를 더 많이 보여주는 인터페이스로 바뀌지 않을까 확인 합니다.

국내에서 틱톡은 대부분 10대 ~ 20대 초반의 유저가 많이 이용합니다. 틱톡의 성장세가 무섭긴 하지만 아직 틱톡을 '대세 SNS'라고 보기 어려운 이유입니다. 추가로 브랜드에서 판매하는 상품이나 서비스를 어필할 수 있는 데에 한계가 있다는 점, 결제 유도를 할 수 없다는 점, 이용자들의 플랫폼 이탈 가능성이 높다는 점도 현재 틱톡의 단점입니다.(2020년 3월, 현재 틱톡은 소수의 광고 대행사와 함께 스폰서 광고 콘텐츠를 테스트 하는 중입니다. 2020년 5월, 틱톡 포 비즈니스를 론칭해 많은 광고를 받고 있는 중입니다.)

마케터들이 틱톡을 활용할 수 있는 범위도 아직까진 음악, 엔터테인먼트, 춤 등으로 제한적이어서 아직까지 적극적으로 틱톡을 활용한 마케팅을 진행하고 있는 브랜드와 사례가 많지 않습니다(하지만, 점점 사례는 생기고 있고 앞으로 점점 많아질 것이 분명합니다!).

인스타그램 특유의 분위기도 어린 유저들이 인스타그램 보다 틱톡을 하게 만드는 이유 중 하나입니다. 유저들에게 인스타그램의 피드는 "자랑하는 공간"입니다. 인스타그램 유저들은 예쁜 아이템, 예쁜 여행지, 예쁜 카페 등을 주로 올립니다. "나는 이런걸 먹었어!" "나는 이런 곳에 다녀왔어!" 등의 자랑을 하고, 이런 콘텐츠를 통해 "나는 행복한 사람이야!"라는 것을 어필합니다.

틱톡의 주이용 세대, 집, 학교, 학원을 오가는 어린 유저들은 인스타그램에 '자랑할 만한 거리'가 없습니다. 수많은 '거리'를 활용해 이미 인스타그램을 즐기는 유저들의 모습과는 상반됩니다. 이러한 특징은 어린 유저들에게 상대적 박탈감과 괴리감의 원인이 되고, 결과적으로 인스타그램을 이용하는 데에 있어 큰 진입 장벽이 되고 있습니다.

반면, 틱톡에서 주로 올라오는 콘텐츠를 보면 "자랑"을 위한 콘텐츠 보다는 내 얼굴 하나만 있으면 만들 수 있는 간단한 춤이나 모습, 연예인이나 인플루언서를 따라하는 '밈 콘텐츠'입니다. '자랑할 만한 소재'가 없어도 틱톡에 콘텐츠를 업로드하는 데에 문제가 되지 않습니다. 최근 가장 뜨거웠던 사례인 지코의 #아무노래챌린지 만 보아도 그렇습니다.

한 가지 또 재미있는 점은, 이러한 어린 유저들이 인스타그램을 하고 싶어 한다는 것입니다. 어린 유저들의 상황상 지금은 자랑할 만한 '거리'가 많지 않아 활동하지 못하고 있지만 20대의 언니 오빠들처럼 자신의 일상을 인스타그램의 피드에 자랑하고 싶어 합니다. 그러다 보니 성인이 되고, 대학생이 되면 자연스럽게 인스타그램을 시작합니다. 콘텐츠를 '소비'만 하던, '보기'만 하던 어린 유저들이 본격적으로 인스타그램을 '하기' 시작합니다. 물론 인스타그램을 한다고 해서 틱톡을 떠나는 것은 아니지만 틱톡을 이용하던 유저들이 자연스럽게 인스타그램으로 넘어 옵니다.

반대로, 인스타그램의 유저들이 틱톡을 이용하는 경우는 아직까지 그리 많지 않습니다. 인스타그램의 인플루언서가 자신의 영향력을 확장하기 위해서 종종 틱톡에도 콘텐츠를 업로드하는 것 외에는 별다른 이동이 없습니다.

저는 틱톡이 인스타그램을 대체할 수 없을 거라 생각했습니다. 일단 틱톡을 이용하는 유저들의 나이가 너무 어리기 때문에 몇 년이 지나면 금방 이탈할 것이라고 생각했습니다. 하지만, 최근 틱톡의 성장세를 보면 인스타그램을 충분히 대체할 수도 있을 것이라 생각합니다. 앞으로 플랫폼의 주도는 플랫폼의 자체적인 기능이나 재미도 중요하겠지만 '얼마나 많은 인플루언서를 보유했는지'와 '이들이 얼마나 좋은 퀄리티의 콘텐츠를 양산 하는지'에 따라 방향이 결정될 거라 생각합니다. 소셜 미디어/플랫폼의 대세는 양질의 인플루언서에게 의해 결정될 것이라고 생각합니다.

국내에서는 보통 SNS, 특히 마케팅을 위한 플랫폼으로서의 SNS를 이야기하면 페이스북과 인스타그램을 이야기합니다. 하지만, 페이스북은 "보고" 인스타그램은 "합니다". 다른 유저의 콘텐츠를 소비하기도 하고, 내 콘텐츠를 공유하기도 하는, 유저들이 진짜 "하는" SNS다운 SNS는 사실상 인스타그램 뿐이라고 할 수 있습니다.

모든 마케팅 시장은 인플루언서를 중심으로 움직인다.

요즘 가장 많이 드는 생각입니다. 플랫폼이나 마케팅의 수단과는 상관 없이 모든 마케팅은 인플루언서 마케팅으로 수렴하는 것 같습니다.

인정하고 싶지 않지만 사실입니다. 이미 시장의 트렌드는 인플루언서 쪽으로 기울었습니다. *2020년 글로벌 인플루언서 마케팅 시장 규모는 약 11조, 국내만 2조로 추정됩니다. 광고주와 인플루언서를 연결해주는 플랫폼의 시장입니다.

참조 링크

[노컷뉴스]인플루언서를 잡아라…IT기업들의 뒤늦은 러브콜?

소셜 미디어 상에서 인플루언서와 개인이 주도하는 *세포마켓의 시장은 20조를 예측하고 있습니다. 공동구매 또는 제조사를 통한 C2C판매 시장이죠. 이는 추정치이긴 하지만, 실제 시장은 아마 더 크지 않을까 합니다.

참조 링크

[전자신문]SNS 기반 1인 '세포 마켓'…연간 20조 시장으로 부상

---

*C2C(Customer to Customer) 개인과 개인 간의 판매 거래.

유저들, 소비자들은 점점 똑똑해져서 이제는 "소비자가 더 똑똑하다"라고 이야기합니다. 브랜드에서 전달하는 정보나 판매하는 상품을 보면 보이는 그대로를 받아들이는 것이 아니라 보이지 않는 정보를 찾고 비교를 하고 분석을 합니다. 단순 광고, pr만으로는 유저들로부터 구매를 유도할 수 없습니다.

하지만, 내가 좋아하는 사람(인플루언서)이나 주변 지인의 추천은 신뢰합니다. 인플루언서 시장이 빠르게 성장할 수 있었던 배경입니다. 내가 좋아하는 인플루언서를 따라하고, 이들이 사용하는 제품을 알아보면서 이들의 라이프 스타일을 따라하고자 하는 모습을 보이고 있습니다. 그러다 보니 실제로 인플루언서가 판매/공동구매 하는 제품의 제품 자체만을 구매 한다기 보다 "인플루언서의 라이프 스타일을 구매(따라)하기 위해" 구매하는 경우가 많습니다. 솔직히 인스타그램을 통해, 소셜 미디어를 통해 얻는 정보만으로는 제품을 구매하기에는 다소 무리가 있지만 인플루언서 마케팅 시장과 세포 마켓 시장은 어마어마한 규모를 자랑하고 있습니다.

브랜드 입장에서는 광고를 집행해서 잠재 고객에게 도달하고 노출하는 방법이나, 우리 브랜드의 잠재 고객을 팔로워로 많이 보유하고 있는 인플루언서에게 협찬 및 브랜디드 콘텐츠를 통한 마케팅을 진행하여 도달 및 노출을 높이는 방법이나 "비용"을 투자해야 한다는 점은 같습니다. 그럼 조금 더 효과적인 방법, 더 저렴한 비용으로 더 좋은 효율을 낼 수 있는 방법을 선택해야 합니다. 브랜드에서 직접 광고를 진행할 경우 광고를 통한 팔로워 수 증대, 사이트 데이터 등 매출 이외의 부수적인 성과도 기대할 수 있습니다.

인플루언서와의 공동 구매 또는 브랜디드 콘텐츠를 통한 마케팅 방법은 브랜드에서 광고비를 사용하는 대신 판매 수익을 인플루언서와 나누는 구조이기 때문에 손해를 걱정하지 않아도 된다는 장점이 있습니다. 다만, 부수적인 성과는 직접적인 광고를 집행했을 때만큼 기대할 순 없습니다.

시장 규모를 보나, 마케팅의 효율로 보나 인플루언서의 영향력은 점점 커져 가고 있는 중입니다.

저도 최근에 부업으로 스마트 스토어를 시작했습니다. 몇 년 전 연 10억 정도의 매출을 기록한 스마트 스토어를 운영하던 사업자였다가 잠시 스마트 스토어를 그만두고 광고 대행을 통해 광고주 분들의 스마트 스토어만 관리를 했었습니다. 그러다 최근에 다시 시작하면서, 인플루언서와 함께 공동구매를 진행하며 스토어를 성장시켰습니다. 정말 매력적입니다. 브랜드에서 손해를 보는 구조가 아니기 때문입니다. 기대했던 것보다 매출이 저조할 수 있을진 몰라도 브랜드에서 손해가 발생하진 않습니다. 손해라면 온라인 상에서의 최저가 보다 저렴하게 제품을 공급해 주어야하다 보니 마진이 조금 떨어진다는 점 정도인 것 같습니다.

틱톡의 성장세만 보아도 인플루언서가 이 시장에서 얼마나 큰 영향을 끼치는지 알 수 있습니다. 틱톡은 가수들이 가장 활발히 운영하는 소셜 미디어입니다. '밈' 콘텐츠를 활용해서 막강한 음원 판매가 가능한 플랫폼이기 때문입니다. #아무노래챌린지 #moonbluechallenge #oldtownroadchallenge 만 보아도 알 수 있습니다. 재미있는 밈 콘텐츠를 만들면 유저들이 다시 한 번 새로운 콘텐츠를 생산하고 확산되기가 반복됩니다.

자연스럽게 가수, 엔터테이너들의 유입이 많아지면서 이들을 추종하는 팔로워들이 틱톡이라는 플랫폼으로 유입되게 됩니다. 틱톡을 처음 접하는 사람들은 대부분 "적응이 잘 안 된다" 는 반응이지만, 이는 시간이 지나면서 자연스럽게 해결됩니다.

인플루언서는 플랫폼 자체를 쥐고 흔들 수도 있습니다. *카일리 제너의 스냅챗 사건이 대표적입니다. 인플루언서 중의 인플루언서라고 할 수 있는 카일리 제너가 업로드한 한 줄의 트위터 때문에 스냅챗의 주식이 폭락, 16조원의 손실을 기록한 적이 있습니다.

참조 링크

[보그 코리아] 카일리 제너의 한 마디에 16조원을 잃은 스냅챗

국내에도 비슷한 사례가 있었습니다. 아프리카 티비의 유명 BJ들과 아프리카 티비 사이에 다툼이 발생하면서 유명 BJ들이 아프리카 티비를 떠나 유튜브와 같은 타 플랫폼으로 이동하는 모습을 보였습니다. 당연히 아프리카 티비의 주가는 떨어졌고, 해당 BJ를 좋아하던 아프리카 티비의 유저들도 좋아하는 크리에이터를 따라 유튜브로 이동했습니다.

참조 링크

[주간동아] 인기 BJ들 굿바이 아프리카TV

틱톡과 인스타그램의 경쟁은 얼마나 더 많은 인플루언서를 보유하고 있느냐에 따라 달라지지 않을까 라는 생각을 합니다. 개인적으론 아직까지는 인스타그램이 인플루언서가 가장 많이 활동하는 플랫폼이라고 생각하지만, 인플루언서 중에 인플루언서라고 할 수 있는 유명 가수와 연예인들의 틱톡을 기반으로 한 활동이 많아지면서 점차 틱톡이 대세 플랫폼, 소셜 미디어가 되지 않을까 라는 생각을 해봅니다.

실제로 인스타그램은 틱톡을 견제하기 위해서 '릴스'라는 새로운 기능을 내놓았으며, 틱톡의 CEO는 이를 두고 "인스타그램 릴스는 틱톡의 Copycat(모방 제품)일 뿐이다"라고 강하게 비판하기도 했습니다. 더불어 *인스타그램이 틱톡에서 활동하는 크리에이터들과 전속 계약을 맺어 릴스의 활성화를 꾀하고 있다는 소식도 있습니다.

참조 링크

[뉴스1] 인스타, 틱톡에 선전포고…현금으로 크리에이터 빼내오기

PART 01

내 계정의 팔로워와
인플루언스를 높이는
계정 운영 전략

게시물 인사이트

1,113
이 게시물에서 발생한 행동

프로필 방문	1,113
웹사이트 클릭	349
찾아가는 길 보기	29

발견 ⓘ

22,668
도달한 계정
회원님을 팔로우하지 않은 사람의 비율이 44%입니다

팔로우	78
도달	22,668
노출	31,192
홈	18,367
해시태그	9,043
프로필	115
기타	3,667

계정 운영을 잘 하면 하나 하나의 게시물을 많은 사람들에게 노출시킬 수 있습니다

인스타그램 마케팅에 있어서 하나의 계정을 열심히 키우는 것은 장점과 단점이 굉장히 명확한 방법입니다. 장점은 잘 큰(진성 팔로워가 많은) 하나의 계정으로부터 엄청난 도달과 노출, 그리고 매출을 이끌어낼 수 있다는 점입니다. 종종 소수의 인플루언서가 공동구매 한 번으로 중소기업의 월 매출을 내는 경우들이 있습니다. 많은 브랜드에서는 브랜드 계정/브랜드 대표 또는 직원의 계정/브랜드 모델의 계정을 활용해서 마케팅을 진행합니다. 이들이 보유한 팔로워로부터 꾸준한 브랜딩과 매출을 유도해 내는 것이죠. 또한, 고객과 가장 친밀한 소통을 할 수 있다는 장점이 있습니다. 인스타그램은 타 SNS에 비해 (잠재)고객과의 소통이 원활한 플랫폼입니다. 보통 기업의 SNS는 일방향적으로 콘텐츠를 내보낼 수밖에 없는 경우가 많은데, 인스타그램의 경우엔 유저들의 피드백도 빠르고 사람과 사람간의 커뮤니케이션을 할 수 있다는 장점이 있습니다. 이는 인스타그램이 브랜딩 채널일 수 있는 가장 큰 장점이기도 합

니다. 인스타그램 계정을 키우는 데에 있어 브랜드 오피셜 계정과 퍼스널 계정을 키우는 것의 난이도는 비교가 되지 않습니다. 퍼스널 계정이 훨씬 더 쉽습니다.(하지만 브랜딩을 위해서는 브랜드 오피셜 계정도 꼭 운영하시는 것을 권장해드리고 있습니다.!)

*도달과 노출 도달은 몇 '명'이 보았는지에 대한 수치이며, 노출은 몇 '번' 보여졌는지에 대한 수치입니다.
*오피셜 계정 @Brand_Official 계정처럼 브랜드의 이름을 내세워 운영하는 계정.
*퍼스널 계정 브랜드 대표/직원 또는 일반 개인 유저의 계정.

인스타그램을 활용한 마케팅의 방법은 크게 5가지가 있습니다. 이번 책의 목차는 이렇게 5가지 마케팅에 대한 내용을 다루었습니다. 사실, 고민을 많이 했습니다. 〈인스타그램 계정 운영 전략〉의 내용을 이 책에 담을지에 대해서요. 결과적으로, 이 책이 소상공인 분들께 가장 도움이 되었으면 하는 마음으로부터 시작한 책이기 때문에 담기로 결정했습니다! 소상공인 분들이 접하기 가장 쉬운 마케팅 방법이니까요.

하나의 계정을 잘 키우면 마케팅에 있어 그만큼 좋은 무기도 없지만, 계정 운영에 있어서는 큰 리스크도 있습니다. 저는 이 리스크 때문에 인스타그램 마케팅을 할 때 가능하면 하나의 계정을 키우는 데에 많은 투자를 하지 않는 편입니다. 지금부터는 이 리스크에 대해서 먼저 말씀드리고자 합니다.

CHAPTER. 01

쉐도우 밴 : 내 해시태그가 노출이 되지 않는다?!

반응

78

이 게시물에서 발생한 행동

프로필 방문	**68**
웹사이트 클릭	**10**

발견

7,499

도달한 계정

회원님을 팔로우하지 않은 사람의 비율이 5% 입니다

팔로우	**0**
도달	**7,499**
노출	**11,035**
홈	10,527
프로필	27
해시태그	7
기타	474

전체 노출 11,035 중 해시태그 노출 7. 해시태그를 통한 게시물의 노출이 거의 없는 모습

　일단 가장 큰 리스크는 언제 들이닥칠지 모르는 "블락(Block)"입니다. 인스타그램에는 크게 두 가지의 블락이 있습니다. '계정 블락(Account Block)'과 '액션 블락(Action Block)'입니다. 계정 블락은 말 그대로 계정 자체가 블락(차단)을 당하는 경우입니다. 짧게는 하루 이틀, 길게는 한 달, 심할 경우 계정 삭제까지. 공을 들여 열심

히 키웠는데 계정이 삭제가 된다? 정말 끔찍하지만 이런 경우는 생각보다 많이 발생하고 있습니다. 만약 계정 하나를 키우는 데에 올인하다시피 많은 시간을 투자 했는데, 계정 블락을 당한다면 정말 상상만 해도 끔찍하지 않으신가요? 실제로 강의와 컨설팅을 하면서 이런 경우를 종종 보게 됩니다.

 액션 블락은 계정 블락보다는 조금 덜 심한 제재라고 이해하시면 될 것 같습니다. 계정 자체에 대한 제재와는 다르게, 액션 블락은 특정 활동에 대한 제재입니다. 일시적으로 좋아요를 누르지 못하거나, 콘텐츠를 업로드하지 못하거나, DM을 보내지 못하거나, 덧글을 달지 못 하거나 하는 등의 단순 제재와 많은 사람들에게 알려진 "쉐도우 밴"이라는 해시태그 노출 누락 현상 또한 액션 블락 중 하나입니다. 대체적으로 좋아요/덧글/DM 등의 제재는 시간이 지나면 자연스럽게 풀리는 일시적인 현상이지만, 심할 경우엔 7일 이상 제재가 계속 되는 경우들도 있습니다. 최근에 봤었던 특이한 액션 블락 중 하나로는 스토리 게시물을 소비할 수 없는 현상이었습니다. 무분별하게 다른 사람의 스토리 게시물을 소비하는 프로그램('스토리플'이라고도 합니다)이 생겨난 영향이지 않을까 합니다(이런 프로그램이 생긴 이유는 스토리 게시물은 다른 게시물과는 달리 내가 업로드한 게시물을 누가 보았는지 알 수 있기 때문에 이러한 점을 노려서 다른 사람들의 게시물을 무분별하게 대신 소비해주는 프로그램이 생겼습니다.).

 인스타그램은 좋아요와 같은 소소한 활동까지 우리 유저들의 행동을 관찰하고, 어뷰징이라 판단되면 순수하게 인스타그램을 즐기는 유저일지라도 액션 블락으로 제재를 가해버립니다. 그래서 요즘은 조금만 좋아요를 많이 누른다 싶으면 당분간 좋아요를 누르지 못하는 액션 블락에 걸려버리게 됩니다. 이러한 블락들은 일정 기간 동안 인스타그램으로 무리하게 활동하지 않으면 풀리는 경우들이 많습니다. 조금 심한 경우엔 인스타그램에 아예 며칠간 접속하지 않으면 풀리게 됩니다.

*어뷰징 보통 "불법이다"라고 이야기하는 행동 따위를 의미합니다. 덧글 작업이나 좋아요 작업, 유령 팔로워 늘리기, 프로그램 사용 등이 인스타그램에서의 어뷰징 활동입니다.

 제가 계정 운영에 큰 투자를 하지 않는 가장 큰 이유는 블락/밴으로 인한, 언제 발생할지 모르는 도달 및 노출의 누락입니다. 프로그램의 도움 없이, 사람의 손으로 일

일이 좋아요를 누르고 덧글을 입력하고, 팔로우를 해도 발생할 수 있는 것이 계정 블락이고 액션 블락입니다. 이러한 현상의 가장 좋은 해결책은 며칠간 인스타그램을 꺼두는 것이 해결책이지만, 하루라도 인스타그램에 게시물을 업로드하지 않으면 매출이 떨어지는 사업장도 있습니다. 제가 2019년부터 시작한 새로운 사업도 매일 업로드를 하지 않으면 문의가 떨어지기 때문에 이러한 고민을 하고 계시는 사업자, 특히 초기 사업자분들의 마음을 너무 잘 압니다. 이들은 블락에 당하게 되면, 당장의 매출 손실이 발생합니다. 너무 억울하고 분통이 터지는 상황이죠. 딱히 잘못한 것도 없는데 열심히 키운 계정이 블락 당하는 바람에 매출이 떨어집니다. 제가 계정 운영 보다 다른 마케팅에 더 집중하는 가장 큰 이유입니다. 저의 계정 같은 경우에는 인스타그램 프로그램을 테스트 해보던 중 쉐도우 밴 및 좋아요/스토리 게시물 소비에 대한 액션 블락에 걸리게 되었습니다.

이러한 블락을 당하는 사람들은 모두 저처럼 무언가 잘못을 했으니까 계정의 도달과 노출이 떨어지는게 아니냐구요? 종종 정말 억울하게 도달과 노출이 제한이 되는 경우들이 있습니다(가끔 인플루언서나 일반 유저가 "나 좋아요 못 누르게 됐어!"하는 게시물 본 적 있으시죠?). 특히 인스타그램에서 내부 알고리즘을 개편하거나 인터페이스를 바꿀 때면 대부분의 유저의 도달이 갑작스럽게 떨어지는 것을 확인할 수 있습니다. 예전에 페이스북 페이지를 키워서 수익을 창출하던, 브랜드의 매출 창구로 사용하던 분들이라면 기억하실 겁니다. 마크 저커버그가 올렸던 몇 번의 게시물과 함께 페이스북 페이지의 도달이 떨어졌던 사실을요. 페이스북/인스타그램이 자꾸 오가닉 도달을 낮추는 이유가 있습니다. 바로 페이드 도달(광고) 때문입니다. 유저들이 올린 게시물을 많이 노출시켜주기 위해서 페이스북과 인스타그램은 그만큼, 본인들의 수익인 광고 도달을 양보해야만 합니다. 예를 들면 이렇습니다. 하루 동안 1명의 유저에게 평균적으로 보여줄 수 있는 평균 게시물의 개수는 정해져 있습니다. 100개라고 가정을 했을 때, 100개의 게시물 모두를 광고 게시물로 보여줄 경우 유저들이 피드를 안 보겠죠. 반대로, 100개의 게시물 모두를 오가닉 게시물로 보여줄 경우 페이스북과 인스타그램은 수익이 사라져 버립니다. 그래서 이 비율이 굉장히 중요합니다. 인스타그램만 봐도 알 수 있습니다. 몇 년 전 10개의 게시물 중 1개꼴로 나오던 피드 광고는 많이 나올 때는 4개의 게시물 중 1개는 광고 게시물입니다.

저는 앞으로 이 피드에 광고 콘텐츠가 나오는 비율이 더 늘어날 거라고 생각하지 않습니다. 광고가 너무 많아지면 유저들의 사용 환경을 해치고, 결과적으로는 유저들의 플랫폼 이탈이 발생하게 될 테니까요. 그래서 페이스북/인스타그램은 계속해서 노출 위치를 확장하는 전략을 통해 광고 매출을 높이려 하고 있습니다. 인스타그램 탐색 탭에서도 이젠 광고 게시물이 나오고, 쇼핑 태그를 활용한 광고 상품 몇 가지를 현재 추가로 준비 및 테스트하고 있습니다.

콘텐츠의 수요에 비해 계속해서 늘어나는 공급 또한 유저들의 줄어드는 평균 도달수의 직접적인 원인입니다.

페이스북 광고 관리자 화면에서 확인할 수 있는 〈광고 관련성 진단〉

페이스북/인스타그램 광고의 시스템도 정말 대단합니다. 결론부터 말씀을 드리면, 광고주가 광고를 집행할 때 광고 콘텐츠를 유저들이 소비하고 싶게끔 콘텐츠를 만들지 않으면 광고를 할 수 없게 해버립니다. 광고 시스템에는 관련성 점수(품질 순위, 참여울 순위, 전환율 순위)라고 해서 광고주가 만든 광고를 유저들이 소비했을 경우 소비와 함께 발생하는 활동에 대해 측정을 합니다. 광고주의 광고 콘텐츠를 광고주가 설정한 광고 타겟들이 소비할 때 어떠한 반응을 하는지 측정하고, 반응이 좋으면 광고 단가를 낮게 형성해 광고주가 조금이라도 더 광고를 효율적으로 집행할 수 있게 해주지만 반대의 경우엔 광고의 단가를 높게 형성해 광고주가 광고를 집행할 수 없게끔 만들어 버립니다. 자연스럽게 페이드 도달을 대신해 들어가는 광고 콘텐츠들의 퀄리티는 점점 좋아지고, 유저들의 피드에 오가닉 도달 대신 들어간 페이드 도달의 자리가 많아져도 여전히 유저들은 페이스북과 인스타그램을 즐기고 있습니다.

*오가닉 도달 광고 없이 순수하게 도달되어 나타나는 수치입니다.

*페이드 도달 광고를 통해서 도달되어 나타나는 수치입니다. 페이스북/인스타그램에서는 스폰서 광고를 집행하면 페이드 도달이 발생합니다.

*노출 위치 홈 피드/둘러보기/검색 화면 등 게시물이 보여지는 위치입니다.

*탐색 탭 인스타그램의 화면 하단에 집 모양의 홈 버튼 옆 돋보기 버튼을 누르면 나타나는 둘러보기 영역입니다.

*관련성 점수 스폰서 광고의 점수를 판단하는 지표입니다. 광고주가 선택한 광고 타겟이 광고 콘텐츠를 보았을 때의 반응을 수치로(평균x0% 이상/이하) 보여줍니다.

CHAPTER. 02

계정 운영 전략의 목표1.
브랜딩을 위한 계정 운영 전략

모든 마케팅은 가장 먼저 "목표 설정"부터 합니다. 인스타그램 계정 운영도 단순하지만 마케팅 활동입니다. 우리가 계정 운영을 시작할 때도 역시 가장 먼저 목표(KPI)를 정해야 합니다. 저는 크게 2가지의 목표를 가지고 계정 운영을 합니다. 1)브랜딩 2)인플루언스 향상입니다. 저는 거의 대부분 브랜딩의 이유로 접근합니다. 인스타그램은 철저하게 브랜딩을 위한 채널이라고 생각하기 때문입니다. 인플루언스 향상은 위에서 말씀드린 대로, 너무 리스크가 큽니다. 하지만, 제가 아는 선에서 이 모두의 노하우를 여러분들께 공유해보도록 하겠습니다.

*KPI 핵심 성과 지표를 의미 하는 Key Performance Indicator의 약자. 특정 활동의 목표를 측정하기 위한 지표를 의미합니다.

'브랜딩'이라는 단어를 정의하기란 정말 어렵지만, 저만의 표현으로 브랜딩을 이야기하자면 "고객이 우리 브랜드의 모든 것을 사랑하게 만드는 과정"이라고 합니다. 고객 분들이 우리 브랜드(Brand)의 제품을, 서비스를, 직원과 대표를, 브랜드에서 발행하는 콘텐츠를, 브랜드에서 추구하는 핵심 가치 등 브랜드의 모든 것을 사랑하고 좋아할 수 있도록 만들어내는 '과정(-ing)'을 브랜딩이라고 생각합니다. 저는 모든 마케팅의 목표는 브랜딩이라고 생각합니다. 고객이 우리 브랜드의 제품이나 서비스를 구매하는 이유가 '그냥 그 브랜드가 좋아서'라는 이유가 나올 수 있도록이요. 단순히 상품이나 서비스를 판매하는 것을 넘어 브랜드 자체를 판매하는 것입니다. 같은 가격의 아메리카노를 마시더라도 스타벅스만을 고집하는 것처럼, 운동화를 나이키에서만 구매하는 것처럼, 온라인 쇼핑은 네이버 쇼핑이나 쿠팡에서만 하는 것처럼 말입니다.

브랜딩이 잘 되어 고객님이 우리 브랜드를 진정으로 좋아하면, 자연스럽게 브랜드에 대한 입소문이 생기게 됩니다. 누구나 좋아하는 브랜드가 하나쯤은 있고, 누구나 친구 또는 지인에게 자신이 좋아하는 브랜드를 추천한 경험이 있을 겁니다. 동네 카페나 동네 식당만 해도 '입소문'이 존재합니다. 이런 입소문 하나 하나가 모여 우리 브랜드의 매출로, 브랜드의 이미지로 이어지게 됩니다.

실제로 광고/마케팅을 거의 하지 않고도 매출이 발생하는 브랜드들이 있습니다. 모두 입소문으로 먹고 사는 브랜드입니다. 입소문은 우리 브랜드를 좋아해주시는 고객분들의 대가 없는 사랑입니다. 그리고 요즘처럼 스마트폰으로 간편하게 콘텐츠를 쉽게 만들기 좋은 디지털 세상에서의 입소문은 결국 시각적인 콘텐츠로 이어집니다. 눈으로 볼 수 없었던 입소문이 모바일과 소셜 미디어를 통해서 시각적인 콘텐츠로 표현이 됩니다. 이렇게 시각적으로 표현이 되는 콘텐츠들은 인스타그램에 #브랜드명 해시태그만 검색해도 충분히 확인할 수 있습니다. 브랜딩이 잘 되어 있는 브랜드의 첫 번째 특징입니다. #브랜드명 해시태그를 검색했을 때 고객들의 자발적인 <u>브랜디드</u> <u>콘텐츠</u>를 확인할 수 있습니다.

*브랜디드 콘텐츠 원래 브랜디드 콘텐츠란, 브랜드와 인플루언서가 협업하여 만드는 브랜드와 관련된 콘텐츠를 의미합니다. 하지만 저는, 고객 분들이 우리 브랜드를 대신해서 올려주는 콘텐츠(리뷰 또는 추천 등)도 브랜디드 콘텐츠라고 생각합니다.

그럼 어떻게 고객 분들이 우리 브랜드를 좋아하게 만드는 과정(브랜딩)을 이뤄낼 수 있을까요?

제가 인스타그램을 브랜딩하기에 적합한 채널이라고 생각하는 이유가 있습니다. 고객님께 우리 브랜드의 이야기를 전달하기 좋은 채널이기 때문입니다. 사진 한 장에 하나 이상의 이야기를 담아낼 수 있습니다. 사진 한 장에 우리 브랜드는 어떤 브랜드인지, 어떤 상품을 판매하는지, 어떤 정체성을 가지고 있는지, 어떤 가치를 추구하는지에 대한 이야기를 전달할 수 있습니다. 보통 이런 사진을 〈컨셉이 있는 사진〉이라고 두루뭉술하게 많이 이야기합니다.(컨셉을 잡는 방법에 대한 내용은 목차 1-6을 확인해 주시기 바랍니다.)

컨셉이 있는 사진, 브랜드에서 이야기하고자 하는 메시지를 잘 담은 사진, 이런 사진 한 장 한 장이 모이면 브랜드에서 고객에게 전달하고자 하는 이야기의 집합체가 되고, 이 이야기가 모여 브랜드 이미지가 되고 이런 브랜드 이미지가 쌓이면 브랜드를 상징하는 브랜딩이 됩니다. 인스타그램 마케팅을 잘 하고 계시는, 정확히는 브랜딩을 잘 하고 계시는 분들께 여쭤보면 "하다 보니 됐어요"라고 하는 이유도 여기에 있습니다. 게시물 하나 하나에 고객들을 위한 메시지를 담아내다 보면 어느새 브랜드의 이미지가 되고, 브랜딩이 됩니다. 많은 이들이 이야기 하는 "진정성" 그리고 "꾸준함"이라는 단어에는 이러한 것들이 숨어 있습니다.

진정성 있는 우리 브랜드의 이야기를 꾸준히 콘텐츠를 통해 업로드하다 보면 인스타그램의 피드 자체가 브랜드의 이미지가 되는 것입니다. 저는 이런 목표를 가지고 인스타그램 마케팅을 해야 한다고 생각합니다.

한 번 인스타그램 마케팅을 하고 있는 브랜드들을 살펴보세요. 잘하고 있는 브랜드와 안타깝지만 잘 활용하지 못하는 브랜드 모두를요. 잘 하고 있는 브랜드는 오랜 시간 묵묵히 브랜드에서 전달하고자 하는 메시지를 인스타그램이라는 매체를 통해 전했지만, 그러지 못한 브랜드는 지금 당장의 매출만을 바라보고 단순 홍보나 상품 판매만을 위한 콘텐츠를 올렸을 겁니다. 물론 예전에는 이런 게 통했습니다. "우리 제품 좋아요/예뻐요" "이런 특징을 가지고 있어요!"라는 형태의 콘텐츠도 불과 몇 년 전만 해도 매출로 이어지던 사례들이 있습니다. 하지만, 지금은 그렇지 않습니다. 이제 모든 유저들은 본인의 관심사와 관련이 없는 콘텐츠와 매력도가 떨어지는 콘텐츠는 외면합니다. 온갖 콘텐츠가 실시간으로 쏟아져 나오는 콘텐츠의 홍수 속에서 내 관심사에 부합하지 않는 콘텐츠는 소비하지 않는 것입니다. 그리고 인스타그램 특유의 알고리즘으로 인해 이렇게 외면 받은(특히 팔로워에게) 콘텐츠는 또 다른 수많은 사람들에게 노출이 되지 않아 결과적으로 전체 계정의 도달이 떨어지는 결과물을 가져오게 됩니다. 모든 콘텐츠에 매력적인 메시지를 담아야 하는 이유입니다. 브랜딩은 인스타그램 마케팅을 할 때 선택이 아닌 필수이며, 최우선 과제가 되어야 합니다.

그러면 인스타그램 마케팅을 할 때 어떤 이야기를 전달해야 할까요? 이야기를 콘텐츠에 어떻게 담아내면 될까요? 정답은 고객 분들께 있습니다. 대부분의 브랜드는 하고자 하는 이야기만 합니다. 브랜드가 하고자 하는 이야기가 고객님에게 매력적인 이야기로 받아들여질 수 있다면 상관없지만, 대부분의 경우에는 외면당합니다. 보통은 브랜드에서 이야기하는 내용에 대해서 공감하지 못하고, 귀 기울이지 않습니다. 브랜드에서 일방향적으로 자기주장만하기 때문입니다.

브랜드의 이야기를 효과적으로 전달하기 위해서는 무엇보다 고객 분석을 먼저 해야 합니다. 고객님은 어떠한 이야기를 듣고 싶어 하시는지, 우리 브랜드는 어떤 이야기를 해줄 수 있는지에 대해서 고민하고, 이러한 이야기를 콘텐츠에 스토리텔링과 함께 담아내는 연습을 해야 합니다.

CHAPTER. 03

Official 계정과 Personal 브랜딩

인스타그램의 계정은 크게 3가지로 구분합니다. 1)@Official 계정, 2)@Concept 계정, 3)@Personal 계정입니다. 브랜드의 이름을 그대로 사용하는 1)브랜드 오피셜 계정, 2)브랜드 컨셉 계정, 3)대표나 직원의 개인 계정입니다. 어느 정도 브랜딩이 되어 있고, 충성 고객까지 있는 브랜드라면 바로 @Official 계정의 브랜딩을 시작해도 괜찮습니다. 하지만, 아직 브랜드의 컨셉이나 슬로건도 없고, 충성 고객도 없다면 @Official 계정의 접근 보다는 대표나 직원, 모델 등의 @Personal 계정으로 먼저 접근하는 것이 좋습니다. 실제로, 브랜딩과 관련된 인스타그램 마케팅의 사례를 찾아보면 @nike 나 @innisfree @fritzcoffeecompany 같은 브랜드 오피셜 계정을 브랜딩으로 잘 활용한 사례들도 많지만 @Persoanl 계정으로 브랜딩에 성공한 사례가 더 많습니다.

원파운드(@onepound.kr,@onepoudboy), 바이애콤(@ecom0920,@byecom_cosmetic), 재미어트(@jamiet.team,@himkong.jamiet), 하플리(@happlyz_hanbok, @happly_hanbokbeagle) 등이 제가 추천해드리고 싶은 계정입니다. 각각의 브랜드는 브랜드 오피셜 계정이 있지만, 브랜드 대표님이 직접 계정을 운영하고 있기도 한 브랜드입니다. 한번 살펴보세요! 브랜드 오피셜 계정보다 브랜드 대표 분들의 계정이 훨씬 더 활성화되어있다는 것을 확인할 수 있습니다.

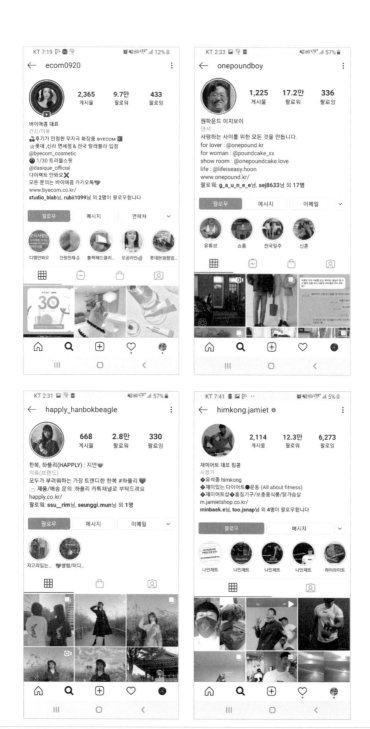

인스타그램 계정 운영을 정말 잘 하고 계시는 대표님들

소셜 미디어(특히 인스타그램)는 판매도 가능하지만 군이 채널에 대한 구분을 하자면 판매 채널이 아닌 브랜딩을 위한 채널, 고객 분들과의 소통을 위한 커뮤니케이션 채널에 가깝습니다. 고객과 가장 가깝게 이야기를 할 수 있는 소통의 공간이기 때문입니다. 더불어 개인의 일상과 함께 브랜드의 이야기를 전달할 수 있는 기회도 많습니다.

특히 브랜드 대표가 직접 브랜드의 메시지와 가치를 담은 콘텐츠를 발행하고, 고객들과 꾸준히 친근하게 소통하는 모습은 브랜드에 '진정성'이라는 가치를 더해줍니다. 인스타그램 마케팅을 이제 막 시작하시는 분들께 하는 첫 번째 조언은 "브랜드 대표님의 개인 계정부터 활용하세요."입니다. 우선, 왜 @Official 계정이 아닌 @Personal 계정부터 활용해야하는지, 그리고 왜 대표님 계정부터 시작해야하는지 말씀드리겠습니다. 편의상 @Official 계정은 오피셜 계정으로, @Personal 계정은 개인 계정이라고 하겠습니다.

오피셜 계정은 한계가 명확합니다. 특히 요즘처럼 유저들의 관심사는 점점 뚜렷해지고, 많은 사람과 소통하기 보다는 친한 사람들과 소통하려는 폐쇄적인 분위기가 강한 때에는 더욱 한계가 드러나게 됩니다. 스타트업이나 소상공인의 경우에는 아직 브랜드가 아닌 경우가 많기 때문에 브랜드의 브랜딩보다는 개인 대표님의 퍼스널 브랜딩을 하시는 것이 더 좋은 방법이기도 합니다.

인스타그램의 알고리즘은 내 계정을 팔로우 하고 있는 "팔로워"를 기반으로 만들어졌습니다. 내 팔로워가 내 콘텐츠를 외면하면, 인스타그램은 외면 받은 내 콘텐츠를 다른 사람들에게 보여주지 않습니다. 하지만 내 팔로워가 내가 발행한 콘텐츠를 많이 소비해주면 내 콘텐츠를 다른 사람들에게 추천해서 더 많이 보여줍니다.

'팔로워도 소비하지 않는데 다른 유저들이 소비할까?'를 생각해보면 이해가 쉽습니다.

수많은 마케터가 '팔로워와 소통해라!'라고 하는 이유가 여기에 있습니다. 소통을 하는 유저, 친한 유저가 많을수록 내 게시물을 소비해주는 팔로워는 그만큼 많은 것이니까요. 꼭 기억하시기 바랍니다! 내 콘텐츠가 확산이 되고 안 되고는 내 팔로워들에 의해 결정됩니다. 내 팔로워가 내 게시물을 자주 소비할 수 있도록 만드셔야 합니다. 〈내 콘텐츠를 소비하게 만든다〉말은 참 쉽지만, 막상 해보면 정말 어렵습니다. 어떻게 해야 내 콘텐츠를 소비하게 만들 수 있을까요? 가장 쉬운 방법은 역시 좋은 콘텐츠를 발행하는 것입니다. 팔로워와 고객들이 좋아할 만한 매력적인 콘텐츠를 만들어서 꾸준히 내 콘텐츠를 소비하고, 내 프로필을 찾아 들어 오게 만드는 것입니다.

두 번째는 소통입니다. 매력적인 콘텐츠를 만드는 데에 한계가 있다면, 이러한 한계를 극복할 수 있도록 꾸준히 팔로워들과 소통을 하는 것입니다. 내 친구가 예쁜 사진을 올리지 못하더라도 소통은 꾸준히 하는것처럼, 인스타그램을 통해 친해진 <u>인친</u>의 게시물은 크게 매력적이지 않더라도 꾸준히 소비를 하게 됩니다. 매력적인 게시물의 발행이 어렵다면, 꾸준한 소통을 통해 인친을 만들어 나가는 것을 목표로 계정 운영을 하시기 바랍니다!

*인친　서로 좋아요와 덧글을 주고 받는, 소통을 자주 하는 인스타그램 친구를 의미합니다.

그리고 아래의 세 질문을 천천히 읽어 보신 후 스스로 대답해보시기 바랍니다.

- 매력적인 콘텐츠가 있나요?
- 인스타그램 유저들이, 내 팔로워들이 내가 운영하는 계정을 팔로우 하고 게시물을 소비할 이유가 있나요?
- 그리고 또 소통할 만한 이유가 있나요?

안타깝게도 대부분의 오피셜 계정은 자신 있는 답변을 내놓지 못합니다. 단순히 상품이나 서비스를 판매하기 위한 채널로서 인스타그램이라는 플랫폼을 활용하기 때문입니다. 그러다 보니 인스타그램 피드에 볼 '거리'가 없습니다. 제품 판매를 위한 홍보용 사진만 가득하니까요. 이런 계정에 그 누가 소통하고, 찾아오고 싶을까요? 이런 계정에서 발행하는 콘텐츠를 누가 소비하고 싶을까요? 누가 인친이 되고 싶을까요? 이건 사실 개인 계정도 마찬가지이긴 합니다.

하지만, 유저의 입장으로 인스타그램에서 다른 계정과 소통을 해야 한다면 적어도 오피셜 계정 보다는 퍼스널 계정, 사람과 소통하는 것이 낫습니다.

브랜드 오피셜 계정을 팔로우하고 있는 유저의 절반 가까이가 이벤트 참여를 위해 서라는 재미있는 통계도 있습니다. 애초에 팔로우를 한 이유가 소통을 할 생각이 없는 체리피커라는 것이죠. 이런 팔로우 숫자만 채우는 악성 팔로워들은 계정에 되려 악영향을 끼칠 수 있습니다. 아니, 분명하게 악영향을 끼칩니다. 팔로우 숫자는 엄청 많은데 게시물을 올렸을 때 좋아요/덧글/동영상 조회수가 낮은 계정들을 쉽게 찾아볼 수 있습니다. 이런 계정들의 공통점은 서로 좋아요와 덧글을 주고받는, 소통하는 '인친'이라 불리는 '인스타 친구'가 없다는 것입니다.

*체리피커 이벤트의 참여 및 당첨자를 목표로 활동하는 유저. 브랜드엔 관심이 없지만 브랜드의 이벤트를 참여하는 사람들을 의미합니다.

이와 반대로, 팔로우는 많지 않지만 올리는 게시물 마다 좋아요/덧글/동영상 조회수가 높은 계정도 있고, 심지어는 비공개 계정인데도 불구하고 좋아요/덧글/동영상 조회수가 높은 계정도 있습니다. 이런 계정은 서로 소통하는 인친이 많은 계정이죠. 그러므로 모든 사업자와 브랜드는 인친을 많이 만들거나, 우리 브랜드를 맹렬히 좋아하는 충성 팔로워를 늘리는 것을 목표로 해야 계정의 도달이 자꾸 떨어져 나가는 상황에서 살아남을 수 있습니다.

소상공인과 브랜드 대표님의 개인 계정은 브랜드에 대한 브랜딩 콘텐츠를, 퍼스널 브랜딩을 위한 콘텐츠를 발행할 수도 있고, 다른 유저들과 친밀하게 사람 대 사람으로 소통할 수 있는 계정입니다. 브랜딩과 커뮤니케이션이 동시에 가능한 것입니다. 그렇기 때문에 적극적으로 활용하시는 것을 추천합니다. 브랜드 대표의 모든 활동은 브랜드의 이미지, 브랜딩과 직/간접적으로 연결됩니다. 잘 활용하면 계정의 인플루언스를 향상시키는 것과 동시에 원하는 브랜드 이미지도 잡아나갈 수 있습니다. 제가 생각하는 가장 이상적인 브랜드 대표의 인스타그램 계정 운영 방법은 "고객의 롤모델"입니다. 고객들이 원하는, 갖고 싶어 하는 라이프 스타일을 브랜드 대표가 직접 보여주는 것입니다. 커플이 주 타겟이라면 모든 커플이 원하는 예쁜 연애를 하는 모습을 직접 보여주거나, 여행을 가고 싶은 사람들이 주 타겟이라면 요즘 뜨는 새로운 여행지의 모습을 직접 보여주는 등의 활동을 의미합니다. 인스타그램의 계정 운영을 잘 하는 분들은 아무 의미 없는 콘텐츠는 공유하지 않습니다. 잠재 고객들이 보고 부러 워할 만한 콘텐츠만을 공유하고 그들의 롤모델이 되기 위해 노력합니다.

인스타그램 유저들은 누구나 좋아하는 인플루언서가 1명 이상 있습니다. 예뻐서, 재미있어서, 좋은 여행지(포토존)를 많이 알고 있어서, 좋은 정보를 얻을 수 있어서 등 인플루언서를 팔로우하고 있는 이유는 다양하지만 하나의 공통점이 있다는 것은 명확합니다. 인플루언서가 발행하는 콘텐츠를 보면서 "나도 ○○ 하고 싶다"라는 생 각을 한다는 것입니다. 브랜드 오피셜 계정보다 브랜드 대표 계정을 잘 활용하고 있 는 사례들을 찾아보면 패션 브랜드 사례가 많은데, 아마 이러한 특징 때문이지 않을 까 합니다. 패셔너블한 일상을 즐기는 패션 브랜드 대표들을 보며 '나도 저런 라이프 스타일을 갖고 싶다.' '나도 저렇게 멋지게 살고 싶다.'라는 욕구라는 연애와 관련된 상품을 판매하는 대표 분들도 마찬가지입니다. 수많은 고객 분들이 원하는 예쁜 #럽 스타그램을 대표님의 개인 계정을 통해 대리만족을 합니다.

우리 브랜드의 대표라는 한 사람으로서 매력을 어필해 브랜드의 이미지에 도움이 되는 활동을 통하여 퍼스널 브랜딩과 함께 브랜드의 브랜딩, 두 가지를 모두 잡아낼 수 있습니다. 우리 고객 분들은 어떤 라이프 스타일을 지향하는지를 잘 분석하고, 대 표가 직접 그런 모습을 보여줌으로서 팬층을 확보하고, 잠재 고객에게 대리만족을 제 공할 수 있어야 합니다!

또한, 인스타그램은 고객 또는 잠재 고객 분들과 소통을 하면서 사람 대 사람간의 관계를 발전시켜 나가기에도 너무 좋습니다. 패션 브랜드를 운영하는 대표님이라면 패션에 관심이 있는 다른 유저들과 꾸준히 소통하면서 대표 개인에 대한 호감과 함께 브랜드에 대한 호감도 쌓아나갈 수 있습니다. 소통을 하면서 호감도 얻고, 직/간접적 으로 브랜드의 상품이나 서비스, 가치 등을 전달할 수 있습니다. 이처럼 브랜드 대표 의 모든 개인적인 영향은 브랜드에 영향을 미치기 때문에 잘 활용하면 엄청난 무기가 될 수 있습니다.

CHAPTER. 04

우리 브랜드 계정을 팔로우해야 하는 이유?

"닮고 싶다" "부럽다" "하고 싶다"라는 생각은 곧 팔로우를, 소통하고 싶은 이유가 됩니다.

이 책을 읽고 계시는 독자 분들께서 운영하고 계시는 인스타그램 계정은 여러분들의 팔로워를 포함한 잠재 고객들에게 "○○하고 싶다"라는 욕구를 자극하는 콘텐츠를 공유하고 계시나요? 잠재 고객들이 여러분들의 계정을 팔로우할 만한 '이유'를 보여주고 계시나요? 만약 브랜드 오피셜 계정을 통한 인플루언스 향상 및 브랜딩을 하고 싶다면, 잠재 고객들에게 우리 브랜드를 팔로우 하고 꾸준히 소통할 만한 이유를 만들어 주어야 합니다.

지금부터 브랜드 오피셜 계정으로 꾸준히 인스타그램 유저들에게 좋은 반응을 보이고 있는 브랜드 계정과 몇 가지 사례 소개를 설명해드리겠습니다.

✏ 재미 있어서 ✏

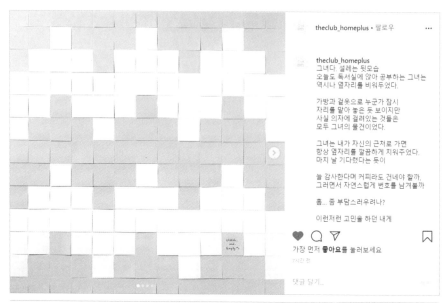

독특한 패턴의 사진으로 유저들의 시선을 사로잡고, 재미있는 스토리텔링을 통해 유저들로부터 팔로우할 이유를 만든 홈플러스 더 클럽

    많은 사람들이 SNS를 하는 가장 큰 이유 중 하나는 "<u>킬링 타임</u>" 즉, "재미"입니다. 우리 브랜드 계정에 들어오면 재미있는 콘텐츠를 소비할 수 있고, 오랜 시간 놀다 갈 수 있는 계정이라고 인식하도록 하는 것입니다. '톤앤매너'를 재미있고 센스있게 할 수도 있고, 귀여운 브랜드 캐릭터를 활용하여 유저들의 시선을 사로잡는 방법도 좋습니다.

    우리 브랜드의 콘텐츠에 재미있는 유머 코드를 부여할 수 있다면 적극적으로 활용하시기 바랍니다!

    홈플러스 더클럽(@theclub_homeplus)계정은 홈플러스에서 판매하고 있는 대용량 제품을 감각적인 패턴 디자인의 형태로 사진을 촬영해 게시물을 업로드하고 있습니다. 이와 함께 캡션 영역에는 해당 사진에 등장하는 상품에 재미있는 <u>*B급 감성</u>을 더해 유저들로부터 긍정적인 반응을 이끌어내고 있는 계정입니다. 다소 따분하고 재미없는 제품의 상세 사진 대신 독특한 패턴의 사진으로 유저들의 시선을 사로잡고, 재미있는 스토리텔링을 통해 유저들로부터 팔로우할 이유를 만들어 낸 계정입니다.

참고하기 좋은 브랜드

배민문방구(@baemin_store), 프릳츠(@fritzcoffeecompany), 홈플러스더클럽(@theclub_homeplus)

---

*킬링 타임 불합리적인 방법으로 시간을 보내는 것을 의미하는 킬링타임은 대중교통 이용이나, 쉬는 시간 등의 따분할 수도 있는 시간을 보내기 위한 활동을 의미합니다.

*B급 감성 유머나 개그 코드 등을 통해 유저들의 웃음을 유발하기 위해 만든 콘텐츠를 의미합니다.

✏️ 좋은 정보가 많아서(브랜드 소식/세일/신제품) ✏️

브랜드에 대한 해시태그의 게시물이 쌓일수록, 제보 콘텐츠가 많을수록 이에 비례하여 계정의 인플루언스는 성장하게 됩니다.

여행에 미치다, 유디니 등이 가장 대표적인 예시입니다. 요리 레시피를 공유하거나 홈트레이닝 방법을 공유하는 계정 역시 마찬가지입니다. 해당 계정을 팔로우 하고 꾸준히 나에게 필요한 정보를 받아봅니다. 일방향적으로 정보를 제공하고, 팔로워는 이를 받아보는 성향이 강하기 때문에 모든 게시물에 대한 덧글 수는 팔로워 수 대비 그렇게 많은 편은 아니지만, 많은 노출과 저장이 발생하는 경우가 많습니다.

이러한 계정 중에는 유저들의 제보를 통해 콘텐츠를 공유하는 계정들도 있습니다. *UGC 전략을 적극적으로 활용하는 계정입니다. 브랜드에서 정보성 콘텐츠를 꾸준히 *큐레이션하여 발행하는 것보다 수많은 유저들에게 정보를 공유할 수 있도록 유도하는 방법입니다. 아무리 능력 있는 큐레이터라고 하더라도 콘텐츠를 끊임없이 발행한다는 것은 사실상 불가능합니다. 하지만, 수많은 유저들에게 무한대에 수렴한 정보를 공급받을 수 있다면 큐레이터는 유저들로부터 공급받은 정보를 선별하기만 하면 됩니다. 브랜드 입장에서는 양질의 콘텐츠를 공급 받을 수 있어 좋으며, 정보를 제공해주는 유저는 내가 업로드한 콘텐츠가 대형 페이지(계정)에 업로드가 되기 때문에 기분이 좋습니다. 일반 유저들도 마찬가지로 좋은 콘텐츠를 소비할 수 있기 때문에 좋습니다. 콘텐츠를 공급하는 소수의 유저와 정보를 제공하는 브랜드, 콘텐츠를 소비하는 다수의 유저 모두 좋은 방법입니다.

특히 '유럽 어디까지 가봤니?'의 줄임말인 '유디니'같은 경우에는 #유디니 해시태그를 통해 꾸준한 콘텐츠의 생성과 소비가 발생하고 있습니다. 쿠캣에서 운영하는 '오늘 뭐먹지?'의 #오늘뭐먹지 도 같은 맥락입니다. 이런 계정들의 특징은 아무것도 하지 않아도 계정이 꾸준히 성장한다는 점입니다. 많은 사람들이 계속해서 브랜드의 아이디와 브랜드 해시태그를 언급하고, 양질의 콘텐츠를 자발적으로 제보합니다. 브랜드 해시태그와 브랜드 계정 검색도 많이 합니다. 해당 브랜드는 유저의 콘텐츠를 선별하여 오피셜 계정에 소개하는 활동만으로도 충분히 많은 도달과 노출을 기록할 수 있습니다. 시간의 흐름과 함께 브랜드에 대한 해시태그의 게시물이 쌓일수록, 제보 콘텐츠가 많을수록 검색량이 증가할수록 이에 비례하여 계정의 인플루언스는 성장하게 됩니다. 이러한 인플루언스를 기반으로 광고나 브랜디드 콘텐츠를 통한 수익을 실현할 수 있습니다.

*UGC User Generates Contents의 줄임말로, 사용자 창작 콘텐츠를 의미합니다. 사용자들의 자발적인 리뷰/후기/제보 콘텐츠 등이 이에 해당합니다.

*큐레이션 많은 정보를 보기 쉽게 정리하여 보여주는 일 따위를 의미합니다. 네이버 지식 백과에서는 '다른 사람이 만들어놓은 콘텐츠를 목적에 따라 분류하고 배포하는 일을 뜻하는 말이다'라고 정의하고 있습니다. 저는 여기에 "저작권자에 대한 정보를 포함하여"라는 문구를 추가하고 싶습니다.

사실, 인스타그램은 정보를 수집하기에 적합한 채널은 아닙니다. 콘텐츠를 업로드할 수 있는 이미지/동영상의 장수도 10장으로 한정되어 있고, 캡션 영역을 길게 쓰기에도 부담스러운 채널이기 때문입니다. 하지만 사진이 중요한 정보나 후기, 간단한 이슈 등은 인스타그램에서 소비하기에 적합한 정보성 콘텐츠의 유형입니다. 첫눈이나 첫 벚꽃, 첫 단풍이 가장 대표적인 예시이며 연예인의 콘서트나 페스티벌, 예쁜 카페나 펜션과 같은 장소 등도 이러한 콘텐츠의 유형에 속합니다.

최근에 재미있는 현상을 볼 수 있었습니다. 코로나 바이러스가 유행하기 시작했을 때 인스타그램에서 가장 많이 공유되고 확산 되었던 콘텐츠 중 하나가 코로나 바이러스에 관한 소식이었습니다. 탐색 탭에서도 많이 접할 수 있었고, 코로나 바이러스와 관련된 해시태그가 포함된 게시물도 빠르게 공유되었습니다. 사실 이러한 뉴스 콘텐츠는 네이버 기사나 유튜브 동영상을 통한 정보 획득이 더 정확하지만, 인스타그램에서도 특정한 이슈에 대해 서로의 의견을 공유하고 소비하는 모습을 보여주고 있습니다. 저의 개인적인 생각으로는 정보의 신뢰성 때문에 언론이나 미디어를 통한 콘텐츠를 100% 수긍하기 보다는 소셜 미디어를 통해 언론이나 미디어에서 전해지지 않는 소식을 접할 수 있기 때문에 이러한 현상이 나타나는 것이 아닐까 합니다. 더불어, 새로운 소식을 접하게 되면 다른 사람들에게 알리고자 하는 인간의 본능으로 인해 새로운 이슈에 대한 콘텐츠가 많이 생성되고 소비되는 것이 아닐까 합니다.

참고하기 좋은 브랜드

만개의 레시피(@10000recipe), 에디 홈카페(@yedy101), 여기가포토존(@hereis_photozone), 여행에미치다(@travelholic_insta) , 유디니(@eudiny_insta), 재미어트(@himkong.jamiet)

특정 해시태그의 언급량이 증가하면 인스타그램 탐색 탭에 해당 해시태그의 게시물이 많이 보여지는 알고리즘이 있는 것 같습니다. 네이버의 연관 검색어처럼요.

특정 이슈가 발생하면 이와 관련된 키워드 해시태그가 많이 사용되어지면서 탐색 탭의 많은 사람들에게 노출이 발생하는 것 같습니다.

/ 이벤트가 많아서 /

사실 이 이유는 위험합니다. 브랜드가 좋아서가 아니라 브랜드에서 진행하는 "이벤트"가 좋아서이기 때문이니까요. 특히 인스타그램은 체리피커가 정말 많습니다. 이벤트에 참여한 유저가 100명이라면 절반 이상은 체리피커일 확률이 높습니다. 체리피커로 인해 이벤트 기간 동안 팔로워와 게시물의 좋아요 숫자, 노출수는 증가하겠지만 장기적으로 봤을 때 계정의 도달에 악영향을 미치게 됩니다. 인스타그램의 알고리즘상 숫자만 채우는 팔로워는 페널티 요소이니까요.

혹시 다른 브랜드에서 진행하는 이벤트에 참여해본 적이 있으신가요? 예를 들면, 팔로우와 덧글을 하면 스타벅스 기프티콘을 준다는 이벤트를요. 혹시 이벤트에 참여한 후 스타벅스 기프티콘을 받고 팔로우를 끊은 경험이 있지 않으신가요? 아니면 식당에서 인스타그램에 식당 사진을 올리고 직원에게 인증하면 음료를 주는 이벤트를 참여하고 계산을 마친 뒤 게시물을 삭제한 경험은 다들 한 번씩은 있지 않으신가요? 우리 브랜드의 이벤트에 참여하는 유저들도 마찬가지입니다. 브랜드가 아닌 이벤트가 목적인 경우 원하는 목적을 달성하게 되면 떠나가 버립니다.

저는 개인적으로 "~~하면 ○○을 드립니다!" 형식의 이벤트는 절대로 진행하지 않습니다. 효과가 없기 때문입니다. 차라리 기존 고객들을 위한 특별한 이벤트를 진행하는 것이 훨씬 효과적입니다. 그리고 너무 자주 이벤트나 세일을 하게 되는 것도 좋은 방법이 아닙니다. 너무 자주 이벤트나 세일을 하게 될 경우 고객들이 제값에 물건을 구매하지 않게 됩니다. '저 브랜드의 제품은 어차피 곧 이벤트나 세일을 통해 더 저렴하게 구매할 수 있어!'라는 생각을 하기 때문입니다. 이벤트나 세일을 할 때는 명분이 필요합니다. 크리스마스나 발렌타인 데이의 특정 시즌이나, 브랜드 오픈 X주년, 제품 판매 1만개 돌파 기념과 같은 명분이요. 주기적으로 이벤트 및 세일을 하는 것보다 이런 명분이 생겼을 때 갑자기 아주 짧은 기간 동안 이벤트 및 세일을 진행하는 것이 훨씬 효과적입니다.

✎ 그냥 좋아서(브랜드의 호감) ✎

소위 '쉴드'라고 표현하는 이 행동에는 이유가 없습니다. 그저 브랜드를 좋아하기 때문에 브랜드를 대신해서 싸워주는 것이죠.

누구에게나 좋아하는 브랜드가 하나쯤은 있습니다. 우리 브랜드를 이런 브랜드로 만들어 내야 합니다. 브랜딩이 잘 되면 고객들로부터 대가 없는 사랑을 받아볼 수 있습니다. 이런 브랜드의 특징은 입소문이 정말 대단해서 굳이 광고를 하지 않아도 될 정도라는 것입니다. 고객 스스로가 브랜드의 마케터가 되어 입소문 홍보와 콘텐츠 마케팅을 해주는 것이죠. 저는 결국 모든 마케팅은 이런 고객 분들을 만들기 위해 시스템을 만드는 것이라고 생각합니다. 진정성을 담아 꾸준히 브랜드의 메시지를 고객에게 전달하고 입소문이 만들어질 수 있도록 고민하다 보면 어느새 우리 브랜드를 사랑해주는 고객들이 생기게 됩니다. 종종, 브랜드에서 실수를 하거나 사회적인 이슈에 민감한 캠페인을 진행하는 경우 많은 공격을 받기도 하지만, 브랜드를 대변하는 고객들이 존재합니다. 소위 '쉴드' 라고 표현하는 이 행동에는 이유가 없습니다. 그저 브랜드를 좋아하기 때문에 브랜드를 대신해서 싸워주는 것이죠. 나이키가 30주년 모델로 콜린 캐퍼닉을 기용했을 때가 아주 좋은 예시 사례입니다.

2016년 8월 미식축구 경기 전 미국 국가가 울려 퍼졌습니다. 모두가 기립할 때 콜린 캐퍼닉이라는 한 흑인 선수는 기립하지 않고 한 쪽 무릎을 꿇고 앉았습니다. 미국에서 한 쪽 무릎을 꿇는 'take a knee'행위는 저항을 상징하며, 미국 국가에 대한 저

항의 의미였습니다. 추후 인터뷰에서 캐퍼닉은 미국의 인종 차별에 대한 항의였다고 밝혔습니다. 이 때 미국에서는 백인 경찰이 흑인 소년을 과잉 진압하며 사망에 이르게 한 데에 대한 반사회적, 흑인 인권 운동인 #BlackLivesMatter 가 절정이던 때였습니다. 콜린 캐퍼닉의 행동에 대해 옳은 일을 했다고 평가하는 이들도 있었지만, 이러한 행위 자체를 반대하는 이들도 많았습니다. 오바마 전 대통령은 캐퍼닉의 행동에 대해 지지 의사를 표했고, 트럼프 대통령은 '그에게 맞는 나라로 돌아가야 할 것'이라며 강하게 비판하기도 했습니다.

전, 현직 대통령도 의견을 표시할 정도로 미국 내의 중심에 있는 인물인 콜린 캐퍼닉을 나이키의 30주년 모델로 기용했습니다. 캠페인 광고와 동시에 나이키의 매출은 폭등했고, 소셜 미디어에서의 나이키에 대한 언급도 폭등했습니다. 해당 캠페인과 동시에 브랜드에 대한 호감도가 증가하고, 이들을 응원하는 소셜 미디어 상의 목소리도 커졌습니다. 사실 해당 사례는 나이키에 대한 '옹호'의 결과물이라고 보기는 어렵습니다. 콜린의 행동에 대해 지지하는 미국 국민보다 그렇지 않은 미국 국민이 더 많았다는 설문 조사가 있거든요. 하지만 수많은 유저가 특정 브랜드를 좋아하고 응원하게 될 경우 어떤 결과물이 발생하는지에 대해 소개하기에는 더할 나위 없이 좋은 사례라고 생각합니다.

참고하기 좋은 브랜드

나이키(@nike), 도브(@dove), 스타벅스(@starbucks)

참조 링크

[뉴스페퍼민트] 콜린 캐퍼닉 선수의 침묵 시위, 그 진짜 의의

계정의 도달이 떨어지는 이유

인스타그램에서 내 계정의 도달값은 팔로워에 의해 정해집니다. 팔로워가 많으면 많을수록 도달이 많이 되는 것은 물론, 나와 소통하는 팔로워가 얼마나 많은가에 따라 도달률이 정해집니다. 인스타그램을 하다 보면 팔로워가 정말 많은데, 게시글을 올릴 때마다 기록 되는 좋아요의 수는 매우 적은 계정들을 쉽게 볼 수 있죠. 이러한 계정의 공통된 특징은 "소통하는 유저 없이 자기 할 말만 한다"입니다. 보통 주기적으로 콘텐츠를 업로드'만' 하는 분들이죠.

이럴 경우 도달이 떨어지는 이유는 크게 두 가지 입니다. 1) 인스타그램에 접속하는 시간이 짧아서, 2) 내 팔로워의 피드에 콘텐츠가 노출이 되지 않기 때문에, 3) 예쁜 사진에만 집착해서.

1) 인스타그램에 접속하는 시간이 짧아서.

인스타그램에 접속하는 시간이 짧으면 계정의 도달이 떨어지게 됩니다. 인스타그램은 내 활동을 기록하고, 이 활동을 기반으로 유저의 계정 지수를 판단하고 있습니다. 그렇기 때문에 인스타그램에서 다른 게시물을 전혀 소비하지 않고 콘텐츠를 업로드'만' 하게 되면 계정 지수가 마이너스 되는 것이죠. 간단하게 생각하면 쉽습니다. 매일 2시간 이상 인스타그램을 즐기는 유저A와 아침, 점심, 저녁으로 콘텐츠를 업로드만 하는 유저B가 있다면, 여러분들이 인스타그램 개발자라면 어떤 유저에게 더 높은 점수를 반영해주고 싶은가요?

실제로, 아이폰을 이용하여 인스타그램을 하고 계시는 분들은 이 활동 시간을 체크할 수 있습니다. 왜 그런지는잘 모르겠지만, 몇몇 안드로이드 기종에서는 이를 확인할 수 없습니다. 아이폰으로 인스타그램 계정에 접속한 뒤 프로필 → 메뉴 → 내 활동 버튼을 터치하면 하루 평균 얼마 동안 인스타그램에 접속했는지 나옵니다. 여기서 또 한가지 재미있는 건, PC로 아무리 인스타그램 활동을 많이 한다고 한들 인스타그램 이용 시간에는 기록이 되지 않는다는 점입니다. 프로그램을 통해 다른 사람의 게시물에 좋아요, 덧글, 계정 팔로우를 해주는 매크로 프로그램을 사용하는 유저 분들은 실제로 인스타그램 이용 시간에는 0초가 기록이 되지만, 좋아요/덧글/팔로우 등의 활동을 했다는 기록은 남습니다. 여러분들이 인스타그램의 개발자라면 이러한 계정들을 어떻게 하실 건가요? 저라면 이 계정들은 전부 도달을 낮춰버리고 싶을 겁니다. 접속 시간은 없는데, 활동 기록은 있는 유령들이니까요.

2) 내 팔로워의 피드에 콘텐츠가 노출이 되지 않기 때문에.

아무리 멋진 콘텐츠를 많이 업로드한다고 한들, 보는 사람이 없으면 좋은 콘텐츠라고 할 수 없습니다. 결국 콘텐츠란 누군가에게 노출이 되고, 반응이 생겨야 좋은 콘텐츠가 될 수 있습니다. 인스타그램에서 내가 발행한 콘텐츠가 내 팔로워들에게 노출이 되지 않는다면? 실제로, 현재 인스타그램의 팔로워 도달은 평균 10-20% 정도 되는 것으로 보여집니다(1만명의 팔로워가 있다면 1,000-2,000명 사이의 팔로워에게만 콘텐츠가 노출이 되는거죠). 계정 관리 정도에 따라 이 범위는 다르긴 하지만, 기본적인 맥락은 같습니다. 평소 내 팔로워들이 내가 발행하는 콘텐츠를 소비하지 않는다면, 인스타그램 특유의 알고리즘은 이를 파악하고 내 콘텐츠를 내 팔로워들에게 보여주지 않습니다. 인스타그램의 입장에서는 유저들이 소비할 만한 콘텐츠만 보여주어서 유저들이 최대한 오랜 시간을 인스타그램에서 머물기를 바라기 때문입니다.

3) 예쁜 사진에만 집착해서.

이제 더 이상 예쁘게 사진을 찍는 것만으로는 경쟁력을 갖추기가 어렵습니다. 스마트폰과 카메라의 기술은 계속해서 발달해 누구나 쉽고, 빠르게 예쁜 사진을 찍을 수 있게 되었습니다. 더불어, 현재 콘텐츠 소비의 트렌드는 예쁜 사진을 소비하는 것이 아닌, "내가 관심이 있는 콘텐츠만" 소비하는 것이 트렌드입니다. 아무리 예쁘고 멋져도 나한테 관심이 없으면 눈길조차 주지 않습니다.

우리가 발행하는 콘텐츠가 다른 유저들에게 소비되기 위해서는 내 콘텐츠를 보게될 유저들의 관심사에 적합한 콘텐츠여야만 합니다. 종종 이런 분들이 계십니다. "저희는 정말 예쁜 사진을 업로드하고 있는데도 팔로우가 늘지 않습니다"라며 저에게 고민을 토로하고 계시는 분들이요. 여러분들이라면, 이런 분들께 어떤 답변을 해주실 수 있을까요? 저는 이런 분들께 질문을 던져 드립니다. 혹시 그 예쁜 사진이 나한테만 예쁜 사진인지, 유저들은 관심 없는 사진인지, 그리고 혹시 사진 공유만 하지 않았는지에 대해 고민해본 적 있으신가요?

CHAPTER. 05
계정 운영 전략의 목표2.
내 계정의 인플루언스를 높이기

계정의 인플루언스라고 하면 가장 대표적인 수치는 '팔로워 수'입니다. 하지만 요즘은 팔로워가 많아도 게시물의 노출이 적은 경우가 정말 많습니다. 계정의 진정한 인플루언스는 개별 게시물의 노출 수로 나타납니다. 즉, '계정의 인플루언스를 높인다 = 내가 발행하는 게시물의 평균 노출 수를 높인다.'와 같은 의미입니다. 게시물의 노출 수를 높이는 방법은 2가지입니다. 1)진성 팔로워를 많이 모아서 게시물을 노출시키거나, 2)내 콘텐츠를 잠재 고객(또는 팔로워)들에게 직접 보여주거나.

진성 팔로워가 적으면 노출이 적을 수밖에 없습니다. 팔로워가 적으니 당연히 초기 콘텐츠를 소비해줄 유저가 적고, 콘텐츠에 대한 확산이 발생하기 어렵죠. 수많은 마케터가 적어도 1천명의 팔로워는 필요하다고 이야기합니다. 저도 같은 생각입니다. 최소 1천명의 팔로워는 있어야 내 콘텐츠를 많은 사람들에게 보여줄 수 있고, 팔로워 수가 많을수록 내 콘텐츠가 확산될 가능성은 커집니다. 꾸준히 팔로워를 늘려나가야 하는 이유입니다. 하지만 1천명의 팔로워를 모은다는 것은 말처럼 간단한 일이 아닙니다. 노동이 필요합니다. 정확히 표현하자면 노동 보다는 '노가다' 가 필요합니다. 노가다는 내 콘텐츠를 봐주는 진성 팔로워가 많지 않으니 내가 직접 내 콘텐츠를 잠재 고객에게 보여준다는 생각으로 영업활동을 하는 것을 의미합니다.

1천명의 팔로워를 모으는 가장 확실하고 좋은 방법은 내가 먼저 (잠재)고객들에게 찾아가서 내 콘텐츠를 노출시키는 영업활동입니다. (잠재)고객으로 추정되는 유저의 인스타그램 피드에 들어가서 좋아요, 덧글, 팔로우를 꾸준히 하는 겁니다. 인스타그램에서 '영업한다'라는 것은 '(잠재)고객의 피드에 내가 먼저 좋아요, 덧글, 팔로우를 한다.'를 의미합니다. 가지고 있는 무기가 적은 소상공인일수록 이러한 노가다를 더 열심히 해야 합니다. 그리고 영업활동은 소상공인일수록 더 많은 효과를 얻을 수 있습니다.

인스타그램에는 재미있는 문화가 있습니다. 누군가 나에게 좋아요/덧글/팔로우를 하면 '반사'를 하는 품앗이 문화입니다. 모든 유저가 100% 반사를 하는 것은 아니지만, 여전히 많은 유저가 이런 식으로 새로운 유저들과 소통합니다. 전혀 어려운 방법이 아닙니다. 다만, 금 보다 귀중한 시간을 투자해야 하고, 노동보다는 노가다에 가까운 작업을 반복해야 하기 때문에 수많은 소상공인 사업자 분들이 시작과 동시에 포기하게 됩니다. 저는 이러한 활동을 '전단지를 뿌리는 것'에 비유합니다. 인스타그램에서 영업을 한다는 것은 "무료로 전단지를 배포하는 일"입니다. 전단지의 1차적인 목표가 노출인 것처럼, 새로운 고객에게 우리 매장의 존재를 알리는 것처럼, 인스타그램에서의 영업활동도 전단지와 같은 목표를 갖습니다. 1차적으로 잠재 고객에게 우리 브랜드에서 판매하는 제품이나 정보를 볼 수 있도록 유도하고, 브랜드 계정의 존재를 알리는 것입니다. 전단지를 많이 배포하는 만큼 새로운 고객이 생기는 것처럼, 인스타그램을 통한 영업활동도 많이 하면 할수록 효과가 비례합니다.

인스타그램 영업은 분명 필요한 일입니다. 특히 인스타그램을 이제 막 시작했거나 팔로워가 없다면 더욱이 필요한, 꼭 해야만 하는 일입니다. 하지만 너무 힘듭니다. 개인적으로 계정 운영을 할 때 가장 어렵다고 느끼는 작업이 바로 영업입니다. 그렇지만 해야만 합니다. 적든 많든 당장의 매출에도 도움이 되고, 장기적으로는 계정의 인플루언스를 키우기 위해 꼭 필요한 일이니까요.

I사 가구 브랜드의 컨설팅을 했던 적이 있습니다. 20만원 이상의 단가를 형성하고 있는 가구 제품, 고관여 제품을 판매하는 브랜드였고, 인스타그램 마케팅을 이제 막 시작한 브랜드였습니다. 대표님께서는 별 다른 마케팅 활동을 해본 적은 없지만, 10년이라는 시간 동안 사업을 운영해온 성실한 분이었습니다. 대부분의 소상공인과 마찬가지로 이 브랜드는 마케터가 따로 없었고, 대표님께서 모든 마케팅을 직접 하셨습니다.

저는 가장 먼저 대표님께 인스타그램 영업을 알려드렸습니다. 어떤 해시태그를 검색해서 잠재 고객을 발굴하고, 어떤 유저들에게 좋아요/덧글/팔로우를 해야 하는지 알려드리고, 2주의 시간 동안 매일 시간이 날 때마다 틈틈이 영업을 하라고 숙제를 내

드렸습니다. 성실하신 대표님께서는 다행히 제 숙제를 매일같이 해주셨고 2주 후에 저를 다시 만나자마자 "인스타그램 문의와 매출이 올랐어요!"라고 하셨습니다. 참고로, 이 브랜드는 인스타그램을 이제 막 시작했었고, 저를 만나기 이전에 인스타그램을 통한 문의가 단 1건도 발생하지 않았던 브랜드입니다.

*고관여 제품 일반적으로 상품이나 서비스를 고관여와 저관여로 나눕니다. 가격이 비싼 제품으로 대변할 수 있는 고관여 제품은 구매하기 이전에 많은 비교와 고민을 하는 제품을 의미하며, 저관여 제품은 제품을 구매하기 이전에 많은 비교와 고민이 필요하지 않은 제품을 의미합니다.

지금부터는 간단한 소설 형태로 가구 대표께 들었던 이야기를 전달 드리겠습니다.

컨설팅을 통해 조영빈 강사님이 하라는 대로 시간이 날 때마다 틈틈이 영업을 했다. 1시간 동안 누를 수 있는 최대의 좋아요 개수는 200개이니, 너무 많은 좋아요를 누르려고 하기 보다는 시간이 날 때마다, 스마트폰을 켤 때마다 조금씩 영업활동을 했다. 처음 3-4일 동안은 '내가 이걸 왜 해야하지?'라는 생각과 함께 '이걸 한다고 매출이 늘어?' '이게 마케팅이야?' 등의 별의 별 생각이 들었다. 그래도 내가 영업활동을 열심히 할수록 점차 팔로워 수와 내가 올린 게시물의 좋아요 수가 늘어나는 걸 보니 재미가 조금씩 생기긴 하더라. 게시물의 노출도 점점 많아지는 걸 보니 '내 노력이 헛된 노력은 아니구나!'라는 생각도 들고!

그러다가 처음으로 인스타그램 DM(다이렉트 메시지)을 통해 제품 문의가 왔다. 첫 번째 문의가 오고 나니 두 번째, 세 번째 문의도 생각 보다 빨리 오더라. 인스타그램으로 문의를 주신 고객 분이 프로필 링크를 통해 구매까지 해주시는 것을 보니 흥미가 더 생겼고, 결과적으로 2주라는 짧은 시간 동안 꽤 많은 문의와 함께 팔로워가 많이 늘었다.

해당 브랜드는 이후 꾸준히 매출이 증가함과 동시에 인스타그램 계정의 영향력도 커져 인스타그램을 통한 매출이 많이 발생하는 브랜드로 성장했습니다. 저에게 컨설팅을 받기 이전보다 매출이 10배가 늘었습니다. 물론 '100% 인스타그램 때문에 늘었다!'는 아닙니다. 컨설팅 시 스마트 스토어, 네이버와 페이스북 등 다른 마케팅도 배우셨고, 인스타그램 영업을 하신 것만큼이나 다른 플랫폼도 성실하게 잘 관리해주셨기 때문에 얻을 수 있었던 결과물입니다. "강사님 덕분에 매출이 이만큼이나 늘었어요!

감사합니다!"라는 피드백을 받고 정말 뿌듯했던 브랜드의 사례였고, 인스타그램 영업이 확실히 효과가 있는 방법이라는 것을 재확인 할 수 있었던 기회였습니다.

영업활동을 통해 효과를 보고 계신다는 수강생 분의 후기 캡쳐 화면

몇 가지 사례가 더 있습니다. 하나만 더 간단하게 말씀드리자면, 디자이너 패션 브랜드를 운영하는 대표님께는 이렇게 조언을 해드렸습니다. "인스타그램에 후기를 올려주시는 고객 분들께 좋아요를 눌러주고, 덧글을 남기세요. 그리고 리그램*을 해도 되는지에 대한 여부를 허락 받고 고객들이 올린 게시물을 우리 인스타그램 피드에 공유하세요."

이후 해당 브랜드를 좋아하는 충성 고객 분들이 눈에 띄게 늘었습니다. 고객과의 접점이 더 다양해졌기 때문입니다. 이에 따라 인스타그램에 올라오는 자발적인 고객후기도 눈에 띄게 많이 늘었습니다. 계정의 팔로워와 인플루언스의 상승은 자연스럽게 따라온 결과물이죠!

인스타그램에서의 영업은 잠재 고객에게만 해야 하는 일은 아닙니다. 오히려 기존의 고객 분들께 할 때 더 효과가 좋고, 반응도 좋습니다. 그러니 더 열심히 해야 합니다. 특히 재구매율이 높은 상품이나 서비스(주문제작 케이크, 오프라인 카페, 네일샵 등)를 판매하는 경우와 고객들이 여러 번 인스타그램에 후기를 남겨줄 수 있는 상품이나 서비스(패션 아이템/소품, 전시회, DIY 제품 등)를 판매하는 경우는 더욱 기존의 고객 분들께 정성을 들여야 합니다. 한 분의 고객님이 10개 이상의 브랜디드 콘텐츠를 업로드 해주실 수 있는 가능성이 있으니까요. 한 분의 고객 분으로 인해 10명 이상의 신규 고객이 생길 수 있습니다.

*리그램 인스타그램의 공유기능. 다른 사람의 게시물을 내 인스타그램 피드에 공유해오는 기능입니다. 보통 'repost'라는 어플리케이션을 활용해서 리그램을 많이 합니다.

열심히 영업을 하다보면 계정의 팔로워와 함께 계정의 인플루언스가 오르게 되어 있습니다. 예전보다 훨씬 수월히 다른 유저들에게 내 게시물을 노출시킬 수 있는 영향력이 생기게 됩니다. 영향력이 조금 있다고 해서 영업활동을 멈추게 되면, 팔로워 수치와 인플루언스도 멈추게 됩니다. 그렇기 때문에 영업활동은 꾸준히 하시는 것이 좋습니다. 하지만, 인스타그램에서 좋아요/덧글/팔로우 를 할 수 있는 물리적인 개수의 한계와 함께 시간적인 한계도 분명히 존재하기 때문에 무한대로 영업활동을 할 수는 없습니다. 효과적으로 영업하는 방법을 찾아야 합니다.

그리고 새롭게 생겨난 팔로워들의 관리도 필요합니다. 나를 팔로우한 유저라고 해서 내 프로필에 방문하고, 내가 발행한 게시물을 꾸준히 소비해주는 것은 아닙니다. 그저 팔로우만 했을 수도 있습니다. 인스타그램 계정을 만든 후 초기에 계정을 활성화시키기 위해 영업활동으로 팔로워를 늘렸다면 그 다음 단계는 〈팔로워/팔로잉 관리〉입니다.

시간을 많이 투자해야 한다는 점은 영업활동과 똑같지만, 팔로워/팔로잉 관리는 생각보다 쉽습니다. 잠재 고객을 찾아다니며 영업을 할 때는 잠재 고객이 입력할 만한 해시태그를 찾아서 검색하고 선별하여 좋아요/덧글/팔로우를 했다면, 팔로잉 관리는 홈 피드만 보면 됩니다. 기본적으로 인스타그램의 피드에 뜨는 게시물은 내가 팔로우를 한, 팔로잉 유저들의 게시물과 스폰서 광고 게시물이 노출됩니다. 그렇기 때문에 한 번 팔로우를 시작한 유저들의 게시물은 피드에 모여지게 됩니다. 꾸준한 관리를 위해서 이들의 피드 게시물을 소비하면서 좋아요와 덧글만을 해주면 됩니다.

팔로워/팔로잉 관리는 '소통'의 다른 말입니다. 소통은 영업활동과 다를 것이 없습니다. 다만, 영업은 내 잠재 고객/팔로워 에게 좋아요/덧글/팔로우를 해주는 것이지만 소통은 나를 팔로우해주고 있는 유저들에게 꾸준히 좋아요/덧글/DM(다이렉트 메시지)을 해준다는 데에 차이가 있습니다.

영업을 통해 나를 팔로우해준 고마운 유저들에게 꾸준히 좋아요와 덧글, DM으로 소통을 해주는 것이죠. '인친을 만든다'고 표현하기도 합니다. 팔로워를 꾸준히 관리해주어야 하는 이유는 명확합니다. 인스타그램의 알고리즘은 팔로워를 기반으로 구성되어 있기 때문입니다. 이 이야기는 뒤에 〈인스타그램 알고리즘〉에 대해 이야기 할 때 더 자세히 설명해드리도록 하겠습니다.

팔로워 수는 많은데 정작 올리는 게시물에 대한 좋아요와 덧글은 낮은 계정들을 쉽게 볼 수 있습니다. 이런 계정들은 '유령 팔로워'가 많아서 그렇습니다. '유령 팔로워'란 의미 없이 숫자만 채우고 있는 팔로워를 이야기 합니다. 대체로 프로그램을 통한 가짜(기계) 팔로워를 의미하거나, 내 계정을 팔로우하긴 했지만 나와 전혀 소통을 하지 않는 유저들, 이제 더 이상 인스타그램을 하지 않는 유저들, 광고 계정 등을 의미합니다. 보통은 프로필 사진도 없는 외국인 계정이 대부분입니다. 이렇게 팔로워 숫자만 채우는 팔로워는 내 계정에 악영향을 미치게 됩니다. 가장 안타까운 분들이 인스타그램 프로그램을 통해서 가짜 팔로워를 늘린 분들입니다.

내 게시물을 빠르게 확산시키기 위한 가장 첫 번째 조건은 팔로워들이 내가 발행한 게시물을 소비해주는 것인데, 가짜 팔로워가 팔로워 수의 대부분을 차지할 경우 내 게시물을 소비해줄 팔로워가 없기 때문에 결과적으로 내 게시물의 확산이 발생하지 않게 됩니다.

저는 이런 의미 없는 팔로워들은 모두 차단하거나 삭제합니다. 어차피 이런 팔로워들은 내가 올린 게시물을 절대 소비해주지 않습니다.

겉으로 보여지는 수치 때문에 내 계정의 도달을 떨어뜨리는 실수는 하지 않아야 합니다.

고객 분석하기
우리고객이 사용하는 해시태그 찾기

영업 > 관리 > 인친

영업 ───▶	팔로워/팔로잉 관리 ───▶	인친 만들기
- 잠재 고객 선별	- 언팔로우	- 왕래가 잦은 유저의 스토리 게시물 우선 소비
- 좋아요/덧글/팔로우	- 피드 게시물 좋아요 꾸준히	- 덧글을 통한 친분 쌓기
- 프로필 존재 알리기	- 스토리 게시물 소비	- 피드 노출 순위 높이기
- 내 게시물 보여주기	- 프로필 방문 늘리기	

팔로워가 늘면 늘수록 팔로워에 대한 관리를 철저히 해야 합니다.

"내 게시물을 확산시키기 위해서는 팔로워 관리는 필수다"라는 이유하나 때문에라도 팔로워가 늘면 늘수록 팔로워에 대한 관리를 철저히 해야 합니다. 조금 더 정확히는, 팔로워들이 꾸준히 내가 발행하는 콘텐츠를 소비할 수 있도록 하기 위해 끊임없는 소통과 관리를 해야 합니다. 그래야 내 팔로워가 유령 팔로워가 되지 않고, 내 계정을 진성 팔로워가 많은 건강한 계정으로 키워 나갈 수 있습니다.

이렇게 원고를 쓰고 보니 '아직 계정 운영을 시작조차 하지 않은 소상공인 사업자나 브랜드 마케터라면 지레 겁을 먹을 수도 있겠구나.'라는 생각이 듭니다. 인스타그램의 계정 운영을 할 때 가장 좋은 방법은 즐기는 것이라고 이야기하고 있습니다. 다른 인스타그램 유저들과 소통하고 친해지고, 내 콘텐츠를 자랑하는 것 자체를 즐기는 거죠. 업무 시간에 인스타그램을 즐겁게 하는 것입니다. 솔직히 말하면 저는 이런 '인싸'분들이 너무 부럽습니다.

아마 대부분의 유저들은 저처럼 즐기기 어려울 겁니다. 인스타그램을 하는 것이 괴로울 수 있습니다. '0원'으로도 마케팅을 할 수 있다는 것은 소상공인에게 엄청 큰 장점이지만, 세상에 공짜는 없는 법입니다. 돈이 들지 않는 만큼 시간을 투자해야 합니다. 그리고 인스타그램은 분명 그 시간만큼의 가치를 돌려주곤 합니다.

너무 어렵게 생각하지 마시고, 다음 목차에 소개된 방법부터 천천히 따라해 보시기 바랍니다!

CHAPTER. 06

계정의 콘셉트 잡기

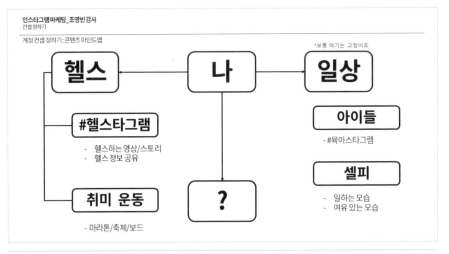

결국 콘셉트란 내가 어떤 콘텐츠를 발행하느냐에 따라 달라집니다.

인스타그램 마케팅에, 계정 운영에 조금이라도 관심이 있는 분이라면 한 번쯤 이런 이야기를 들어보셨을 것이라 생각합니다. "콘셉트(컨셉)를 잡아야 한다."라는 이야기를요. 콘셉트는 너무 중요합니다. 그래서 수많은 마케터가 "콘셉트를 잡아야 한다."라고 이야기 합니다. 저도 마찬가지입니다. 콘셉트가 명확해야 콘텐츠의 주제를 명확히 할 수 있고, 다른 유저가 보았을 때 조금이라도 더 소통하고 싶다는 생각이 들 수 있도록 만들 수 있습니다. 요즘처럼 유저들이 관심사 외의 콘텐츠는 아예 외면을 해버리는 성향이 강할수록 콘셉트는 더 명확하고 뾰족해야 합니다.

하지만 정작 이 콘셉트를 어떻게 잡아야 하는지에 대해서 이야기하는 사람은 없습니다. 그저 콘셉트가 있어야 한다는 이야기만 귀가 아플 때까지 이야기할 뿐입니다. 어떻게 콘셉트를 잡아야 할지 고민인 인스타그램 새내기 분들에게 많이 알려드리는 저만의 방법을 알려드리겠습니다.

우선 첫 번째로는 콘텐츠 표를 작성하는 일입니다. 결국 콘셉트란 내가 어떤 콘텐츠를 발행하느냐에 따라 달라지기 때문이며, 다른 유저들은 내가 발행한 콘텐츠를 보고 내 콘셉트를 판단하기 때문입니다. 보통은 콘셉트 먼저 잡는 것이 일반적이지만, 확실한 콘셉트가 정해져 있지 않다면 내가 어떤 콘텐츠를 발행할 것인가에 대해서 고민을 해본 후 콘셉트를 정하는 것이 좋습니다. 방법은 간단합니다. 위의 표를 따라 그리고 가장 큰 범주의 카테고리를 왼쪽과 오른쪽에 하나씩 적어줍니다. 가장 큰 카테고리를 2개만 적는 이유는 업로드하는 주제가 적을수록 나타내고자 하는 콘셉트는 명확해지기 때문입니다.

개인(personal)계정의 콘텐츠 표를 작성할 때는 〈일상〉카테고리를 꼭 넣어주어야 합니다. 인스타그램은 기본적으로 오프라인에서 친한 지인들과 소통하면서 동시에 나랑 관심사가 비슷한, 모르는 사람들과도 소통하도록 만들어진 플랫폼이기 때문입니다. 나를 드러낼 수 있는 〈일상〉콘텐츠는 다른 유저들과 소통하기에 가장 좋은 소재이며, 다른 유저에게 신뢰를 얻을 수 있는 소재이기도 합니다.

그 다음 내가 인스타그램에 업로드할 수 있는 내 〈일상〉 콘텐츠는 어떤 콘텐츠들이 있는지 고민해보고 하단에 쭉 적어줍니다. 그리고 해당 콘텐츠를 업로드하는 "의도"에 대해서 고민해봅니다. 의도란 이 콘텐츠를 통해 내가 전달하고자하는 메시지를 의미합니다. 또는 해당 콘텐츠를 통해 내 이미지가 어떻게 보여질지 예상하고 콘텐츠를 만드는 것입니다. 인스타그램을 잘 운영하는 분들은 모두 이 의도가 분명한 콘텐츠를 공유합니다.

예를 들어, 저는 위 이미지에서 〈일상〉카테고리 하단에 〈셀피〉를 적었고, 하단 부분에 "일 하는 모습"과 "여유 있는 모습"을 적어 놓았습니다. 셀피의 종류는 다양합니다. 내 얼굴이 멋지게 잘 나온 사진일 수도 있고, 친구들과 노는 사진일 수도 있고, 회의를 하는 모습의 사진일 수도 있습니다. 이 중에서 저는 일 하는 모습, 여유 있는 모습을 선택해서 인스타그램에 업로드하기로 했습니다. 이 두 유형의 콘텐츠를 업로드하는 이유는 이렇습니다. 일 하는 모습을 인스타그램에 종종 올려서 "나는 열심히 일하는 사람이야"라는 것을 다른 인스타그램 유저들에게 전달할 수 있습니다. 여유 있는 모습을 통해 "나는 이렇게 즐거운 사람이야"라는 메시지를 전달할 수 있습니다. 각각의 콘텐츠가 합쳐져 "나는 바쁘지만, 즐겁기도 한 사람이야"라는 메시지를 전달하는 역할을 해 타인에게 열심히, 즐겁게 사는 사람으로 보여지길 바라는 저의 의도가 담겨있습니다.

- **일하는 모습** : "나는 열심히 사는 사람이야"라는 메시지를 전하기 위한 의도
- **여유 있는 모습** : "나는 이렇게 즐거운 사람이야"라는 메시지를 전하기 위한 의도

모든 콘텐츠에는 "의도"가 필요합니다. 팔로워들에게 어떤 사람으로 보여지고 싶은가요?

다음으로 반대편에 다른 카테고리를 적어줍니다. 저는 〈헬스〉를 적었습니다. 만약 내 잠재 고객(또는 팔로워)과 패션 이라는 주제로 소통하고 싶다면 〈패션〉을 뷰티라는 주제로 소통하고 싶다면 〈뷰티〉를 적어주시면 됩니다. 우리 브랜드의 카테고리가 패션이라면 패션을 적어주시면 되겠죠? 그 다음 〈일상〉카테고리 하단에 적은 것과 마찬가지로 어떤 의도가 담긴 콘텐츠를 업로드 할 것인지 적어주시면 됩니다.

그리고 마지막으로 위 이미지에 있는 〈?〉칸에는 내가 적은 콘텐츠들과 의도를 한 단어로 표현할 수 있는, 계정을 한 단어로 표현할 수 있는 "키워드"를 만들어 주시면 됩니다. 예를 들면 #단발머리대통령(@my.o_), #마당냥반점(@madangnyang), #며느라기(@min4rin), #몸짱농부(@momjjangnongbu), #습관성형(@dano.fit) #포토존개발자(@passionvvip) 등이 있습니다.

콘셉트가 있는 계정과 그렇지 않은 계정의 가장 큰 차이점은 이렇습니다. 콘셉트가 없는 계정은 아무 사진이나 막 업로드합니다. 업로드하는 콘텐츠에 의도는 없습니다.

순수하게 "나는 이걸 했어"식의 사진을 업로드 합니다. 콘셉트가 있는 계정은 하나의 콘텐츠를 업로드하더라도 내 팔로워들에게 어떤 이미지로 보여질지, 어떤 메시지를 전달하고 싶은지를 고민하고, '의도'를 담아 업로드 합니다.

　콘텐츠 표를 작성하는 것이 너무 어렵다면 벤치마킹할 만 한 인스타그램의 계정을 찾아서 해당 계정의 콘텐츠 표를 임의로 작성하면서 공부하는 것도 큰 도움이 됩니다. 해당 (인플루언서)계정은 주로 어떤 유형의 콘텐츠를 올리며, 어떤 의도를 가지고 콘텐츠를 올리는지에 대해서 분석해보는 겁니다.

　콘텐츠 표를 작성했다면 '내가 적은 콘텐츠 외에 다른 콘텐츠는 업로드하지 않기'로 스스로 약속합니다. 해당 콘텐츠 표 외에 다른 콘텐츠를 업로드하게 될 경우 내가 정한 콘셉트가 흔들릴 수 있기 때문입니다.

PART 02

인스타그램에 적합한 콘텐츠 만들기

CHAPTER. 01

콘텐츠를 만들기 전 해야 하는 첫 번째 : 고객 분석

고객 분석하기
우리고객이 사용하는 해시태그 찾기

우리고객님이 찾는 콘텐츠는

초보 엄마에요
그래서 육아팁, 육아책이 필요해요
-> 육아 인플루언서의 콘텐츠

저가 제품을 선호해요
그래서 공동구매/핫딜/최저가 쇼핑을 선호해요
-> 육아용품 콘텐츠

임신 중이에요
그래서 조리원 동기가 있어요
-> 1개월/2개월/3개월

아기 옷장이 필요해요
그래서 옷장을 알아보고 있어요
-> 실제 옷장 이용 콘텐츠

인테리어에 관심이 많아요
그래서 아기 방을 꾸며요
-> 아기방 인테리어 콘텐츠

육아 중이에요
그래서 유치원 동기가 있어요
-> 1살/2살/3살

18

고객 분석하기
우리고객이 사용하는 해시태그 찾기

우리고객님이 사용하는 해시태그는

초보 엄마에요
#육아팁 #육아책 #육아공부 를 검색해요

저가 제품을 선호해요
#맘카페추천 #육아공구 를 검색해요

임신 중이에요
#임신1주차 #임신막주 를 검색해요

아기 옷장이 필요해요
#베이비장 #아기옷장 #아기서랍장 을 검색해요

인테리어에 관심이 많아요
#아기방꾸미기 #아기방인테리어 를 검색해요

육아 중이에요
#청말띠 #52개월 을 검색해요

19

고객의 관심사는 곧 우리 브랜드에서 발행해야하는 콘텐츠이며, 고객들이 어떤 키워드(해시태그)를 검색할지에 대한 열쇠입니다.

우선, 가장 먼저 해야 하는 것은 〈고객 분석〉입니다. 사실, 콘텐츠 표를 작성하고 콘셉트를 만들기 전에 해도 됩니다. 고객을 분석할 때는 특히 "고객의 관심사"에 대한 분석을 많이 해야 합니다. 고객의 관심사는 곧 우리 브랜드에서 발행해야하는 콘텐츠이며, 고객들이 어떤 키워드(해시태그)를 검색할지에 대한 핵심 열쇠이기 때문입니다.

유저들은 SNS에서 콘텐츠를 소비할 때 자신의 관심사와 관련이 없는 콘텐츠가 나오면 엄지손가락으로 빠르게 피드를 넘겨버립니다. 열심히 만든 우리 브랜드의 콘텐츠를 외면당하지 않고 고객들에게 보여주기 위해서는 그들의 관심사를 기반으로 한 콘텐츠를 만들어야 합니다. 팔로워가 아무리 많아도 유저들의 관심사와는 관련이 없는 콘텐츠를 만들어서 팔로워로부터 외면당하면 계정의 성장은 멈출 수밖에 없습니다. 앞서 이야기한대로 인스타그램의 알고리즘이 그렇게 구성되어있기 때문입니다.

마케터라면 다들 이런 경험은 한 번쯤 있으리라 생각합니다. 하나의 콘텐츠를 만들면서 "이건 대박이야!"했던 콘텐츠가 막상 발행하고 보니 반응이 기대이하인 경우, 반대로 "이게 과연 먹힐까?"라며 발행했던 콘텐츠가 기대 이상의 대박이 나는 경우를요. 보통 대박이라고 생각한 콘텐츠를 만들 때는 내 관심사를 기반으로 만들기 때문에 그렇습니다. 내 관심사를 기반으로 한, 내가 좋아하는 콘텐츠를 만들어 발행하니 '대박이 날거야!'라는 기대감이 생기는 거죠. 하지만, 정작 콘텐츠를 소비하는 유저들에게는 별로 관심 없는 주제의 콘텐츠이기 때문에 반응이 생각처럼 좋지 않은 경우입니다. 반응이 좋은 콘텐츠는 콘텐츠를 소비하는 유저들의 관심사를 기반으로 해서 만들어진 콘텐츠라는 공통점이 있습니다. 그래서 고객 분석을 정말 치열하게 해야 합니다. 어떤 것을 좋아하는지, 어떤 문화생활을 즐기는지, 어떤 콘텐츠에 열광하고 어떤 콘텐츠를 외면하는지, 다양한 각도에서 고객을 분석해야 합니다. 그리고 고객 분석은 끊임없이 해야 합니다. 고객은 정체되어 있지 않고 시대의 흐름에 따라, 트렌드에 따라 계속해서 변화하기 때문입니다.

우리 브랜드를 대표할 수 있는 가상의 고객을 그려 놓고 해당 고객의 특징을 몇 가지 적어봅니다. 그러면 자연스럽게 고객의 관심사가 눈에 보여야 합니다. 예를 들어,

우리 주 고객이 '초보 엄마'라는 특징을 가지고 있다면 '육아 팁'이나 '육아 책'과 같은 '육아와 관련된 관심사'를 가지고 있을 겁니다. 그리고 이들은 SNS를 통해 해당 주제(육아 책, 육아 팁 등)의 콘텐츠를 소비할 가능성이 큽니다. 그렇다면 우리 브랜드는 고객들이 소비할 가능성이 큰 주제의 콘텐츠를 꾸준히 생성하여 (잠재)고객들과 소통하면 됩니다. 특징을 몇 가지 적는 것만으로도 고객의 관심사가 눈에 보이고, 우리가 어떤 콘텐츠를 발행해야 하는지에 대한 방향성을 잡을 수 있습니다.

또한, 고객들이 어떤 해시태그를 검색할지에 대해서도 유추할 수 있습니다. 예를 들어, "육아책"에 관심이 있는 고객이라면, 인스타그램에 #육아책 #육아도서 #육아책추천 #엄마공부 #(특정)책이름 등의 해시태그를 검색해서 관련 콘텐츠를 소비할 가능성이 큽니다.

고객의 특징을 통해 고객의 관심사에 대한 분석이 가능하고, 고객의 관심사는 곧 우리가 발행해야 하는 콘텐츠의 방향성이 됩니다. 또한, 고객은 관심사 기반의 콘텐츠를 소비하기 위해서 특정 해시태그를 검색할 것이라는 검색행동 패턴도 유추할 수 있습니다.

고객들의 특징을 적은 마인드맵이 고객의 관심사, 우리가 발행해야하는 콘텐츠, 그리고 고객들이 검색하는 "검색 해시태그"까지 확장이 되는 것을 확인할 수 있습니다. 이러한 과정을 통해 찾은 검색 해시태그는 우리의 인스타그램에 콘텐츠를 업로드할 때 적절히 사용해주시면 됩니다. 우리가 해시태그를 입력하고 사용하는 이유는 우리 고객 분들이 검색해서 콘텐츠를 소비할 때 우리의 콘텐츠를 노출시키기 위함임을 꼭 기억하시기 바랍니다.

초보 엄마 분석 → 육아 팁 / 육아 책에 대한 관심사 니즈 파악 → #육아팁 #육아책 해시태그 검색 유추
⇨ 우리는 육아팁/육아책과 관련된 콘텐츠를 발행하며, #육아팁 #육아책 해시태그를 사용하자!

위의 예시는 아주 간단한, 인스타그램 내에서의 잠재 고객 분석입니다. 8년차 마케터로 지내오면서 항상 느끼는 점은 고객 분석은 끝이 없다는 점입니다. 고객의 특징과 관심사는 수시로 변하고, 우리의 예측과 맞지 않을 때가 너무나도 많습니다. 고객은 시간과 함께 끊임없이 변화하기 때문입니다. 가장 대표적인 예시로는 나이가 있습니다. 20대 초반을 타겟으로 운영하는 패션 브랜드가 5년 이상 브랜드를 영위할 경우 기존의 고객들은 시간과 함께 나이를 먹기 때문에 20대 초반이 20대 중/후반이 됩니다. 꾸준히 20대 초반의 신규 고객을 찾아간다면 문제가 없지만, 20대 초반의 신규 고객을 찾지 못한다면 기존의 고객들은 20대 중/후반이 되어서 자연스럽게 브랜드와 멀어져 브랜드를 운영하기 힘들어집니다. 트랜드의 변화와 함께 세대 간의 문화 차이도 분명 존재하기 때문에 기존의 고객들의 특징을 가지고 새로운 20대 초반에게 접근한다면 이전만큼의 효과를 내기가 어렵습니다.

고객 분석에는 정답이 없습니다. 고객 분석에 대한 이론적인 내용이 많이 있긴 하지만, 어떤 고객이냐에 따라서 접근이 달라지기 때문에 제한적인 부분이 많습니다. 고객 분석을 하는 가장 좋은 방법은 역시 직접 고객이 되는 것입니다. 고객으로서 살아 보면서 우리 브랜드를 고객의 시선으로 바라보고, 고객의 입장에서 생각하는 연습을 많이 해야 합니다. 저는 "전화"와 "현장"을 굉장히 좋아합니다. 광고 대행사의 마케터로서 오랜 시간 일을 해오다 보니 새로운 광고주를 만날 때마다 생기는 의문점이 있습니다. '내가 고객이라면, 우리 광고주의 브랜드(A)가 아니라 경쟁사(B)의 제품을 구매할 것 같은데?'라는 경쟁사와의 비교입니다. B브랜드가 아닌 A브랜드를 선택하여 구매하는 이유는 고객들의 수만큼이나 다양합니다. 구글 애널리틱스나 사이트의 분석 도구를 통해 정량적인 수치 분석으로도 어느 정도 정답을 찾을 수 있지만, 숫자는 고객들의 심리나 마음 상태를 알려주진 않습니다.

고객들의 심리와 마음을 이해하기 위해서는 전화만큼 좋은 방법은 없다고 생각합니다. 특히 데이터가 많지 않아 정량적인 데이터의 분석이 힘든 소상공인이나 스몰 브랜드일수록 더욱! 종종 '얻어 걸린다'라고 표현하는 매출이 있습니다. 마케팅이나 광고 활동을 크게 한 것도 없는데 우리 사이트에서 구매해주시거나 매장을 방문해주시는 정말 감사한 고객 분들입니다. 이런 고객 분들에겐 꼭 전화를 해서 어떻게 우리 브랜드를 접했는지, 그리고 왜 구매를 하게 되었는지 여쭤보아야 앞으로의 방향성에 큰 힌트를 얻을 수 있습니다.

광고 대행을 할 때, 제가 첫 번째로 하는 활동이 전화입니다. 주문해주시는 고객분들께 전화하여 "왜 구매해 주셨나요?" "경쟁사 제품도 있는 것을 아시나요?" "어떤 키워드로 검색을 해서 구매해 주셨나요?" 등의 질문을 통해 고객들을 이해하기 위해 노력합니다. 사실, 10명 중 9명은 정말 뻔한 대답입니다. 뜬금없는 전화를 싫어하는 분도 계셔서 종종 민망한 상황이 생기기도 합니다. 하지만, 종종 생각지도 못한 대답을 들을 수 있습니다. 고객의 관점으로 경쟁사 보다 나은 우리 브랜드의 장점을 찾아낼 수 있습니다. '고객들이 왜 우리 제품을 구매해 주실까?'라는 아주 약간의 의문이라도 있다면 고객 분들께 전화를 해보시기 바랍니다.

컨설팅을 할 때마다 제가 꼭 지키는 것이 "현장"에서의 컨설팅 입니다. 컨설팅을 요청해주시는 브랜드의 사무실에 직접 찾아가서 현장의 분위기를 보거나, 고객들이 가장 많이 모이는 장소에 찾아가서 현장의 분위기를 느껴 봅니다. 카페나 딱딱한 사무실에서는 볼 수 없는 고객 행동을 볼 수 있고, 좋은 아이디어의 대부분이 현장에서 나오기 때문입니다. SNS나 온라인을 통해 간접적으로 고객을 보는 것과 눈으로 직접 보며 피부로 느끼는 것의 결과물은 다릅니다. 그리고 광고 대행을 할 때 무언가 정체되어 있다는 생각이 들면 잠재 고객들이 많이 가는 장소를 찾아갑니다. 요즘 유행하는 카페나 전시, 여행지를 찾아가 왜 우리 고객들이 해당 장소에 많이 모이는지를 피부를 통해 직접 느끼고, 우리 브랜드와의 새로운 기회(접점)는 없는지에 대해서 고민합니다. 그러다 보면 생생한 아이디어를 얻을 수 있습니다. 이러한 생생한 아이디어는 마케팅의 결과물로서 엄청난 퍼포먼스를 가져오기도 합니다. 고객을 분석하고 새로운 아이디어를 기획하고 실행했을 때 도출되는 훌륭한 결과물은 마케터로서 희열을 가져다줍니다.

아이디어가 현실이 되고, 좋은 결과물까지 나왔을 때의 뿌듯함은 말로는 표현할 수 없을 정도로 기쁩니다.

주문 제작 케이크 브랜드를 광고 대행 했을 때의 경험입니다. 저는 일단 인스타그램 마케팅에 대한 광고 대행을 맡으면 가장 먼저 '어떻게 하면 고객들이 우리 브랜드의 서비스나 상품을 자발적으로 인스타그램에 올리게 만들 수 있을까?'를 고민합니다. 인스타그램 마케팅의 최종 목표는 고객들의 자발적인 후기이기 때문입니다. 해당 브랜드를 광고 대행하면서도 당연히 이 고민을 1순위로 했습니다. 사실 판매하는 제품(주문 제작 케이크)자체가 굉장히 인스타워씨(Instaworthy)하기 때문에 신규 고객을 많이 유치하고, 많이 판매하기만 하면 후기는 자연스럽게 늘어나는 상황이었습니다. 하지만 제가 원하는 만큼의 후기가 쌓이질 않았고, 저는 이에 대한 고민을 했습니다. 제 나름대로 분석해서 찾아낸 원인은 "케이크의 사진을 예쁘게 촬영하기가 너무 어렵다!"였습니다. '케이크'는 마음에 들지만, '케이크 사진'이 마음에 들지 않는 경우죠. 이 방법의 해결을 위해, 오랜 고민 끝에 저는 '케이크 포토존'을 만들었습니다. 아이디어는 단순합니다. 고객 분들이 케이크를 픽업할 때 케이크 사진을 예쁘게 찍을 수 있는 공간을 마련해주면 고객들이 더 기쁘게 사진을 촬영하고, 인스타그램에 더 많이 자랑하지 않을까? 하는 생각에서 출발한 아이디어였습니다.

이 아이디어는 계산대 옆에 키다리 책상과 종이 색지를 이용해서 테스트 했습니다. 생각보다 많은 고객 분들이 키다리 책상에 얹힌 색종이 위에 케이크를 놓고 사진을 찍으셨습니다. 정말 초라한, 포토존이라고 보기도 힘든 포토존이 고객분들께 사진을 더 예쁘게, 더 많이 촬영할 수 있도록 유도하는 장치가 되었고 이는 곧 인스타그램의 소중한 후기로 이어졌습니다. 아이디어가 현실이 되고, 좋은 결과물까지 나왔을 때의 뿌듯함을 직접 피부로 느낀 순간이었습니다.

후에 이 초라한 포토존은, 해당 브랜드의 매장 이사와 함께 나름 근사한 포토존으로 바뀌었고, 더 많은 고객 분들이 더 많은 사진을 촬영하게 되는 계기가 되었습니다.

매장 내의 포토존은 매장을 방문해 주신 고객 분들께 즐거운 경험을 제공함과 동시에 예쁜 사진도 남길 수 있다는 장점이 있습니다. 특정 카페를 방문하는 대부분의 고객 분들이 "예뻐서"라는 이유로 카페를 방문한다는 점을 생각해본다면, "사진"이라는 키워드는 현재의 트렌드에 있어 굉장히 중요한 요소입니다. 고객의 입장이 되어 '어떻게 하면 단 1장이라도 더 사진을 찍을 수 있게 만들까?'라는 부분을 고민해보시기 바랍니다!

브랜드의 잠재 고객과 더불어 〈인스타그래머〉에 대한 분석도 필수입니다.

　인스타그램이라는 플랫폼을 마케팅 도구로 활용하는 가장 근본적인 이유는 "인스타그램을 이용 중인 잠재 고객"에게 도달하기 위함입니다. 때문에 성공적인 인스타그램 마케팅을 위해 고객을 분석할 때는 브랜드의 잠재 고객과 더불어 〈인스타그래머〉에 대한 분석도 필수입니다. 우리 고객들 중 인스타그램을 이용하는 고객들은 왜 인스타그램을 이용하는지, 이용하지 않는다면 왜 이용하지 않는지. 그리고 후기를 올려주신 고객 분들이 계시다면 왜 후기를 올려주시고, 그렇지 않다면 왜 올려주시지 않는지 등 다양한 측면에서 고객과 인스타그래머에 대한 분석을 동시에 해주어야만 합니다.

　우선, 수많은 인스타그래머들은 '사진을 굉장히 많이 찍는다.'라는 특징을 가지고 있습니다. 밥 먹을 때, 지인과 셀피를, 예쁜 카페에서, 여행지에서, 모임에서 등 많은 순간에 사진을 촬영합니다. 저는 '장소가 바뀔 때 마다 사진을 찍는다.'라고 표현합니다. 지금부터 인스타그래머가 많이 촬영하는 콘텐츠의 유형 몇 가지를 소개해드리겠습니다.

✏ 셀피 ✏

KT 8:41

게시물

1/3

님 외 **758명**이 좋아합니다

코로나바이러스로 졸업식은 하지 않지만 사진은 이렇게

소셜 미디어에서 발생하는 게시물의 80% 정도가 자신에 대한 이야기라고 합니다.

　셀피와 셀카의 차이점을 알고 계시나요? 셀프 카메라(Self Cameara)의 줄임말인 셀카는 스스로 촬영한 얼굴 위주의 사진을 의미하고, 셀피(Selfie)는 배경이나 특정 장소가 드러나는 내 사진을 의미합니다. 사실, 이 두 가지를 크게 구분하지는 않지만 요즘은 셀카 보다는 셀피가 트렌드라는 것을 이야기하고 싶습니다. 단순히 내 얼굴이 예쁘게, 멋지게 잘 나온 사진을 공유하는 유저들은 많이 줄었습니다. 아니, '줄었다'라는 표현 보다는 '요즘은 셀피를 더 많이 공유한다.'라는 표현이 더 잘 어울리는 것 같습니다. 유저들이 인스타그램에 게시물을 올릴 때는 '의도'라는 것이 있습니다. "내가 여기에 다녀왔어" "나는 지금 행복해" "사랑받고 있어" "나 지금 우울해" 등의 메시지를 콘텐츠에 담아 표현하는 것입니다.

단순히 내가 예쁘게 잘 나온 사진은 "내가 이렇게 예뻐"라는 것만을 자랑할 수 있지만 멋진 곳에서 촬영한, 내가 예쁘게 잘 나온 사진은 "내가 이런 곳에서 이렇게 멋진 사진을 찍었어!"라는 것을 자랑(의도)할 수 있습니다.

타인과 나누는 대화의 이야기 중 60% 정도는 자신의 이야기라고 합니다. 타인과 대화를 나누면서 발생하는 대부분의 주제는 나(일상)에 대한 이야기라는 것을 의미합니다. 소셜 미디어 상에서는 어떨까요? 오프라인 지인과 대화하는 것과는 다르게 모르는 사람들과 더 많이 소통하는 소셜 미디어는 내가 먼저 내 이야기를 하지 않으면 타인과의 대화와 소통이 발생하지 않습니다. 그래서 오프라인보다 더 많이 자신의 일상에 대한 이야기를 하게 됩니다. 실제로 소셜 미디어에서 발생하는 게시물의 80% 정도가 자신에 대한 이야기라고 합니다. 소셜 미디어에서 내 얼굴과 일상은 모르는 사람과 소통할 수 있도록 해주는 신뢰의 상징입니다.

재미있는 점은, 일상을 공유하는 유저들의 대부분이 자신의 일상을 "있는 그대로" 공유하지 않고 남들에게 보여주고 싶은 모습만을 공유한다는 점입니다. 슬프고 힘든 현실은 인스타그램에 공유하지 않고 행복하고, 멋진 모습만 콘텐츠로서 공유합니다. 극단적으로 표현하자면 '척'을 합니다. 행복한 척, 즐거운 척, 여유로운 라이프 스타일을 즐기는 척 등. 자신의 인스타그램 피드를 통해 타인에게 "나는 행복한 사람이야"라는 것을 보여주고 싶어 하고 이를 인정받고 싶어 합니다.

그래서 인스타그램에서는 부정적인 후기나 부정적인 피드백을 찾아보는 것이 쉽지 않습니다. "내 피드에는 멋지고 행복한 순간만 있어야 해!"라는 바람을 가지고 있는 유저들의 특징 때문입니다.

✎ 과시/자기 자랑 ✎

자랑은 인간의 본능입니다. 인스타그램과 같은 소셜미디어가 성공할 수 있었던 가장 큰 이유는 '자랑'이라는 인간의 본능을 잘 자극했기 때문입니다. 소셜 미디어가 생기기 이전에는 오프라인공간을 통해 입에서 입으로 내 자랑거리를 늘어놓았지만 소셜 미디어가 등장하고 나서는 시간과 공간의 제약을 넘어 온라인에서도 쉽게 자랑을 할 수 있게 되었습니다. 사람들은 자랑거리가 생기면 더 이상 오프라인을 통해서만 자랑을 하는 것이 아니라 언제 어디서나 스마트폰을 활용해 수많은 불특정 다수에게 간편하게 자랑할 수 있게 되었습니다.

인스타그램의 피드는 현재 '나의 행복한 순간만을 자랑하는 공간'이 되었습니다. 자랑하고 싶고 예쁜 것만을 보여주고, 어두운 내면이나 슬픈 현실은 인스타그램에 공유하지 않습니다. 유저들은 콘텐츠를 통해서 자랑하고자 하는 메시지를 불특정 다수의 유저들에게 보여주고, 이에 대한 인정을 받고자 합니다. 좋아요, 덧글 등이 대표적인 인정의 수단입니다.

사실, 이에 대해서는 부정적인 의견도 많습니다. 많은 사람들이 좋아요 수에 집착하고 예쁜 사진만을 올려야 한다는 강박감이 생기는 계기가 되었기 때문입니다(인스타그램이 좋아요 수를 보이지 않도록 업데이트 한 이유 중 하나죠!). 다른 유저들이 '나'라는 사람을 판단할 때 피드에 기재된 콘텐츠를 통해서 판단하기 때문에 인스타그램 피드에는 가능하면 좋은 이야기, 예쁜 사진, 행복한 것들만 자랑하려고 하는 유저들의 성향이 점점 강해지고 있습니다. 그러다 보니 자연스럽게 인스타그램 피드에서는 부정적인 후기나 피드백을 찾아보기가 힘듭니다. 부정적인 내용이 담긴 콘텐츠는 '내 피드를 망친다.'라고 생각하는 유저들의 성향 때문에 그렇습니다.

강의나 컨설팅을 할 때 항상 "고객 분들이 인스타그램에 우리 브랜드를 자랑할 이유가 있나요?"라는 질문을 합니다. 고객 분들이 우리 브랜드의 상품이나 서비스를 접했을 때 자랑할 만한 가치가 없다고 생각이 들면, 사진을 찍지도 않고, 인스타그램 피드에 후기를 업로드해주지도 않기 때문입니다. 고객 분들의 자발적인 후기를 기대하기 이전에 우리 브랜드의 상품이나 서비스에 대한 '자랑거리'를 만들어 주어야하는 이유입니다. 자랑거리에 대한 이야기는 뒤의 〈목차 4-3 인스타워씨〉에 대해서 더 자세히 설명하도록 하겠습니다.

요즘 인스타그래머가 자랑하는 콘텐츠는 소비재보다는 경험재의 제품이나 서비스입니다. 소비재는 돈만 있으면 구매가 가능한 물질재와 의미를 같이하고, 경험재는 돈과 시간을 비롯한 경험을 통해 구매할 수 있는 제품이나 서비스를 의미합니다. 인스타그램 유저들이 자랑하는 콘텐츠는 대부분 경험재의 제품이나 서비스입니다. 제품이나 서비스를 통해 특별하거나 새로운 경험을 할 수 있는 콘텐츠는 자랑하지만, 누구나 쉽게 구할 수 있고 경험할 수 있는 소비재 콘텐츠는 많이 공유하지 않는 모습을 보이고 있습니다. 누구나 쉽게 구하고, 쉽게 경험할 수 있는 콘텐츠는 특별하지 않다고 생각하기 때문입니다. 한번 지난 유행은 오랜 시간이 지나기 전까지는 다시 되돌아보지 않는 것과 비슷합니다.

누구에게나 자기 자신이 남들 보다 특별해보이고 싶은 욕구를 가지고 있습니다. 그렇기 때문에 소셜 미디어를 이용하는 유저들은 누구나 자랑할 수 있는 콘텐츠를 자랑하기보다는 '지금 당장, 나만 할 수 있는 자랑거리'에 대해서 콘텐츠를 만들어 공유하고 있습니다. 우리는 우리의 제품이나 서비스에 이러한 가치를 부여해야 합니다. 제가 항상 고객의 입장에서 우리 브랜드의 제품이나 서비스를 자랑할 수 있을만한 포인트는 무엇인지 고민하고 개발하는 이유입니다.

🖊 리미티드/한정판 🖊

내가 판매하는 상품이나 서비스를 고객이 접했을 때 어떠한 가치로 인해 후기를 올리게 될지에 대한 여부는 내가 만들
거나 부여하기 나름입니다.

허니버터칩, 쉑쉑버거, 대구 꿀떡은 인스타그램에서 많이 공유가 되는 콘텐츠입니
다. 이들의 공통점은 리미티드 한정판입니다. 물론 지금은 쉽게 구할 수 있는 상품이
되었지만, 초기에는 그렇지 않았습니다.

허니버터칩 같은 경우에는 품귀 현상으로 인해 맛을 보고 싶어도 일반 소비자들은
구매 자체가 거의 불가능에 가까웠습니다. 시간이 지날수록 허니버터칩에 대한 관심
은 높아지고, 소비자들의 니즈도 계속해서 증가했습니다. 운이 좋게 허니버터칩을 구

매한 사람들은 너나 할 것 없이 소셜 미디어에 허니버터칩 '인증샷'을 올렸죠. 이러한 인증샷은 "나는 이거 구해서 먹어봤다?"라는 메시지를 내포했고, 허니버터칩에 대한 유저들의 궁금증과 니즈는 계속해서 증가했습니다. 그리고 이 때 생긴 인증샷 문화 덕분에 여전히 허니버터칩의 인증샷은 계속해서 생성되고 있습니다.

*2019년 상반기 허니버터칩의 매출은 197억, 꼬깔콘의 매출은 410억이라고 합니다. 단순히 2019년 상반기의 매출만 비교하더라도 꼬깔콘이 훨씬 많이 판매가 되었고, 누적 판매로 따지면 1983년도에 출시된 꼬깔콘과 2014년도에 출시된 허니버터칩은 비교 자체가 되지 않습니다. 하지만 인스타그램에 #허니버터칩 #꼬깔콘을 검색했을 때 게시물은 각각 18만여 개, 4만9천여 개로, 약 4배가량 차이가 나는 모습을 보이고 있습니다. 많이 팔린다고 많은 후기, 인증샷이 올라오는 것은 아니라는 것을, 적게 팔렸다고 적은 후기와 인증샷이 올라오는 것은 아님을 보여주고 있습니다. 판매량과 인스타그램의 후기 게시물은 절대적으로 비례한다고 볼 수 없습니다. 마찬가지로 제가 광고 대행을 했었던 케이크 브랜드도 경쟁사에 비해 매출은 적었지만, 경쟁사 보다 훨씬 더 많은 후기가 인스타그램에 업로드 되었습니다.

내가 판매하는 상품이나 서비스를 고객이 접했을 때 어떠한 가치로 인해 후기 콘텐츠를 올리게 될지에 대한 여부는 내가 만들거나 부여하기 나름입니다.

참조 링크

[조선비즈] '꼬북칩·허니버터칩' 매출 급감…메가 히트 신화 사라지나

✎ 트렌드 ✎

고객은 같은 비용과 시간을 투자해야 한다면 익숙한 콘텐츠 보다는 새로운 콘텐츠를 선호합니다.

　인스타그램에는 재미있는 문화가 있습니다. 아무도 경쟁을 붙이지 않았지만 인스타그램 유저들은 계속해서 새로운 장소와 새로운 콘텐츠를 발굴하는 능력이 있습니다. 그리고 남들 보다 빨리 새로운 카페, 전시, 문화, 식품 등을 자랑합니다. 남들 보다 빨리 새로운 장소를 찾아서 알리면 더 많은 관심을 받을 수 있기 때문입니다. 이는 인스타그램의 성장 동력이기도 합니다. 인스타그램을 통해 계속해서 새로운 콘텐츠를 찾아내고, 인증샷을 올리고, 이러한 인증샷은 또 다른 유저들의 자발적인 인증샷으로 이어집니다. 인스타그램이 가장 트렌디한 소셜 미디어로 평가 받는 이유이기도 합니다. 수많은 트렌드세터가 인스타그램을 통해 새로운 트렌드를 계속해서 만들어 내고 있습니다. 우리 브랜드에서 제공하는 상품이나 서비스가 이러한 트렌드세터들의 주목을 받으면 어느 순간 브랜드와 관련된 인증샷이 폭발적으로 증가해 우리 브랜드의 매출이 되어 줍니다.

엄청난 장점과 더불어 이러한 문화에는 단점도 분명히 존재합니다. 특히 카페, 전시, 문화, 여행 카테고리는 이러한 장점과 단점이 더 확실하게 나타납니다. 최근 몇 년 동안 식품 쪽의 광고 대행을 하면서 카페 마케팅에도 자연스럽게 관심을 가지게 되었습니다. 실제로 광고주가 카페를 운영하기도 했고, 이 카페숍을 브랜드와 고객의 접점으로 활용한 마케팅을 진행하기도 했습니다. 여행 카테고리도 제가 직접 '여기가포토존'이라는 여행 미디어를 운영하면서 많은 관심을 가지고 있습니다.

이런 카테고리의 가장 큰 단점은 재구매 고객이 없다는 점, 즉 단골 고객이 없다는 점입니다. 요즘 카페숍은 '단골 고객'이라는 개념이 없습니다. 특히 소셜 미디어를 통해서 "예쁜 카페"로 알려진 경우는 더더욱 그렇습니다. 한 번 방문한 카페는 다시 방문하는 경우가 거의 없습니다. 카페의 공간을 예쁘게 꾸며서 인스타그램을 통해 많은 주목을 받고 신규 고객을 유치하면 초반에는 매출이 잘 나옵니다. 하지만, 시간이 지나면서 신규 고객의 유입은 점점 줄어들게 됩니다. 우리 카페 보다 더 예쁜 카페가 새롭게 생겨나기 때문입니다. 예쁜 카페의 창업이 많아진 만큼, 고객들의 기억 속에서 잊혀지고 사라진 카페도 그만큼 많습니다. 카페를 예시로 설명 드렸지만, 모든 분야의 사업이 이와 같은 흐름으로 흘러가는 모습을 너무 쉽게 찾아볼 수 있습니다.

유저들은 새로운 것과 트렌드에 열광합니다. 소셜 미디어를 통해 너무 쉽게 새로운 콘텐츠와 트렌드를 발견할 수 있고, 새로운 소비를 반복합니다. 한 번 소비된 '새로움'은 두 번째 소비에서는 질리기 마련입니다. 같은 비용과 시간을 투자해야 한다면 익숙한 콘텐츠 보다는 다시 새로운 콘텐츠를 선호합니다. 그렇기 때문에 브랜드는 유저들에게 계속해서 새로운 자극과 경험을 제공하고 신규 고객을 유치하는 것만큼 재구매와 단골 고객, 충성 고객을 유지하는 것에 집중해야 합니다. 그래야 오랜 시간이 지나도 사업을 영위할 수 있습니다. 분야를 막론하고 모든 산업은 재구매와 단골 고객, 충성 고객이 없으면 오랜 시간 지속될 수 없습니다.

✎ 스토리 ✎

인스타그램은 새로운 기능을 계속해서 출시해 유저들이 꾸준히 스토리 게시물을 업로드할 수 있도록 만들고 있습니다.

최근 인스타그램을 핫하게 즐기는 유저들을 보면 가장 눈에 띄는 특징이 하나 있습니다. 피드에 업로드 하는 게시물의 빈도는 점점 떨어지는 반면, 스토리에 업로드 하는 게시물의 빈도는 점점 높아지는 것입니다. 인스타그램을 이용하는 유저들은 피드보다 스토리 게시물을 통한 소통을 더 선호하고, 피드 게시물의 소비 보다는 스토리 게시물의 소비를 더 즐기는 모습을 보이고 있습니다.

인스타그램 유저들에게 피드는 "내 행복한 순간을 자랑하는 공간"이기 때문에 정말 자랑할 만 한 거리가 아니면 피드에 게시물을 업로드하지 않고 있습니다.

'자랑/공유하고 싶지만 내 피드에 업로드하기 애매한 게시물'. 이러한 게시물은 피드가 아닌 스토리에 공유되고 있습니다. 자연스럽게 피드보다는 스토리에 더 많은 게시물을 공유하는 모습을 보입니다. 또한, 게시물을 소비할 때도 꾸며진 피드 게시물보다는 있는 그대로의 생생한 콘텐츠를 소비할 수 있는 스토리 콘텐츠를 더 선호하는 모습을 보입니다. 이러한 현상은 시간이 지날수록 더 강하게 드러날 것입니다. 스토리 게시물을 기반으로 운영되고 있는 틱톡의 성장세 또한 이러한 현상을 부추기고 있습니다. 인스타그램은 틱톡과의 경쟁에서 인스트그램의 유저들이 틱톡으로 유입 되는 것을 원하지 않기 때문에 틱톡의 기능에 뒤쳐지지 않는 새로운 기능을 계속해서 출시해 유저들이 꾸준히 스토리 게시물을 업로드할 수 있도록 만들고 있습니다.

유저들은 점점 피드 보다 스토리를 더 선호하는 모습을 보입니다. 콘텐츠의 트렌드도 짧은 영상을 업로드 하는 스토리 포맷으로 바뀌고 있습니다. 앞으로 어떻게 바뀔지 모르겠지만 틱톡이라는 소셜 미디어가 빠르게 확산되는 것을 보면 지금 당장의 콘텐츠의 트렌드는 짧은 스토리 포맷임이 분명합니다.

제 개인적인 생각이지만, 앞으로 인스타그램의 인터페이스는 바뀔 가능성이 크다고 봅니다. 지금은 피드 위주의 인터페이스를 가지고 있지만 앞으로는 스토리 위주의 인터페이스가 될 가능성이 크다고 생각합니다. 틱톡처럼요. 이유는 점점 더 많은 유저들이 피드 보다 스토리에 더 많은 게시물을 업로드 하면서 동시에 피드 보다 스토리 게시물을 더 많이 소비하기 때문입니다. 인스타그램을 이용하는 유저들에게 더 좋은 사용자 경험을 제공해주기 위해서는 피드가 아닌 스토리에 적합한 형태의 인터페이스를 갖춰야한다고 생각합니다. 실제로 아주 잠시(1시간) 인스타그램의 인터페이스가 바뀐 적이 있다고 말씀 드렸죠?

앞으로는 유저들이 요즘 핫한 장소를 방문할 때 "인스타그램 (피드)에 사진 올려야 돼!"라고 하지 않고 "인스타그램 (스토리)에 부메랑 올려야 돼!"라고 먼저 이야기 하게 될지도 모릅니다. 실제로 예쁘게 사진을 찍기 전에 스토리 촬영부터 하는 유저들이 많아지기도 했습니다.

✎ 듣고 싶은 이야기 ✎

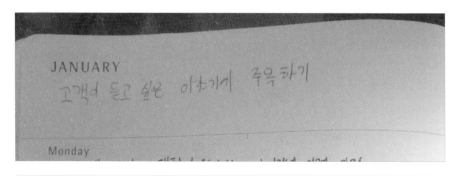

당장 우리가 하고 싶은 이야기보다는, 고객들이 알아줬으면 하는 이야기보다는 "고객들이 듣고 싶은 이야기"에 주목해야합니다.

마지막으로, "고객이 듣고 싶은 이야기에 주목해라"라는 말씀을 꼭 드리고 싶습니다. 브랜드는 고객들에게 정말 많은 이야기를 하고 싶어 합니다. "우리 제품이 ~~해서 참 좋아요" "다른 브랜드에 비해 ~~한 점이 강점입니다!" 등. 고객들에게 우리 브랜드에 대해서 알리고 싶은 건 정말 많습니다. 하지만, 정말 슬프게도 우리 고객들은 이러한 메시지에 대해서 관심이 없습니다. 고객들이 듣고 싶은 이야기는 따로 있습니다. 우리는 여기에 집중해야 합니다.

현대의 사람들은 수많은 콘텐츠와 광고를 접합니다. 이 중에서 관심이 있는 콘텐츠와 광고만을 선별해서 소비합니다. 나에게 도움이 되거나, 필요하거나, 재미있다면 해당 콘텐츠와 광고를 소비하지만 그렇지 않다면 외면합니다. 이 책을 덮고 잠시 생각해보세요. 오늘 지나쳐 간 콘텐츠와 광고 중 기억에 남는 콘텐츠와 광고는 몇 개나 되는지에 대해서요.

우리는 하루 평균 5천개 이상의 콘텐츠와 광고에 노출된다고 합니다. 이 중에서 선별의 과정을 통해 일부 콘텐츠와 광고를 소비합니다. 우리가 만든 콘텐츠와 광고가 고객들에게 물 흐르듯 지나가버리기 원치 않으시다면 당장 우리가 하고 싶은 이야기보다는, 고객들이 알아줬으면 하는 이야기보다는 "고객들이 듣고 싶은 이야기"에 주목해야 합니다.

 고객이 듣고 싶은 이야기와 관련된 3가지 예시를 소개해드리겠습니다.

예시 1

20년 동안 불치병을 앓고 계셨던 분이 있습니다. 20년 동안 매달 병원을 방문해서 상태를 이야기하고, 약을 처방 받으셨다고 합니다. 그러던 어느 날 분통이 터지셨죠. 의사에게 "왜 내가 매달 병원에 외서 상태가 어쩌네 저쩌네 이야기를 하고, 똑같은 약을 처방 받기만 해야 하나? 내 시간, 내 돈 들여가면서 20년 동안 병원 치료받았으면 원인이라도 알아야 하지 않겠느냐"라는 말과 함께 병원을 가지 않으셨다고 합니다.

대신, 유명한 한의원을 소개받았고 방문했다고 합니다. '어차피 여기도 치료도 못할 거야'라는 생각과 함께요. 한의사 분과 상담을 하면서 상태와 상황을 이야기했고, "완치 가능합니다. 낫게 해드릴게요"라는 말을 듣고 약 2년 동안 한의사가 하라는 거 다 하면서 한의원을 다녔다고 합니다. 결과는 오히려 새로운 병을 더 얻었고, 불치병은 낫지 않았다고 했습니다. 그럼 이 분은 왜 2년 동안 호전되지 않는 몸을 이끌고 한의원을 다녔을까요? 지난 20년간 단 한 번도 듣지 못했던, 20년 동안 단 한 번이라도 듣고 싶었던 "낫게 해드릴게요"라는 말 한마디 때문이었다고 합니다.

 고객이 브랜드로부터 가장 듣고 싶은 이야기는 어쩌면 "고객님의 ○○ 문제를 해결해드립니다"이지 않을까요? 고객이 듣고 싶어 하는 이야기만큼 효과적인 메시지는 없습니다.

예시 2

'아이폰 보조 배터리 케이스'를 판매하는 A 브랜드의 가장 큰 장점은 무게입니다. 100g 정도 밖에 하지 않는 가벼운 보조 배터리 케이스를 자랑하고 있습니다. 처음 광고 대행을 맡았을 때 이 부분을 셀링 포인트로하여 광고 콘텐츠를 제작했습니다. 결과는 실패.

 브랜드의 대표님도, 저도 우리 브랜드의 제품을 구매하는 가장 큰 이유는 100g의 가벼운 무게이기 때문이라고 생각했는데 전혀 아니었습니다. 100g이라는 셀링 포인트는 고객이 관심 있는 포인트가 아니라, 그저 우리가 강조하고 싶은 포인트였다는 것을 알았습니다. 고객들이 관심이 있는 것은 오직 '아이폰의 배터리가 빨리 닳는 문제를 해결하는 것'이었습니다. 애초에 고객들은 무게에 관심이 없는 거죠. 이러한 문제를 해결하기 위해 보조 배터리나 보조 배터리 케이스를 사용하는 것이었습니다. 저희는 이 부분에 새로 초점을 맞추어 새로운 광고 콘텐츠를 만들었습니다. 이번에 강조한 점은 "고객님 배터리가 부족하지 않으세요?"였습니다. 결과는 성공! 아이폰의 배터리가 빨리 닳는 것이 고민인 신규 고객 분들에게 좋은 메시지로 전달되었고 사이트의 유입량과 함께 매출이 증가했습니다.

수많은 브랜드가 가장 많이 실수하는 것이 '내가 하고자 하는 이야기 = 고객이 듣고 싶어 하는 이야기'라고 착각하는 것입니다. 고객들은 브랜드에서 강조하는 대부분의 이야기에 대해 관심이 없습니다. 그저 브랜드가 알리고 싶은 이야기일 뿐이죠.

예시 3

브랜드의 제품이 단 1번도 등장하지 않는 CF가 있습니다. 바로 시몬스의 CF 광고입니다. 유튜브에 '시몬스 광고'를 검색하면 해당 광고 영상을 시청할 수 있습니다. 해당 광고는 정말 감탄이 절로 나오는 광고입니다. 시몬스에서 판매하는 침대의 제품은 단 한 번도 등장하지 않고, 언급조차 되지 않기 때문입니다.

제품이 단 1번도 등장하지 않는 CF

시몬스는 해당 광고에서 '편안함'이라는 딱 1가지에만 집중했습니다. 정확히는 시몬스 침대와 함께라면 휴양지에서 느낄 수 있는 편안함을 집에서도 흔들림 없이 느낄 수 있다는 것에 집중했습니다. 그 과정에서 침대라는 제품은 과감히 생략되었습니다. 영상미와 음악을 통해 휴양지에서 느낄 수 있는 편안함을 간접적으로 보여주었습니다. 고객들이 시몬스에서 판매하는 침대라는 제품을 통해 얻을 수 있는 가치와 브랜드에서 가장 강조하는 핵심 가치인 '편안함'을 효과적으로 잘 전달한 사례입니다. 침대의 구매를 고민하는 고객이 가장 듣고 싶은 이야기는 "편안한 잠을 제공한다."가 아닐까요? 시몬스는 이 부분에 초점을 맞추어 시몬스와 함께라면 집에서도 휴양지처럼 편안한 기분을 느끼게 해준다는 스토리텔링을 CF에 담았습니다.

사용 해시태그 VS 검색 해시태그

해시태그는 크게 사용 해시태그와 검색 해시태그 2가지로 구분합니다. 사용 해시태그란 콘텐츠를 업로드할 때 콘텐츠와 함께 사용(입력)하는 해시태그를 입력합니다. 예를 들어, 옷 사진을 올린다고 한다면 #옷 #OOTD #데일리룩 #셔츠 #자켓 등의 해시태그를 의미합니다. 업로드한 게시물을 다른 사람들에게 노출 시키기 위해서 사용하는 해시태그를 의미합니다. 다른 이들과의 소통이나 게시물에 대한 좋아요, 팔로워 수를 높이기 위해 사용하는 #맞팔 #선팔 #좋아요 등도 사용 해시태그에 포함됩니다.

검색 해시태그란 특정 콘텐츠를 소비하기 위해서 검색하는 해시태그를 의미합니다. 요즘 뜨는 여행지(#천국의계단)나 축제 현장(#싸이콘서트), 시즌 이슈(#첫벚꽃), 구매 전 리뷰 확인(#나이키신상)을 위해서 등, 직접 경험하지 못해 대리만족을 위해 콘텐츠를 소비하거나, 콘텐츠를 통해 정보를 얻기 위해서 검색하는 해시태그입니다.

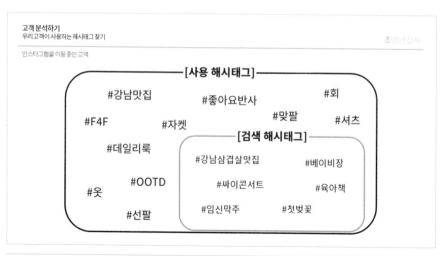

대부분의 유저들은 사용 해시태그와 검색 해시태그의 구분이 뚜렷한 편입니다.

대부분의 유저들은 사용 해시태그와 검색 해시태그의 구분이 뚜렷한 편입니다. 사용 해시태그는 보통 자신이 업로드하는 콘텐츠와 관련이 깊기 때문에 대부분 자신의 '일상' 과 관련된 해시태그인 경우가 많습니다. 검색 해시태그는 보통 자신의 '관심사' 와 관련되어 있습니다. 인스타그램의 해시태그 검색을 통해서 보고 싶은 콘텐츠를 보기 위해서 검색하는 키워드를 의미합니다. 모든 검색 해시태그는 사용 해시태그로도 입력이 가능하기 때문에 사용 해시태그의 범주에 포함이 되지만, 사용 해시태그 중에서는 입력하기만 하고 검색은 잘 하지 않는 해시태그가 많습니다. #맞팔 #선팔 #소통 과 같은 해시태그가 대표적입니다.

우리는 (잠재) 고객 분들의 검색 해시태그에 주목해야 합니다. 이들이 검색하는 해시태그를 사용함으로서 이들이 특정 해시태그를 검색했을 때 우리의 게시물을 보여주게 만들기 위해서요. 만약 우리의 고객 분들이 #맞팔 #선팔 #좋아요 를 검색한다고 판단한다면 우리도 해당 해시태그를 사용하여 우리의 게시물을 조금이라도 더 노출시키는 것이 맞지만, 우리의 고객 분들이 해당 해시태그를 검색하지 않는다면 우리는 이 해시태그를 사용할 이유가 없습니다.

고객 분석 단계에서 고객의 입장이 되어 사용 해시태그와 검색 해시태그를 구분해 엑셀 표로 간단하게 정리해 놓으면 두고두고 써먹을 수 있습니다. 사용 해시태그는 고객 분들이 인스타그램에 사용하는 해시태그이기 때문에 사용 해시태그를 검색하면 수 많은 잠재 고객 분들께 영업을 할 수 있는 기회가 되는 해시태그입니다. 검색 해시태그는 고객 분들이 검색하는 해시태그이기 때문에 우리가 콘텐츠를 업로드할 때 사용하면 고객 분들의 검색 결과에서 우리의 콘텐츠를 노출시킬 수 있습니다.

CHAPTER. 02

인스타그램 콘텐츠의 트렌드1. 대리만족

　1차적인 고객 분석이 끝났다면 다음은 해당 고객들을 타겟으로 한 콘텐츠를 제작할 단계입니다. 어떤 콘텐츠를 제작하는 것이 좋을까에 대한 고민은 매일 반복해도 끝이 없습니다. 우선 제가 추천해드리고 싶은 방법은 '사진에 대해서 공부하는 것'입니다. 예전에 수많은 수강생들에게 "팔로워를 빨리 늘리려면 어떻게 해야 하나요?"라는 질문에 대해서 "사진을 공부하세요."라는 답변을 했던 적이 있습니다. 굉장히 성의 없이 보이지만 이때는 사진을 예쁘게 찍기만 해도 팔로워가 빨리 늘었던 때입니다. 사진을 잘 찍는 유저나 브랜드의 계정을 보며 '나도 저렇게 잘 찍고 싶다'라는 생각이 팔로우를 할 이유가 된 경우죠.

　인스타그램이 활성화되기 시작하던 때에 '사진을 잘 찍는다.'라는 경쟁력을 가진 유저들은 큰 노력 없이도 팔로워를 빠른 시간 안에 모을 수 있었습니다. 하지만 지금은 그렇지 않습니다. 모든 브랜드가 고퀄리티의 사진을 업로드 하고 있고, 일반 유저들도 너나 할 것 없이 사진을 너무 잘 찍습니다. 사진을 잘 찍는다는 것은 이제 더 이상 경쟁력이 아닌 거죠. 다른 부분에서 차별점을 만들어야 합니다. 인스타그램의 초기나 지금이나 우리가 누군가를 팔로우하는 이유에는 '부러움'이라는 감정에 기반한다는 데에 큰 변화는 없습니다. 사진을 잘 찍는 유저를 팔로우 하면서 '나도 저렇게 잘 찍고 싶다'라고 생각하는 것처럼 우리 브랜드가 발행하는 사진을 보고 유저들이 '나도 저렇게 ○○하고 싶다.'라는 생각을 하게 만들어야만 합니다.

　현재 인스타그램 콘텐츠의 트렌드는 딱 세 가지라고 말씀드리고 싶습니다. 대리 만족과 스토리텔링, 사람입니다. 대리 만족은 우리 브랜드에서 발행하는 콘텐츠를 '보게 만드는 이유'라고 이야기 하고 싶습니다. 모든 유저는 SNS를 통해 대리만족을 얻습니다. 먹방을 통해 맛있는 음식을 먹는 모습을 보며 "먹고 싶다"라는 대리 만족을 얻고, 게임 방송을 통해 프로 게이머의 센스 있고 재미난 플레이 스타일을 보며 "해보고 싶다"라는 대리 만족을 얻고, 예쁜 카페나 여행지 사진을 보며 "가고 싶다"라는 대리 만족을 얻습니다. 멋진 사람의 라이프 스타일을 보며 "닮고 싶다"라는 대리만족을 얻기도 합니다. 그리고 이러한 대리 만족은 나아가 구매/전환으로 이어지기도 합니다. 평소에 구매하고 싶었는데 구매하지 못했던 제품의 언박싱 영상을 보다가 구매하기도 하고, 치킨 먹방을 보다가 치킨을 시켜먹기도 하고, 게임 영상을 보다가 실제로 게임을 플레이하는 것처럼요.

대리 만족 콘텐츠는 '나도 ○○하고 싶다.'라는 생각과 함께 자연스럽게 내가 사용하는 모습을 상상하게 만듭니다. 이와 관련하여 재미있는 경험을 한 적이 있습니다. 주문 제작 케이크를 광고 대행 했을 때의 일입니다. 어버이날에 감사패 케이크를 만들고, 고객 분들이 주문을 해주실 때 감사패 위의 레터링 글자를 고객님이 원하는 문구로 바꿀 수 있도록 제작했습니다. 해당 케이크의 출시를 안내하는 콘텐츠로서 감사패 위에 "센스 있는 케이크 문구"를 남길 것을 요청했습니다(부가적인 설명을 드리자면, "덧글을 남겨주세요"와 같은 표현은 페이스북 광고 규정상 낚시성 게시물로 판단할 수 있어 해당표현을 피하기 위해 "문구를 남겨주세요"라는 표현을 사용했습니다). 감사하게도 많은 팔로워 및 잠재고객 분들께서 재미있고 센스 있는 16글자 이내의 덧글을 남겨주셨습니다.

'고객이 만든 덧글'이라는 새로운 콘텐츠가 브랜드에서 판매하는 상품의 주문으로 이어지는 결정적인 계기가 되었습니다.

가장 중요한 판매는 어떻게 되었을까요? 정말 많은 케이크의 주문이 들어왔습니다. 그리고 유저 분들이 남겨주신 덧글의 내용 "엄마아빠 해줘서 고마워요♥" "다시 태어나면 내 딸, 아들로 태어나줘 사랑해"등의 레터링을 적어달라는 요구가 굉장히 많았습니다. 아마도 '누군가가 만든 덧글이 적힌 케이크를 부모님께 선물하는 모습을 상상하다가 부모님이 너무 좋아하시는 모습이 머릿속에서 그려져 실제로 케이크를 주문해서 선물해주지 않았을까?'라는 생각을 합니다.

고객이 만든 덧글이라는 새로운 콘텐츠가 브랜드에서 판매하는 상품의 주문으로 이어지는 결정적인 계기가 된 것이죠. 개인적으로 해당 경험을 통해 브랜드에서 발행하는 콘텐츠(이미지)보다 다른 고객의 콘텐츠(덧글)가 더 영향이 클 수도 있다는 점, 대리만족과 상상을 유발하도록 만든 콘텐츠의 힘 등을 포함하여 정말 많은 것을 배울 수 있었습니다. 가끔 이렇게 큰 기대가 없던 콘텐츠를 통해 새로운 인사이트를 발견하는 즐거움이 마케터라는 직업을 통해 얻을 수 있는 가장 큰 기쁨인 것 같습니다.

CHAPTER. 03

인스타그램 콘텐츠의 트렌드2. 스토리텔링

스토리텔링은 말 그대로 발행하는 콘텐츠에 대해 이야기를 첨가하는 방법입니다. 사진 속에 브랜드의 이야기를 담거나, 콘텐츠 자체에 대한 이야기를 담아내는 방법입니다. 현재 SNS에서 유저들이 좋아하는 브랜드에서 발행하는 콘텐츠는 이런 스토리텔링이 잘되어 있습니다. 단순히 제품을 예쁘게 찍어서 업로드하는 사진이 아니라, 사진 속에 이야기가 담긴 콘텐츠에 유저들은 열광합니다. 대표적인 예시로 국내에서는 이니스프리 계정(@innisfreeofficial)이 정말 잘 합니다. 감히 국내에서 인스타그램 계정 운영과 콘텐츠 발행을 가장 잘하는 브랜드라고 이야기할 수 있습니다.

'From Jeju Island'라는 슬로건을 가지고 있는 이니스프리

콘텐츠에 스토리텔링을 하는 가장 쉬운 방법은 '슬로건을 활용하는 것'입니다. 어필하고자 하는 브랜드의 가치와 슬로건을 발행하는 콘텐츠에 꾸준히 담아내는 것입니다. 이니스프리의 브랜드 가치는 '청정 제주'로, From Jeju Island(청정 제주의 자연으로부터 얻어진 원료로 만든 화장품)이라는 슬로건을 가지고 있습니다. 이니스프리는 피드의 색감 톤을 청정 제주의 느낌을 그대로 담은 색감을 사용하고 있으며, 모든 사진 촬영을 제주도에서 하고 있습니다. 또한, 발행하는 모든 콘텐츠는 제주도를 모티브로 하였습니다. 제품 pr을 위한 사진 한 장조차도 '제주도'라는 키워드가 연상이 되는 스토리텔링 콘텐츠를 업로드하는 모습을 보여주고 있습니다.

제품이나 브랜드의 특징을 포인트로 설정하여 해당 포인트를 '시각화'하는 작업

위의 이미지는 코랄 색상의 틴트 제품을 알리기 위해 만들어진 사진입니다. 제품의 색상이 코랄색이라는 점을 활용해 코랄 빛의 노을을 배경으로 배경 제품의 색상을 극적으로 표현했습니다. 사진 속에 스토리텔링을 담아내는 방법은 매우 어렵지만, 단순하기도 합니다. 제품이나 브랜드의 특징을 포인트로 설정하여 해당 포인트를 '시각화'하는 작업이라고 생각해주시면 됩니다.

스토리텔링 콘텐츠의 장점은 시간이 지날수록 그 가치가 증가한다는 점입니다. 브랜드에서 어필하고자 하는 부분을 사진 속에 담아 꾸준히 표현하면 자연스럽게 사진들이 모여 포트폴리오가 되고, 동시에 브랜드 이미지가 됩니다. 수많은 브랜드에서 일정한 톤의 색감을 사용하는 이유도 여기에 해당합니다.

더불어, 최근 인스타그램 사진 콘텐츠의 트렌드는 '촬영'보다는 '보정'에 초점이 맞추어져 있습니다. 그러다 보니 자연스럽게 포토샵 보다는 라이트룸이라는 프로그램을 활용하여 촬영된 사진을 완성하는 브랜드와 업체가 많아졌습니다. 여포존스냅이라는 스냅 사진 플랫폼을 운영하면서 수많은 작가님을 만나 뵙고 있는데, 작가 분들의 공통점은 라이트룸 프로그램을 1순위로 사용하여 사진을 보정하고 있다는 점입니다. 특히 인스타그램의 색감을 결정하는 라이트룸을 활용한 프리셋은 이 분들에겐 자신만의 자산이자 보물입니다.

인스타그램에서 계정 운영을 할 때 제가 가장 많이 조언을 드리는 내용이 "직접 운영하세요."입니다. 하지만 스토리텔링 사진을 촬영하고 보정한다는 것 자체가 사실상 전문가가 아닌 이상 어려운 부분이 많습니다. 그렇기 때문에 사진작가를 고용해서 원하시는 퀄리티의 사진을 작가로부터 얻는 방법도 추천해드리고 있습니다. 매 번 인스타그램에 업로드할 콘텐츠를 촬영하면 비용이 많이 들 수 있지만, 원데이로 전문 사진작가를 고용해서 수 백 개의 브랜드 콘텐츠를 촬영해 분기, 6개월, 1년 단위로 업로드 할 수 있는 콘텐츠를 미리 촬영하면 생각보다 저렴한 가격으로 인스타그램용 콘텐츠 촬영이 가능합니다.

CHAPTER. 04

인스타그램 콘텐츠의 트렌드3. 사람

제가 생각하는 최고의 콘텐츠는 사람입니다.

  사진 속에 사람이 있고 없고의 차이는 생각보다 큽니다. 피드를 내리면서 사람이 있는 사진을 보면 어떤 사람이 있건 간에 잠깐 멈칫하게 되지만, 제품만 덩그러니 있는 사진은 빠르게 스킵 합니다. 앞서 이야기한 이니스프리 계정도 마찬가지로 거의 모든 콘텐츠에 사람이 등장합니다. 여기서 제가 말하는 사람이란, 사람의 얼굴만을 의미하지 않습니다. 사람 그 자체를 의미합니다. 사진 속에 어떤 형태든, 어떤 신체 부위든 사람이 등장하기만 하면 됩니다.

예를 들어, 제품 사진을 인스타그램에 올린다고 할 때 제품만 덩그러니 놓여 있는 사진은 유저들로 하여금 '광고다!'라는 인식이 생기게 됩니다. 콘텐츠를 제대로 소비하기 이전에 제품만 놓여 있는 사진을 보자마자 '광고겠지'라는 생각을 가지고 콘텐츠를 소비합니다. 당연히 반응이 좋기가 힘들겠죠? "우리 이제부터 광고 할 테니 봐주세요!"라고 이야기하는 것과 같으니까요. 하지만 제품 사진에 사람의 손, 사용하고 있는 모습을 올리면 제품을 홍보하기 위한 광고 콘텐츠라는 생각이 들기 보다는 후기/실 사용기 모습처럼 보이게 됩니다. 적어도 '광고네?'라는 생각을 가지고 콘텐츠를 소비하지는 않죠.

제가 생각하는 최고의 콘텐츠는 사람입니다. 엄지손가락으로 피드를 빠르게 내리면서 내가 얼마나 많이, 자주 멈추는지, 그리고 어떤 콘텐츠가 눈에 보였을 때 피드를 멈추는지 스스로 분석해보세요. 아마 '사람'을 주제로 한 콘텐츠를 봤을 때 가장 많이 멈추게 되었을 겁니다. 인스타그램에 올라오는 콘텐츠의 대부분이 사람(개인 일상)을 주제로 하고 있기도 하고, 우리는 피드에 사람이 등장하면 일단 보게 됩니다. 예쁜 사람이건, 잘생긴 사람이건, 그저 평범한 사람이건 상관없어요. 사람은 시선을 사로잡기에 가장 좋은 소재입니다.

동영상 콘텐츠를 만들 때에도 저는 가능하면 썸네일을 사람의 얼굴로 만드는 편입니다. 어떤 사람인지 궁금하게 만들어서 동영상을 시청할 수 있도록 이끌어내는 거죠. 소위 요즘 이야기 하는 어그로를 이끌어 내는 것입니다. 모든 콘텐츠에서 가장 중요한 것은 '일단 보게 만드는 것'이니까요. 그리고 스토리텔링 형태로 콘텐츠를 풀어내는 것도 사람을 주제로 했을 때 보는 사람으로 하여금 공감을 이끌어내기 가장 쉽기도 하고, 호소력있는 메시지를 전달하기에도 좋기 때문입니다.

*어그로 '관심을 끈다'라는 말의 요즘 표현입니다. '리그 오브 레전드'라논 게임을 통해서 많이 알려지기 시작한 단어입니다.

PART 03

인스타그램
알고리즘

CHAPTER. 01

인스타그램의 액션 알고리즘

인스타그램 프로그램의 활동이 많아지면 인스타그램이라는 생태계 자체가 흐려지게 됩니다. 광고 계정이 많아지고, 불필요한 좋아요와 덧글, DM은 인스타그램을 즐기는 일반 유저들에게는 기분 나쁜 경험이 되고, 이러한 경험이 계속해서 쌓이게 되면 인스타그램을 이탈하는 경우가 생깁니다. 인스타그램 입장에서는 충성 고객이 사라지는 것이기 때문에 이러한 이탈을 사전에 막을 수 있다면 막아야 합니다. 가장 좋은 방법은 역시 해당 프로그램을 판매하는 업체가 프로그램 판매 활동 자체를 막기 위해 프로그램 사용자의 IP를 제재하는 것이라고 생각합니다.

대부분의 인스타그램 프로그램은 중앙 서버를 운영하고 있으며, 인스타그램 프로그램을 사용할 때 해당 서버를 통해서 이용하기 때문에 중앙 서버로부터 배급되는 IP를 찾아 제재를 가하면 해당 프로그램 사용 계정과 함께 프로그램 업체의 프로그램 판매를 방지할 수 있습니다. 프로그램을 사용하지 않고, 가짜 팔로워도 구매하지 않은 깨끗한 계정에 프로그램을 사용하면 계정의 도달이 급속도로 떨어지는 모습을 확인할 수 있습니다. 인스타그램으로부터 제재를 받아서 그런 것이죠. 이 방법 외에도 인스타그램에서 프로그램을 사용하는 계정을 골라내는 방법은 더 많이 있습니다.

인스타그램의 기본적인 알고리즘

1시간 동안 할 수 있는 최대 팔로잉 수?	70개
1시간 동안 할 수 있는 최대 좋아요 수?	200개
1시간 동안 보낼 수 있는 최대 DM 수?	10개
1시간 동안 할 수 있는 권장 팔로잉 수?	30개
1시간 동안 할 수 있는 권장 좋아요 수?	~~150개~~ --> 50개
1시간 동안 보낼 수 있는 권장 DM 수?	5개

액션 알고리즘은 계정마다 다르게 적용이 됩니다.

액션 알고리즘은 1시간 동안 누를 수 있는 제한적인 개수의 좋아요/팔로우/DM 수를 의미합니다. 너무 깊이 알 필요는 없는 지식이지만, 알아두면 나쁠 건 없습니다. 그저 '너무 많이 누르면 안 된다' 정도로만 알아 두셔도 됩니다. 제 개인적인 생각으로, 인스타그램의 액션 알고리즘은 어뷰징 프로그램에 대항하기 위해 구성되어 있다고 생각합니다. 짧은 시간 동안 많은 좋아요와 팔로우, DM을 통해 내 계정의 좋아요, 팔로우를 늘리기 위한 활동을 막는 거죠. 보통 이런 활동은 사람의 손으로 직접 하지만 인스타그램 마케팅 프로그램의 도움을 활용하는 경우가 많습니다. 하루 종일 다른 사람의 게시물에 좋아요를 누르는 엄청난 노가다를 프로그램이 대신 해주도록 설계하는 것이죠.

요즘은 인스타그램이 프로그램에 대한 제재를 강력하게 하고 있기 때문에 프로그램을 단 하루만 사용하더라도 인스타그램으로부터 프로그램을 사용하지 말라는 안내 문구를 받아볼 수 있습니다. 이런 알림을 받았다면 계정의 도달이 급속도로 나빠질 가능성이 매우 높습니다. 그래서 저는 웬만하면 프로그램은 사용하지 말 것을 권장해 드리고 있습니다. 그리고 일정 비용을 지불하면서 프로그램을 사용하다가 계정의 도달이 떨어지거나 망가지는 경우 그 어떠한 보상도 받을 수 없습니다. 전적으로 모든 책임과 결과를 내가 떠안아야 합니다. 아주 사소한 노동을 피하기 위해 되돌릴 수 없는 대가를 치러야 할 수도 있습니다.

보통 일반적으로 1시간 내에 권장하는 팔로우/좋아요/DM의 개수는 각 30개, 50개, 5개이지만 계정의 상태에 따라서 조금 더 누를 수도, 덜 누를 수도 있습니다. '100% 이렇게 해야 한다!'라는 내용은 아니니 참고만 해주시기 바랍니다. 어떤 계정은 1시간 동안 20개 이상의 DM을 보내도 문제가 없는 경우도 있지만, 어떤 계정은 1시간 동안 5개의 DM도 보내지 못하는 경우도 있습니다. 계정의 관리를 어떻게 했느냐에 따라 다를 수밖에 없는 수치입니다.

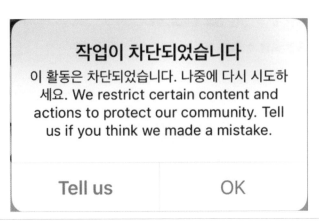

'좋아요'를 누르는 활동에 대한 제재를 받았을 때의 알림 화면

액션 알고리즘에서 가장 중요한 것은 '1시간 동안 누를 수 있는 좋아요의 개수'입니다. 인스타그램이 초기에 정했던, 1시간 동안 누를 수 있는 좋아요 개수의 최대 수는 200개입니다. 201개를 누르는 순간 방금 눌렀던 빨개진 좋아요의 하트가 다시 하얘집니다. 내가 누른 좋아요가 취소가 되어버리는 거죠. 그래서 모든 유저는 사실상 1시간 동안 200개의 좋아요를 누를 수 있지만, 너무 많은 좋아요를 누르게 될 경우 인스타그램으로부터 '프로그램 사용 의심 유저'들에게 보내는 알림을 확인할 수 있습니다.

인스타그램을 진정으로 즐기면서 자주 이용하는 유저라면 이런 알림 메시지를 보았을 가능성이 큽니다. 그저 내 팔로워, 또는 내가 팔로우 하고 있는 유저들에게 좋아요를 눌렀을 뿐인데 프로그램 사용 의심 유저로 간주가 되는 거죠. 종종 알림만으로 끝나지 않고 짧게는 몇일, 길게는 보름 정도 다른 계정에 좋아요를 누르지 못하는 '액션 블락(좋아요 누르기 같은 특정 활동에 대한 제재)'에 걸리는 경우도 있습니다. 인스타그램 입장에서는 인스타그램의 생태계 보호를 위해 어쩔 수 없습니다. 너무 많은 좋아요를 남발하는 유저는 프로그램을 사용하는 모습처럼 보일 수도 있으니까요.

우리는 그저 적당한 개수의 좋아요, 덧글, DM을 보내는 수밖엔 없습니다. 액션 블락에 걸렸을 때는 잠시 인스타그램의 활동을 멈추시면 됩니다. 그리고 크게 걱정하지 않으셔도 됩니다! 너무 자주 이런 알림을 본다면 문제가 되겠지만, 1-2번 정도는 인스타그램을 이용하는 대부분의 유저가 경험해보았을 정도이니까요.

CHAPTER. 02

몇 개의 해시태그를 입력하는 것이 가장 좋을까요?

인스타그램에 게시물을 업로드할 때 해시태그로 입력할 수 있는 최대의 개수는 30 개입니다. 그렇다면 30개의 해시태그 중 몇 개의 해시태그를 입력해야 가장 많은 노출을 기록할 수 있을까요? 단순하게 생각하면 30개 모두를 입력하는 것이 정답이지만, 최근의 인스타그램은 내가 해시태그를 30개 전부 입력한다고 30개의 해시태그를 모두 노출시켜주고 있지 않습니다.

내가 입력한 해시태그가 정상적으로 모두 노출이 되지 않는 현상을 '쉐도우 밴'현상이라고 합니다. 인스타그램 계정 운영에 있어서 굉장히 치명적인 이 쉐도우 밴 현상은 거의 모든 유저가 겪고 있는 현상이기도 합니다. 인스타그램에 내가 입력한 해시태그를 검색했을 때 내 게시물이 노출이 되지 않는 현상이기 때문에 계정의 활성화를 가장 큰 목표로 하고 있다면 가장 조심해야 하는 부분입니다.

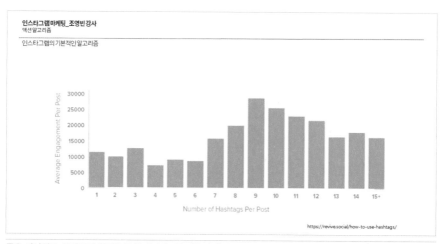

좋은 해시태그, 유저들이 검색할 만한 해시태그만 사용하세요!

우선, '몇 개의 해시태그를 사용했을 때 가장 반응이 좋을까?'에 대한 테스트를 해본 업체들의 결과를 공유해드리겠습니다. 대부분의 해외 업체에서는 9~11개 사이의 해시태그를 사용했을 때 가장 높은 인게이지먼트(도달 및 노출)를 기록했다고 합니다. 30개를 사용했을 때, 15개의 해시태그를 사용했을 때 가장 반응이 좋았다고 하는 업체도 있었습니다. 그리고 국내의 한 업체에서는 3년 전에 4~5개의 해시태그를 사용했을 때 가장 반응이 좋았다고 이야기 합니다. 이 테스트에 있어서 대부분의 업체가 9~11개 정도가 가장 결과가 좋았다고 이야기하지만, 이 결과는 업체마다 조금씩 다릅니다. 9~11개가 정답이 아니라는 거죠. 왜 업체마다 결과물이 다를까요? 제가 생각했을 땐 〈어떤 해시태그를 사용했는지〉에 대한 명확한 기준 없이, 업체마다 각각 다른 해시태그를 사용해서 테스트했기 때문입니다. 만약 모든 업체가 똑 같은 해시태그를 사용하기로 약속하고 테스트를 했다면 결과는 거의 비슷했을 거라 생각합니다.

그럼 몇 개의 해시태그를 쓰는 것이 가장 좋을까요?

제가 생각했을 때 이에 대한 정답은 30개 모두의 해시태그를 사용하는 것입니다. 대신, "좋은 해시태그"를 사용해야 합니다. 그럼 좋은 해시태그에 대한 기준은 무엇일까요? 제가 생각하는 좋은 해시태그란 "사람들이 검색하는"해시태그입니다. 사실 우리가 인스타그램에서 사용하는 대부분의 해시태그는 유저들이 검색을 하지 않는 해시태그입니다. 사용할 필요가 없는 해시태그인 거죠. 우리가 해시태그를 입력하는 본질적인 이유는 다른 유저들이 내가 사용한 해시태그를 검색했을 때 내 게시물을 노출시키기 위함입니다. 그렇기 때문에 검색하지 않는 해시태그를 사용할 이유가 없습니다. 우리는 '유저들이 검색할 만한'해시태그만을 사용하면 됩니다.

해시태그를 입력할 때는 '과연 이 해시태그를 검색할까?'라는 생각을 하면서 입력해주세요. 그러면 신기하게도 9~11개 정도의 해시태그가 입력이 됩니다. 사람들이 검색할 만한 해시태그를 입력해보면 실제로 10개 이상의 해시태그를 입력하기가 어렵다는 것을 알 수 있습니다.

인스타그램과 페이스북 알고리즘의 차이

인스타그램과 페이스북의 알고리즘은 어떤 차이가 있을까요? 우선 두 플랫폼 모두 정말 대단한 알고리즘을 가지고 있다는 것은 분명합니다. 국내의 플랫폼 중에서는 네이버가 가장 뛰어난 알고리즘을 가지고 있지만, 인스타그램과 페이스북의 알고리즘에 비교할 바가 되지 못합니다. 처리할 수 있는 데이터의 양부터, 유저들로부터 받을 수 있는 데이터의 정보 수준의 차이가 엄청나기 때문입니다.

결론부터 말씀 드리자면 인스타그램의 알고리즘은 '사람'을 기반으로, 페이스북의 알고리즘은 '관심사'를 기반으로 구성이 되어 있습니다. 그래서 페이스북은 피드를 계속 내려도 내가 좋아할 만한 관심사 콘텐츠를 보여줍니다. 하루 종일 페이스북을 해도 재미있게 즐길 수 있습니다. 하지만, 인스타그램의 피드는 관심사가 아닌 사람을 기반으로 하고 있어 오래 즐기는 데에는 무리가 있습니다.

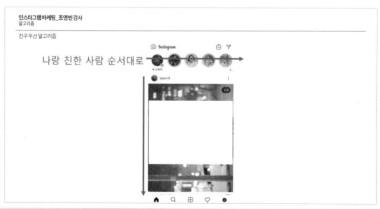

맨 위에서부터 아래쪽으로 내려 갈수록 나랑 친하지 않은 사람의 콘텐츠가 노출이 되는 알고리즘을 가지고 있는 인스타그램

인스타그램에 접속하면 바로 홈 피드가 뜨게 되어 있습니다. 여기서 피드를 순차적으로 내리면서 보는 인터페이스를 가지고 있죠. 이 때 내 피드에 가장 먼저 뜨는 유저의 게시물이 나오고, 그 다음 유저의 게시물, 그 다음 유저의 게시물이 순서대로 나열됩니다. 1등부터 10등까지 나열이 되는 이 게시물은 〈나랑 친한 사람의 콘텐츠 순서대로〉나열이 됩니다. 맨 위에서부터 아래쪽으로 내려 갈수록 나랑 친하지 않은 사람의 콘텐츠가 노출이 되는 알고리즘입니다. 그러다 보니 인스타그램의 홈 피드를 30분 정도 내리다 보면 흥미가 떨어져 버립니다.

나랑 친하지 않은 유저의 게시물에는 관심이 가지 않으니까요. 대체로 페이스북 피드를 소비할 때 보다 인스타그램 피드를 소비할 때 더 적은 콘텐츠가 소비됩니다. 페이스북의 피드는 피드를 계속해서 내려도 내가 좋아할 만한 콘텐츠가 보여지기 때문입니다. 페이스북의 알고리즘은 유튜브의 알고리즘과 비슷합니다. 둘 다 유저 개인의 '관심사'를 분석해서, 개개인의 유저가 좋아할 만한 콘텐츠를 추천해주는 시스템입니다. 개인유저가 그 동안 소비했던 콘텐츠를 분석해서 좋아할 만한 콘텐츠를 끊임없이 추천해주는 알고리즘이죠.

인스타그램의 알고리즘을 내 눈으로 직접 확인하는 방법이 있습니다. 아래의 방법대로 하시면 됩니다.

1) 매일 하루 1개 이상의 게시물을 업로드 하는 계정을 찾으세요(귀찮으시다면 제가 매일 1개 이상의 콘텐츠를 업로드하는 계정인 @hereis_photozone 을 해주시면 됩니다).
2) 팔로우를 하세요.
3) 해당 계정에서 발행하는 게시물에 대해 좋아요, 덧글(+DM)을 남기세요.
4) 해당 계정의 프로필에 자주 방문하세요.

그러면, 나중에 인스타그램 어플리케이션을 켜자마자 내 홈 피드의 맨 꼭대기에 해당 계정이 발행한 게시물을 확인할 수 있습니다. 해당 알고리즘의 혜택을 많이 받는 계정은 당연히 인플루언서 계정일 것입니다. 충성 팔로워가 많은 인플루언서들은 팔로워가 인플루언서의 신규 게시물에 대해 많은 인터렉션(좋아요/덧글 등)이 발생하고, 이에 따라 팔로워의 피드 상단에 인플루언서가 발행한 게시물이 항상 노출되기 때문입니다.

이 알고리즘을 통해 알 수 있는 가장 중요한 사실은 팔로워의 숫자는 중요하지 않다는 것입니다. 인스타그램을 찾아보면 팔로워는 많지만, 게시물을 업로드할 때마다 인터랙션이 매우 낮은 계정을 쉽게 찾아볼 수 있습니다. "유령 팔로워"가 많다고 표현하는 계정들이죠. 이런 계정은 충성 팔로워가 0에 수렴하기 때문에 게시물을 아무리 열심히 올리고 해시태그를 잘 사용한다고 한들 노출이 많이 발생하지 않게 됩니다. 내가 발행하는 게시물은 어차피 팔로워들의 피드 아래쪽에 노출되기 때문입니다. 팔로워가 피드를 많이 내려와서 게시물을 봐주지 않는 이상은 홈 노출을 기대하기 어렵죠. 충성 팔로워의 중요성은 여러번 강조해도 부족합니다.

내가 업로드한 게시물이 내 팔로워들의 피드 상단에 노출이 되는 것과 하단에 노출되는 것 중 당연히 상단에 노출이 되었으면 하시죠? 그렇다면 그 무엇보다 팔로워 관리에 신경 쓰시기 바랍니다. 팔로워들이 내가 발행한 콘텐츠에 대해서 많은 인터랙션을 할수록, 내 프로필에 자주 방문할수록 내 게시물이 팔로워들의 피드에 우선적으로 노출됩니다! 제가 추천해드리는 팔로워 관리는 1)소통, 2)비소통 계정 언팔 입니다.

소통은 내 잠재 고객이나 잠재 팔로워들과만 해야 하는 것이 아닙니다. 내 팔로워들과 더 열심히 해야합니다. 내가 팔로워들과 친하게 지내는 만큼, 내가 발행한 콘텐츠가 내 팔로워들의 피드의 상단에 노출이 될 가능성이 높으니까요. 반대로, 나를 팔로우만 하고 찾아오지 않는 유령 계정은 내 계정에 악영향을 끼치게 됩니다. 이런 소통하지 않는 계정은 서로 좋아요와 덧글을 주고받는 인친 계정으로 만들거나, 언팔로우(언팔/팔로우 취소)를 하는 것을 추천 드립니다. 특히 팔로워 숫자를 높이기 위해서 구매한 가짜 팔로워는 꼭 언팔하세요! 하루에 너무 많은 언팔을 하게 될 경우 인스타그램으로부터 제재를 당할 수 있으니 하루 20~25개 정도의 계정을 순차적으로 언팔하시기 바랍니다. 그리고 가능하면 내 팔로워의 모든 계정과 꾸준히 소통하여 서로가 발행하는 게시물에 대해 꾸준한 인터랙션을 주고받을 수 있는 관계로 만들어 가시기 바랍니다.

유튜브와 페이스북, 그리고 인스타그램의 알고리즘.

유튜브와 페이스북의 알고리즘은 거의 비슷합니다. 그럴 수 밖에 없습니다. 플랫폼의 알고리즘이라는 것은 항상 플랫폼을 이용하는 "사람"에 초점이 맞추어져 있습니다. 이 사람이 좋아하는 콘텐츠를 제공해 주어야 오랜 체류 시간을 확보할 수 있고, 이 체류 시간이 길어져야 콘텐츠의 소비가 증가하며, 이 콘텐츠 중에는 광고 콘텐츠도 포함되어 있습니다. 결과적으로 유저의 체류 시간은 플랫폼의 매출과 직결되는 부분이기 때문에 조금이라도 더 유저가 좋아할 만한 콘텐츠를 보여주어 플랫폼을 떠나지 않도록 만들기 위해 노력하고 있습니다.

페이스북과 유튜브는 〈관심사〉에 맞추어져 있고, 인스타그램은 〈관계〉에 맞추어져 있습니다. 우리는 페이스북과 유튜브를 통해 재미있는 콘텐츠, 관심 있는 콘텐츠를 찾아서 소비합니다. 페이스북과 유튜브의 알고리즘은 이런 검색 과정을 최소화하여 유저가 엄지 손가락만 간단히 움직여도 재미있는 콘텐츠를 소비할 수 있게끔 해주고 있습니다.

특정 유저가 그동안 '여행' 과 관련된 콘텐츠를 많이 소비했다면 또 다른 여행 콘텐츠를 추천해주고, '예능' 콘텐츠를 많이 소비했다면 예능 관련 콘텐츠를 추천해주는 형식입니다. 그동안 모아온 유저들의 빅 데이터를 활용하여 특정 유저가 좋아할 만한 영상을 추천해 체류 시간을 오랫동안 유지할 수 있도록 합니다.

이와 반대로 인스타그램은 〈관심사〉 보다는 〈관계〉 중심의 알고리즘을 가지고 있습니다. 우리는 인스타그램에서 관심사 콘텐츠를 소비하기 보다는 좋아하는 사람의 게시물을 소비하는 경향이 강합니다. 주로 친구들과 인스타그램에서 서로 덧글을 주고 받고, 인친의 게시물에 좋아요를 눌러주며, 좋아하는 인플루언서의 아이디를 찾아

들어가 그가 발행한 게시물을 소비합니다.

그렇기 때문에 인스타그램에 처음 접속하면 보통 내가 가장 좋아하는 유저가 발행한 게시물이 가장 최상단에 노출이 됩니다. 그리고 피드 아래로 내려갈수록 나랑 친하지 않은 유저들의 게시물이 보이게 됩니다.

이러한 특징 때문에 인스타그램의 체류 시간은 페이스북이나 유튜브에 비해 적은 편입니다. 페이스북과 유튜브는 피드를 계속해서 내려도 내가 좋아할 만한 콘텐츠를 추천 해주기 때문에 볼거리가 끊임 없이 나오지만, 인스타그램은 피드를 내리면 내릴수록 나랑 친하지 않은 유저의 게시물이 나오기 때문에 흥미와 관심도가 떨어지게 됩니다. 물론 둘러보기 탭에 들어가면 그 동안 내가 소비했던 콘텐츠들을 분석해서 내가 좋아할 만한 콘텐츠를 추천해주기도 하지만, 이 둘러보기 탭의 알고리즘 역시 콘텐츠 보다는 사람에 기반한 알고리즘으로 콘텐츠를 큐레이션 해준다는 느낌이 강합니다.

예를 들어 제가 '운동하는 여성' 유저의 게시물만 일부러 찾아서 좋아요를 누르고 게시물을 소비하는 시간을 늘리면 둘러보기 탭에는 운동하는 여성의 콘텐츠를 큐레이션 해줍니다. 운동하는 남성의 경우도 마찬가지입니다. 인스타그램 둘러보기 알고리즘에 나타나는 콘텐츠는 '운동하는 여성' 콘텐츠를 추천 해주기 보다는 '운동하는 여성 사람'을 추천해주는 느낌이 강합니다.

CHAPTER. 04

도달과 노출, 어떤 차이가 있고
무엇이 더 중요할까요?

도달 대비 노출이 높다는 것은, 그만큼 여러 번 보고 싶을 만큼 매력적이라는 것을 의미합니다.

도달이란 몇 "명"이 보았는지에 대한 수치이고, 노출은 몇 "번"을 보았는지에 대한 수치입니다.

위의 이미지에 첫 번째 인사이트에 보이는 숫자를 ❶"6,947명이 10,159번 봤다"로 읽으시면 됩니다. 도달 수와 노출 수는 둘 다 중요합니다. 몇 명이 보는지, 몇 번을 보던지 숫자가 높아서 나쁠 건 없습니다. 그래도 저는 이 둘 중에 중요도를 따진다면 노출이 더 중요하다고 생각합니다. 이유는 간단합니다.

우리는 매력적인 콘텐츠를 접하면 1번만 보는 것이 아니라 여러 번 보게 됩니다. 하지만 매력적이지 않은 콘텐츠는 1번 보고 두 번 다시 소비하지 않습니다. 내가 발행하는 게시물이 도달 대비 노출이 높다는 것은, 그만큼 여러 번 보고 싶을 만큼 매력적이라는 것을 의미합니다. 반대로, 도달 대비 노출이 낮다는 것은 여러 번 볼 만큼 매력적이지 않다는 것을 의미하죠. 제가 인스타그램의 개발자라면 유저가 발행하는 평균 도달 대비 노출을 계산해서 이 수치가 높은 유저에게 더 높은 점수를 부여해줄 것 같습니다. 인스타그램의 알고리즘은 결국 양질의 콘텐츠를 많이 노출시켜주는 데에 그 목적을 두고 있으니까요.

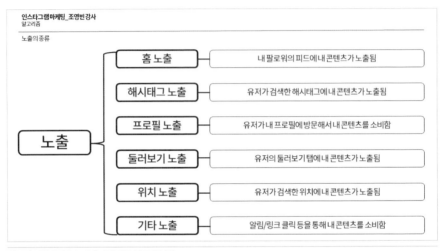

인스타그램에서의 노출은 6가지로 구분합니다.

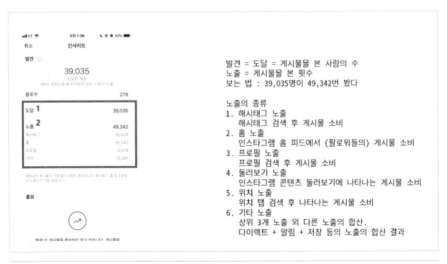

각각의 노출에 대한 개념을 잘 이해해야 계정에 대한 정확한 분석이 가능합니다.

그리고 노출은 〈홈 노출〉〈둘러보기 노출〉〈프로필 노출〉〈기타 노출〉〈위치 노출〉〈해시태그 노출〉의 6가지로 구분합니다.

홈 노출

내 팔로워의 피드에 내 게시물이 노출 되었을 때 1번의 홈 노출 증가.

순수하게 내 팔로워가 그들의 홈피드에서 내가 발행한 게시물을 소비할 때 증가하는 수치입니다.

여기서 중요한 개념은 "내 팔로워"입니다. 홈 노출의 수치는 순수하게 나를 팔로우하고 있는 유저들이 내가 발행한 게시물을 몇 번 보았는지에 대한 노출수를 의미합니다. 홈 노출이 높아야 다른 노출도 높은 노출수가 보장됩니다.

내 팔로워가 내 게시물을 소비하지 않는데, 나를 팔로우하지 않은 사람이 내 게시물을 소비하려 할까요? 인스타그램이 다른 사람들에게 내 게시물을 추천해줄까요?

둘러보기 노출

내가 발행한 게시물이 인스타그램의 탐색 탭에 노출이 되었을 때 다른 유저가 내 게시물을 선택해서 소비하면 1번의 둘러보기 노출 증가.

둘러보기 노출이 되기 위해선 우선적으로 내가 발행한 게시물이 탐색 탭에 노출이 되어야 합니다. 계정의 콘셉트가 명확할수록, 진성 팔로워가 많을수록, 게시물에 대한 평균 인터랙션(좋아요, 댓글, 저장, 체류시간 등)이 높을수록 둘러보기 탭에 노출이 될 가능성이 커집니다.

프로필 노출

피드에서, 둘러보기에서, 검색을 통해서 등 내 프로필에 다른 유저가 찾아 들어온 후 내가 발행한 게시물을 선택해서 소비하면 1번의 프로필 노출 증가.

내 프로필에 들어오면 내가 발행한 게시물의 리스트를 볼 수 있습니다. 이 중에서 다른 유저가 선택해서 소비하는 게시물에 대해 1번의 프로필 노출이 증가합니다. 내 프로필에 있는 게시물 중 다른 유저가 봤을 때 노출이 찍히기 때문에 해당 게시물을 매력적인 게시물이라고 판단할 수 있습니다.

저는 개인적으로, 프로필 노출 수가 많은 게시물을 스폰서 광고 게시물로 활용하는 편입니다. 내 프로필을 방문한 유저들이 가장 호기심을 가지고 눌러본 게시물이기 때문입니다.

기타 노출

좋아요/덧글/팔로우/사람 태그/저장된 게시물/외부 링크 등을 통해 유입된 유저가 게시물을 소비하면 1번의 기타 노출 증가.

하트 알림을 통한 노출이 가장 대표적입니다. 품앗이를 열심히 하는 계정은 기타 노출이 높은 특징을 보입니다. 인스타그램의 게시물 인사이트에는 총 4개의 노출 수치만을 보여줍니다. 6개의 노출 중 보여주지 않는 3개의 노출 수를 합친 수치가 표시됩니다.

예를 들어 인사이트에 홈 노출 / 둘러보기 노출 / 프로필 노출 / 기타 노출이 보여진다면, 기타 노출에는 위치 노출 / 해시태그 노출 / 기타 노출이 합쳐진 수치로 기타 노출에 합산되어 표시 됩니다.

위치 노출

다른 유저가 장소 검색을 한 이후 내 게시물을 소비할 때 1번의 노출 위치 증가.
게시물을 업로드할 때 장소 태그를 해야만 합니다. 생각 보다 높은 노출 수를 기록할 수 있기 때문에 게시물을 업로드할 때 장소 태그를 할 수 있다면 적절히 활용해주시는 것을 권장해드립니다.

특히, 요즘 뜨는 핫플레이스나 여행지는 유저들이 대리만족을 위해 검색하는 경우가 많으니 적극적으로 활용하세요!

해시태그 노출

내가 사용한 해시태그를 다른 유저가 검색해서 내 게시물을 소비했을 때 1번의 해시태그 노출 증가.

만약 해시태그 노출이 없거나 너무 적을 경우 쉐도우 밴 현상을 의심해보아야 합니다. 거의 모든 유저가 쉐도우 밴 현상을 겪고 있긴 하지만, 계정의 페널티 정도에 따라 해시태그 노출 수가 다릅니다.

CHAPTER. 05

내 게시물의 노출을 높이는 13가지 방법

사실 해당 내용을 이 책에 담을까 말까 정말 많은 고민을 했습니다. 인스타그램에서는 이렇다 할 알고리즘에 대한 정보를 전혀 공유하고 있지 않기 때문에 모든 마케터는 인스타그램의 알고리즘에 대해서 추상적으로 유추할 수밖에는 없습니다. 지금부터 제가 말씀드리는 내용은 인스타그램의 정확한 알고리즘일 수도, 완벽하게 아닐 수도 있습니다. 지금껏 제가 수많은 인스타그램 계정을 운영하고 지켜봐 오면서 느꼈던 경험과 생각, 노하우, 그리고 알고리즘에 대한 개인적인 생각을 공유해드리도록 하겠습니다.

인스타그램 마케팅_조영빈 강사
알고리즘

도달을 높이는 방법

- 내 프로필에 자주 방문하게하기(Dwell-time)
  내 프로필에 많이 찾아오는 유저들에게 내 콘텐츠가 가장 먼저 도달이 되도록 알고리즘이 되어 있다.

- 디엠 많이 보내도록 유도하기(Direct Message)
  소통 즉, 덧글/좋아요/디엠을 자주 주고 받은 유저에게 우선적으로 도달 되며, 이 반응에 따라 확장도달 된다.

- 도달 보다 노출에 더 많이 집중하기(More Exposure)
  도달 대비 노출이 높다 = 콘텐츠가 매력적이기 때문에 자주(많이) 본다

- 활동 시간 늘리기(Active time)
  내가 활동을 많이 하면 내 게시물의 도달이 높아진다 = 내가 덧글,좋아요,디엠을 많이 하니 당연한 이야기

- 적당한 포스팅은 하루 3회 이하(No More 3)
  현재는 추측,-카더라 통신이지만, 조영빈 강사 또한 이에 대해 동의하는 편. 콘텐츠 당 도달 대비 노출↑

- 프로그램 사용은 위험하다(Disuse bot)
  인스타그램의 알고리즘이 똑똑해졌다. 한번 쉐도우밴을 당할 경우 다시 헤어나오기 쉽지 않다.

도달을 높일 수 있는 방법들

1. 내 프로필에 자주 방문하게 하기

인스타그램 피드의 알고리즘은 나랑 친한 유저가 발행한 게시물의 순서대로 구성되어 있습니다. 다른 의미로는 나랑 친하지 않은 유저의 게시물은 피드를 아래로 많이 내려야 해당 유저의 게시물이 내 피드에 노출이 된다는 것을 의미합니다. 그리고, 홈 피드 노출은 순수하게 내 팔로워들에게만 보여지는 노출 위치입니다. 만약 내 팔로워들에게 내가 친하지 않은 계정이라면? 매력적이지 않은 계정이라면 어떻게 될까요?

내가 발행한 게시물이 내 팔로워들의 피드에 아주 밑에 노출이 될 수밖에 없습니다. 팔로워들이 피드를 오랫동안 내려서 내 게시물을 소비하지 않는 이상 노출이 발생하지 않는다는 것을 의미합니다. 내가 아무리 팔로워가 많다고 하더라도 내가 발행한 게시물이 노출이 되지 않으면 의미가 없겠죠?

이런 일을 방지하기 위해선 팔로워들과의 꾸준한 소통이 필수적입니다. 평소 서로 좋아요/덧글을 많이 주고받을수록 인스타그램은 이 두 개의 계정이 서로 친하다고 판단하여 서로의 피드 상단에 다른 유저의 게시물 보다 상대적으로 먼저 콘텐츠를 보여주고 있습니다. 서로 다른 두 개의 계정의 친밀도 점수를 높이는 가장 좋은 방법은 프로필 방문입니다. 내 팔로워가 내 프로필에 자주 방문할수록 내 팔로워의 피드에 내가 발행한 게시물이 우선적으로 노출될 가능성이 높아집니다. 저는 프로필 방문을 '염탐' 이라고도 표현합니다. 평소 인스타그램에서 내가 좋아하는 유저, 친하게 지내는 유저의 인스타그램 피드는 방문해보는, 염탐을 많이 하기 때문입니다. 내 팔로워들의 인스타그램 홈 피드에 내 게시물을 우선적으로 노출시키고 싶다면 내 프로필을 염탐하게 만드는, 내 프로필에 자주 방문하게 만드는 것이 필요합니다. 스타벅스 기프티콘을 주거나 브랜드의 상품/서비스를 주는 이벤트를 진행하는 기간의 전후로 계정이 도달/노출이 많이 증가하는 이유도 염탐 때문입니다. 이벤트에 참여하기 위래 프로필 방문이 자연스럽게 늘어나니까 다시 한 번 강조하지만, 팔로워 관리는 정말 정말 중요합니다!

2. 디엠 많이 보내도록 유도하기

1번의 내용과 같습니다. 인스타그램 홈 피드의 노출 알고리즘은 서로 다른 두 계정의 친밀도에 따라 다르게 반영되기 때문에 팔로워로부터 많은 좋아요/덧글/DM/프로필 방문을 유도해야 합니다. 특히 DM같은 경우에는 인스타그램의 구조상 정말 친한 유저가 아니라면 주고받기가 힘듭니다. DM을 하기 위해서는 프로필을 방문해야 하고, 서로 채팅을 하는 동안 오랜 시간을 인스타그램에 머물러야 하기 때문에 인스타그램에서는 DM을 주고받는 유저끼리 굉장히 높은 점수를 부여해줍니다.

사업을 하면서 필수적으로 고객의 상담을 받아야 하는 브랜드가 있습니다. 주문 제작, 고관여 상품들이 대표적인 예시이죠. 저는 이런 브랜드의 마케터나 대표님께 "상담 창구로서 DM을 활용해서 고객들과 함께 활동 점수를 높이세요."라는 조언을 하고 있습니다. 고객과 서로 DM을 주고받는 시간이 길어질수록 계정간의 친밀도 점수는 높아지기 때문입니다. 상담을 주고받다가 정말 친한 인친이 되는 경우도 많습니다. 이 방법은 인스타그램의 계정을 키우는 데에 더없이 좋은 방법이긴 하지만, 단점 또한 명확합니다. 상담 창구를 인스타그램 DM이 아닌 카카오톡 플러스 친구나 네이버 톡톡을 활용할 경우 나중에 〈전체 메시지 발송〉을 통한 마케팅이 가능한데, 인스타그램에서는 이 활동이 불가능합니다. 그렇다고 복사+붙여넣기로 이전에 상담했던 고객에게 같은 메시지를 반복적으로 발송한다면 인스타그램으로부터 액션 블락이나, 계정 블락 등의 제재가 발생합니다.

✎ 3. 도달 보다 노출에 더 많이 집중하기 ✎

매력적인 게시물은 1번 소비하고 그치는 것이 아니라 '보고 또 보고'를 하게 됩니다. 우리가 발행하는 모든 게시물은 이렇게 다른 유저들에게 있어서 보고 또 보고 할수 있는 게시물이어야만 합니다. 이에 대한 수치가 바로 도달 대비 노출입니다. 도달대비 노출이 높다는 것은 '게시물이 매력적'이다 라는 것을 의미합니다. 예를 들어, 100도달 200노출은 100명이 200번, 평균 2번 정도 게시물을 소비했다는 것을 의미합니다. 100도달 300노출은 100명이 300번, 평균 3번 정도 게시물을 소비했다는 것을 의미하고요. 수치적으로만 판단하더라도 1인당 평균 2번 본 게시물과 3번 본 게시물중 어느 게시물이 더 매력적인지 따져본다면 당연히 3번 본 게시물이 더 매력적이라고 판단하게 됩니다.

내가 발행했던 게시물들의 인사이트를 보면서 도달 대비 노출이 높은 게시물은 어떤 특징이 있는지 잘 분석하고 다음 번 게시물을 발행할 때부터 적용하시기 바랍니다!

4. 활동 시간 늘리기

인스타그램에 하루 평균 몇 분 정도를 투자하고 계시나요?

핸드폰의 기종 마다 이 기능이 있는 기종이 있고 없는 기종이 있습니다. 보통 아이폰은 거의 모든 기종이 있는 것으로 알고 있습니다. 인스타그램에서 내 프로필 -〉 메뉴 탭에 들어가 보면 〈내 활동〉 이라는 메뉴가 있습니다. 여기서 내가 인스타그램을 하루 평균 얼마나 이용하는지 알 수 있습니다.

마케터로서, 인스타그램 강사로서 제가 정말 많이 받는 질문 중 하나가 "저는 사진도 잘 찍고, 게시물 업로드도 매일 하는데 왜 팔로워가 늘지 않을까요?"입니다. 이에 대한 답변의 90% 이상은 "인스타그램에 게시물 업로드만 하시고 다른 사람의 게시물은 소비하지 않으시죠?"로 끝납니다. 실제로 이 분들의 〈내 활동〉시간을 확인해보면 정말 낮습니다. 인스타그램 개발자의 입장에서 한 번 생각해보세요. 하루에 5시간 하는 인스타그램 유저와 하루에 5분 하는 인스타그램 유저가 있다면 어떤 유저에게 더 높은 점수를 반영하실 건가요? 하루에 사진을 업로드 하는 시간 5분, 딱 5분만을 인스타그램에 투자하면서 내 게시물이 많은 유저들에게 노출되었으면 하는 욕심을 갖고 있지 않으신가요?

5. 적당한 포스팅은 하루 3회 이하

  사실 이 노하우는 경우에 따라 다르게 적용이 됩니다. 이제 막 인스타그램을 시작했다면 해시태그 노출도 정상적으로 잘 되고, 팔로워도 얼마 없기 때문에 게시물을 많이 올리는 것이 더 유리합니다. 하지만, 시간이 지나고 팔로워가 쌓일수록 게시물을 업로드 하는 빈도는 적어져야 합니다. 도달 대비 노출 때문에도 그렇지만, 너무 많은 게시물을 발행하게 되면 다른 팔로워의 입장으로는 질릴 수가 있기 때문입니다.

  제가 추천해드리는 방법은 인스타그램 초기에는 하루 3-5회 정도, 팔로워가 1천 명이 넘어가면 하루 3회, 그리고 계정이 성장할수록 하루 1회, 3일 1회, 1주 1회 정도로 줄이는 것을 추천하고 있습니다. 게시물을 업로드하는 빈도가 적어질수록 내가 발행한 모든 콘텐츠의 도달 대비 노출이 증가하기 때문입니다. 콘텐츠를 많이 업로드 하지 않아도 계정의 성장이 유지된다면, 콘텐츠의 양보다는 질을 높이는 전략이 더 좋습니다.

6. 프로그램 사용은 위험하다

　프로그램의 사용은 절대 금지! 국내에서 가장 좋은 인스타그램 프로그램을 가지고 있다고 평가 받았던 업체도 몇 년 전 인스타그램의 알고리즘 변화로 인해 폐업을 했습니다. 그리고 대부분의 인스타그램 프로그램은 매크로 기반의 프로그램이며, 중앙 IP를 통해 연결이 되기 때문에 인스타그램에서 프로그램 업체의 중앙 IP를 제재하면 이와 연결된 모든 인스타그램 계정의 도달에 큰 악영향이 생기게 됩니다.

　특히 프로그램이 구동 중인 상태에서 모바일로 인스타그램을 접속하면 이중 접속의 기록이 남게 되는데, 이는 인스타그램 계정 운영을 하면서 절대로 해서는 안 되는 활동 중 하나입니다.

7. 스토리&라이브 활용, 기능사용 시 도달 증가

인스타그램 마케팅_조영빈 강사
알고리즘

도달을 높이는 방법

- 스토리&라이브 활용, 기능 사용 시 도달 증가(Story&live)
  인스타그램은 현재 스냅챗을 견제하는 중이다. 이에 따라 스토리&라이브 활용시 도달을 더 높게 해준다.

- 해시태그 매칭 - 불필요한 해시태그는 사용하지 않는다(Tag Matching)
  불필요한 해시태그는 어뷰징으로 간주 된다. EX)옷 사진과 함께 올리는 #먹스타그램

- 위치 정보 추가하기(Position Tag)
  위치 정보 입력시 지역 검색하는 유저들에게 더 많이 도달될 수 있다.

- 다른 사람, 특히 컨셉 계정 태그 많이 하기(Friend Tag)
  다른 유저들을 많이 태그할 경우 알고리즘은 이들과의 소통이 많은 것으로 간주, 태그된 계정에게 내 게시물을 많이 도달 시켜준다.

- 동영상 콘텐츠 활용(Video First)
  일반적으로 동영상 콘텐츠가 이미지 콘텐츠 보다 높은 도달율을 보이고 있다.

- 이슈 콘텐츠 활용(Issue Content)
  이슈에 적합한 게시물을 해시태그와 함께 빠르게 업로드 하면 순간적으로 높은 도달을 기록해 계단식 도달 방식에 매우 유리하다.

- 비즈니스 계정 전환(Business Account)
  현재는 추측, 도달과 직접적인 관련이 있는 것은 잘 모르겠지만, 인사이트 도구만으로도 비즈니스 계정은 활용할 가치가 높다. 1/1

도달을 높일 수 있는 방법들

인스타그램은 계속해서 스토리 게시물의 노출 위치를 늘려 더 많은 유저들이 스토리 게시물을 소비할 수 있도록 업데이트를 해 나가는 중입니다.

인스타그램에 스토리와 라이브 기능이 처음 나왔을 때, 이 기능을 활용하면 더 높은 점수를 부여해 주었지만, 지금은 딱히 그런 느낌은 들지 않는 것이 사실입니다. 이제는 거의 대부분의 유저가 스토리 게시물을 발행하고, 라이브를 즐기고 있기 때문입니다. 하지만, 인스타그램은 계속해서 스토리 게시물의 노출 위치를 늘려 더 많은 유저들이 스토리 게시물을 소비할 수 있도록 업데이트를 해 나가는 중입니다. 최근의 가장 큰 변화는 인스타그램 탐색 탭에 스토리 게시물이 노출된다는 점입니다.

이 업데이트가 정말 의미가 큰 것이, 스토리 게시물은 원래 내 팔로워들이 주로 볼 수 있는 노출 위치의 구조를 가지고 있었는데 나를 팔로우하지 않은 유저들이 더 많이 볼 수 있는 노출 위치인 탐색 탭에서 스토리 게시물을 노출시켜주고 있습니다. 앞으로 내가 발행한 스토리 게시물을 나를 팔로우하고 있지 않은 유저를 포함한, 더 다양한 유저들에게 노출시켜준다는 인스타그램의 의지로 보여집니다.

틱톡의 스토리 게시물과 달리 인스타그램 스토리 게시물은 원래 내 팔로워만 볼 수 있는 형태였습니다. 하지만 지금은 해시태그 검색, 탐색 탭 등에서 팔로워가 아닌 다른 유저에게도 노출됩니다.

앞으로 인스타그램은 모든 스토리 게시물을 팔로워가 아닌 유저들에게도 노출시켜 스토리 게시물의 활성화를 장려하지 않을까요?

틱톡과의 경쟁에서 밀리지 않기 위해서요!

✎ 8. 해시태그 매칭 - 불필요한 해시태그는 사용하지 않는다. ✎

📷이미지: 사람 1명 이상, 실외

📷이미지: 사람 1명 이상, 사람들이 서 있음, 어린이

📷이미지: 사람 1명 이상

📷이미지: 밤, 하늘

인스타그램이 구분해 놓은 주제와 동 떨어진 주제의 해시태그를 사용하면 해당 해시태그의 검색 결과에서 노출을 빼 버립니다.

불필요한 해시태그의 사용은 쉐도우 밴 현상의 가장 직접적인 원인으로 알려져 있습니다. 일단 인스타그램에 게시물을 업로드 하면 인스타그램의 콘텐츠 식별 기술이 해당 콘텐츠의 주제를 파악합니다. 이 기술은 우리 눈으로도 직접 확인할 수 있습니다. PC에서 인스타그램에 특정 해시태그를 검색한 후 콘텐츠를 쭉 내려 보다가 인터넷 연결을 끄면 위와 같이 엑박 이미지가 나타납니다. 그리고 왼쪽 상단에는 인스타그램이 해당 콘텐츠를 어떤 부류로 구분해 놓았는지 알 수 있습니다.

만약 인스타그램이 구분해 놓은 주제와 동 떨어진 주제의 해시태그를 사용하면 해당 해시태그의 검색 결과에서 노출을 빼 버립니다. 추가로, 특정 해시태그를 검색한 유저들의 반응도도 파악하는 것으로 보여집니다.

쉐도우 밴 현상에 대해서는 정말 많은 루머가 많습니다. 인스타그램에서 공식적으

로 쉐도우 밴 현상에 대한 정보를 제공하는 것도 없고, 어떤 이유로 내가 사용한 해시태그가 노출이 되지 않는지에 대해서 유추하는 것 말고는 방법이 없다 보니 이런 저런 이야기가 정말 많습니다. 아마 인스타그램의 알고리즘과 관련해서 가장 말이 많은 것이 해시태그 노출 기준, 쉐도우 밴에 대한 이야기가 아닐까 합니다.

쉐도우 밴 현상의 루머 중 가장 오래된 루머가 "같은 해시태그를 반복적으로 사용하면 쉐도우 밴에 걸린다." 입니다. 저는 이 루머에 대해 강하게 부정했습니다. 보통 1-2개 정도의 주제를 가지고 소통을 하는 인스타그램이기 때문에 사용할 수 있는 해시태그도 제한적입니다. 반복적으로 사용할 수밖에 없는 구조입니다. 그런데 같은 해시태그를 반복적으로 사용했다고 해서 쉐도우 밴을 걸어버린다? 말도 안 됩니다. 이에 대한 생각은 최근까지도 변하지 않았습니다. 하지만, 최근 제가 테스트 해본 바로는 반복적인 해시태그는 쉐도우 밴의 원인이 되는 것으로 보여집니다. 정확히는, 원래는 그러지 않았지만, 지난 번 큰 알고리즘 개편 이후부터 반복적인 해시태그의 사용이 쉐도우 밴의 원인이 되는 것 같습니다. 그렇기 때문에 가능하면 해시태그는 최대한 다양하게 하면서 동시에 절대로 복사+붙여넣기를 하지 말라는 당부의 말을 전하고 싶습니다.

✎ 9. 위치 정보 추가하기 ✎

한국인도 검색하고, 외국인도 검색할 수 있는 위치 정보를 등록하세요.

게시물을 업로드 할 때 위치 정보 추가(장소 태그)기능을 활용하면 좋은 점은 딱 한 가지입니다. 내가 태그한 장소를 누군가 검색했을 때 내 콘텐츠가 노출이 된다는 것! 많은 분들이 이를 통한 유입(위치 노출)을 과소평가하지만, 은근 쏠쏠한(?) 노출을 가져다주는 기능입니다. 특히 관광지로 유명한 장소의 경우, 외국인이 많이 방문하는 경우, 요즘 뜨는 핫플레이스인 경우에는 더욱 효과적입니다.

장소 태그를 할 때의 소소한 팁을 드리자면, 위의 이미지처럼 한글과 영어가 같이 붙어 있는 장소를 태깅하는 것이 더 좋습니다. 한국인도 검색하고, 외국인도 검색할 수 있는 위치 정보이니까요. 한글은 한국인만 쓰지만, 영어는 전 세계의 공통 언어입니다. 많은 유저에게 내 콘텐츠를 노출 시킬 수 있는 좋은 전략 중 하나입니다.

특히, 국내에서 여행지로 많이 알려진 장소는 외국인들이 한국에 여행을 하러오기 전에, 여행 중에 검색해서 찾아보는 경우가 많으므로 여행지로 많이 알려진 장소에 방문했을 때는 꼭 장소태그를 사용하셔서 아주 조금의 효과라도 볼 수 있기를 바랍니다.

/ 10. 다른 사람. 특히 컨셉 계정 태그 많이 하기 /

내 콘텐츠를 팔로워가 많은 다른 계정에 업로드 될 수 있도록 하는 것도 좋은 방법입니다.

인스타그램에는 수많은 계정이 인스타그램 유저들로부터 콘텐츠 제보를 받아 계정을 운영하는 경우가 많습니다. #여기가포토존(@hereis_photozone) #유디니(eudiny_insta) #오늘뭐먹지(@greedeat) #낚시에미치다(@koreafishing) #worldviewmag(@worldviewmag)등의 해시태그를 사용해서 콘텐츠를 제보하거나 제보를 받는 계정에 직접 DM을 보내서 내 콘텐츠를 팔로워가 많은 다른 계정에 업로드 될 수 있도록 하는 것도 좋은 방법입니다. 보통 이런 계정은 콘텐츠의 출처를 밝혀주기 때문에 해당 계정을 팔로우하고 있는 엄청나게 많은 인스타그램 계정에 내 아이디를 노출시키고 프로필 유입을 확보할 수 있는 좋은 방법 중 하나입니다.

✎ 11. 동영상 콘텐츠 활용 ✎

현재 콘텐츠의 트렌드는 누가 뭐라고 해도 〈동영상〉입니다. 특히 요즘은 숏 비디오, 라이브 포맷의 비디오 콘텐츠가 트렌드입니다. 4:5 ~ 2:3 길이의 세로로 긴, 짧은 동영상 콘텐츠가 트렌드입니다.

제가 페이스북 코리아와 코트라(KOTRA)에서 주최했던 세미나 때의 인스타그램 강사로 초빙 되어 인스타그램 마케팅 강의를 진행했던 적이 있습니다. 강의를 진행하기 이전에 페이스북 본사에서 제 강의 자료를 검열을 하고 피드백을 해주셨습니다. 한 두 번의 작업이 아니라 여러 번의 피드백과 화상 채팅을 통해 어떤 내용을 강의할지, 어떤 강의 자료를 담을지에 대해서 이야기 했습니다. 이 때 페이스북 본사의 직원 분께서 화상 통화 중에 "15초 이내의 짧은 동영상 콘텐츠를 권장합니다"라고 하셨습니다.

페이스북/인스타그램이 유튜브와의 경쟁에서 밀리지 않기 위해 동영상 콘텐츠를 다른 포맷(이미지, 슬라이드 또는 캐러셀)의 콘텐츠 보다 더 많이 노출을 시켜주었던 적이 있습니다. 물론 지금도 단일 이미지나 캐러셀 보다는 동영상 콘텐츠의 도달이나 노출이 더 많은 편이라고 생각합니다. 하지만, 지금은 틱톡과의 경쟁을 많이 신경쓰고 있는 페이스북/인스타그램이기에 단순한 동영상 콘텐츠 보다는 틱톡과의 경쟁에서 우위를 가져야 하는 '숏 비디오' 콘텐츠의 생산이 많아야 합니다. 그렇기 때문에 일반 동영상 콘텐츠 보다는 15초 이내의 짧은 숏 비디오 포맷의 콘텐츠에 더 높은 도달과 노출이 발생하는 것 같습니다.

12. 이슈 콘텐츠 활용

모든 SNS가 그렇듯 인스타그램도 특정 이슈가 발생하면 그에 대한 이슈 콘텐츠의 확산이 많이 발생하며, 이에 따라 검색량도 증가하게 됩니다. 특정 이슈의 발생과 동시에 관련 콘텐츠를 공유하면 수많은 사람들에게 내 콘텐츠를 노출할 수 있습니다.

특히 시각적인 콘텐츠의 주제가 많이 공유되는 인스타그램인 만큼, '첫 눈' '첫 벚꽃' '첫 단풍', '페스티벌' '축제' '콘서트' 등이 활발하게 공유도 많이 되고, 검색도 많이 발생합니다. 또한, 사회적인 이슈나 현상에 대한 의견을 인스타그램에 공유하는 모습도 확인할 수 있습니다.

이슈 콘텐츠와 이슈 해시태그를 활용하면 다른 종류의 콘텐츠 보다 〈둘러보기〉 탭에 내 게시물이 노출될 가능성이 높습니다. 인스타그램의 둘러보기 탭에 노출되는 콘텐츠는 유저마다 다른 게시물이 나오도록 알고리즘이 구성이 되어 있지만, 단기간에 수많은 사람들이 찾는 콘텐츠는 많은 유저들의 둘러보기 콘텐츠에 공통적으로 노출을 시켜줍니다. 검색과 조회수가 급상승하는 해시태그와 이슈 콘텐츠는 둘러보기 탭을 통해 나를 팔로우하지 않은 새로운 잠재 유저들에게 내 게시물을 많이 노출시킬 수 있는 기회가 될 수 있습니다.

13. 프로페셔널 계정 전환

우리 모두는 비즈니스 계정으로 전환을 하지 않을 이유가 없습니다.

　프로페셔널 계정에는 1)비즈니스 계정과 2)크리에이터 계정 두 가지가 있습니다. 브랜드는 비즈니스 계정을, 인플루언서나 개인 크리에이터는 크리에이터 계정으로 전환을 합니다. 두 계정의 차이는 크게 없지만, 점점 생겨나는 기능들을 보면 앞으로 두 계정은 명확히 구분이 될 것 같습니다.

　간혹 이런 이야기를 듣습니다. "개인 계정에서 비즈니스 계정으로 전환을 했더니 도달/노출이 떨어졌습니다." 과연 비즈니스 계정으로 전환했다는 이유 하나 때문일까요? 만약 이게 사실이라면 수많은 비즈니스 계정들은 왜 비즈니스 계정으로 인스타그램을 운영하고 있을까요? 저는 큰 차이가 없다고 생각합니다. 그리고 개인 계정일 때는 내 계정과 게시물에 대한 도달/노출의 인사이트를 볼 수 없습니다.

우리 모두는 비즈니스 계정으로 전환을 하지 않을 이유가 없습니다. 비즈니스 계정으로 전환을 한다고 해서 페널티가 생기는 것도 아니고, 해시태그 노출이 되지 않거나 도달/노출이 떨어지는 것도 아니기 때문입니다. 오히려 지금 당장 비즈니스 계정으로 전환해야 합니다.

계정/게시물에 대한 인사이트를 볼 수 있고, 〈전화하기〉〈이메일 보내기〉등의 고객 상담 창구 기능도 쓸 수 있고, 쇼핑 태그를 활용할 수도 있습니다. 요즘은 비즈니스-크리에이터의 계정 간의 연동을 통해서 다양한 기능들을 쓸 수 있도록 업데이트 하고 있습니다. 가장 대표적인 기능은 〈브랜디드 콘텐츠〉기능입니다. 비즈니스 계정(브랜드)으로부터 크리에이터 계정(인플루언서)가 협찬을 받은 후 인스타그램에 콘텐츠를 업로드할 때 크리에이터 계정이 비즈니스 계정을 브랜드 태그 할 수 있습니다. 또한, 비즈니스 계정은 해당 콘텐츠를 스폰서 광고 소재로 활용할 수 있습니다.

비즈니스 계정으로 전환하여 평소 어떤 게시물이 인기가 많은지, 어떤 요일과 시간에 내 팔로워가 많이 활동하는지 등의 활용할 수 있는 데이터를 많이 확보하기 위해선 꼭 비즈니스 프로필로 전환을 해야 합니다.

PART 04

인스타그램으로
할 수 있는 6가지
마케팅의 종류와 KPI

저는 인스타그램으로 할 수 있는 마케팅은 총 6가지 방법이 있다고 생각합니다. 앞으로 이 6가지 방법에서 더 늘어날지는 모르겠지만, 늘어난다면 이전처럼 〈피드〉를 활용한 마케팅 방식이 아닌 〈스토리〉를 활용한 새로운 마케팅 방식이 될 것이라 생각합니다. 스파크 AR스튜디오를 활용하여 새로운 인스타그램 스토리 필터를 만들 수 있는 기능으로 브랜디드 콘텐츠를 만드는 방법도 있습니다.

인스타그램으로 할 수 있는 6가지 마케팅 방법은 이렇습니다.

1. 계정 운영 전략

2. 인스타워씨(Insta-Worthy)

3. 체험단/인플루언서 마케팅

4. 해시태그 마케팅

5. 스폰서 광고 활용

6. 프로그램 활용

여기에 한 가지 더 추가한다면 〈쇼핑태그&인 앱 결제 활용〉정도가 되겠지만, 아직까지 인스타그램의 인 앱 결제는 국내에서 활성화가 되지 않았고, 쇼핑태그 관련 새로운 기능들 또한 해외에서는 적용 및 활용이 가능하지만 국내에서는 아직 업데이트가 되지 않아 해당 내용은 이번 목차에서는 넘어가도록 하겠습니다.

참조 링크

[SNS팩토리]2019 인스타그램 업데이트 새로운 기능 7가지

참조 링크

[문화저널21] 페이스북 '샵스'…국내 이커머스 첫발

CHAPTER. 01

KPI : 인스타그램 마케팅의 목표

1. 계정 운영 전략의 KPI : 계정의 팔로워 수 / 계정의 도달 수&노출 수 / 1주일 프로필 방문 수

계정의 인플루언스를 높이기 위해선 무엇보다 충성 팔로워, 인친이 많아야 합니다.

계정의 인플루언스를 키우는 것을 최우선 과제로 생각하는 목표입니다. 가장 눈에 띄는 수치는 역시 팔로워 수이지만, 요즘은 팔로워 수와 계정의 인플루언스가 무조건 적으로 비례하는 것은 아니기에 게시물의 평균 도달/노출 수, 1주일 동안의 프로필 방문 수(특히 팔로워 대비 방문 수)를 더 중요한 지표로 보는 것이 좋습니다. 내 계정이 얼마나 활성화 되어 있는지에 대해서 알 수 있는 지표이기 때문입니다.

계정의 인플루언스를 높이기 위해선 무엇 보다 충성 팔로워, 인친이 많아야 합니다. 어떻게 충성 팔로워를 모으고 이들과 소통하면서 계정을 키워 나갈지에 대해서 고민하시기 바랍니다. 자세한 내용은 목차4에서 소개하였으니 넘어가도록 하겠습니다!

2. 체험단/인플루언서 마케팅의 KPI : 인플루언서로부터 생기는 도달/노출

우리 브랜드의 인스타그램 계정을 통한 콘텐츠의 도달과 노출이 적을 때 가장 쉽게 활용할 수 있는 마케팅 방법입니다. 체험단 마케팅 또는 인플루언서 마케팅이라고도 하는데, 인스타그램에서는 인플루언서 마케팅이라는 표현을 더 많이 사용합니다.

인플루언서 마케팅의 장점은 역시 도달 수와 노출 수를 비교적 쉽게 확보할 수 있다는 점, 이슈를 만들어 낼 수 있다는 점입니다. 고객들의 후기를 유도하는 데에도 큰 도움이 되기도 합니다. 하지만 단점도 명확합니다. 일단 제품 협찬 비용과 업로드에 대한 대가로 원고료를 제공해야 하는 경우도 있죠. 적지 않은 비용이 발생할 수 있다는 단점이 있습니다. 인플루언서의 실제 인플루언스를 파악하기 어렵다는 점도 역시 인플루언서 마케팅의 시작이라고 할 수 있는 섭외 단계에서 큰 어려움이 됩니다.

3. 인스타워씨(Insta-Worthy)의 KPI: 유저 및 고객들이 발행하는 브랜디드 콘텐츠

#롯데월드
게시물 1,488,669

팔로우

관련 해시태그 #뒷북 #우정스타그램 #친구랑 #인생네컷 #시내 #오랜만 #22살 #방학 #교복스타그램 #마지막

인기 게시물

인스타워씨 마케팅은 사진을 찍고 고객의 인스타그램 피드에 올리게 만들기 위해 진행하는 마케팅입니다.

저는 인스타그램 마케팅의 궁극적인 목표 단계는 3가지 단계를 거친다고 생각합니다.

1) 우리 브랜드의 상품이나 서비스를 접했을 때 사진을 찍게 만드는 것(포토 프린트)
2) 찍은 사진을 인스타그램에 올리게 만드는 것(업로드할 이유 만들어주기)
3) 캡션에 #브랜드명 #브랜드해시태그 사용하게 만드는 것(해시태그 입력할 이유 만들어주기)

찍게 만들고, 인스타그램에 올리게 만들고, 우리 브랜드에 도움이 될 수 있는 해시태그를 사용하게 만드는 것이죠. 인스타워씨 마케팅은 이 중 1번과 2번의 단계, 사진을 찍고 고객의 인스타그램 피드에 올리게 만들기 위해 진행하는 마케팅입니다.

고객이 우리 브랜드를 접했을 때 '어떻게 사진을 찍게 만들지?' '어떻게 인스타그램에 업로드하게 만들 수 있을지?'에 대한 고민과 기획이 필요하고, 이를 위한 실행과 점검이 필요한 마케팅 방법입니다.

4. 해시태그 마케팅의 KPI : 브랜드 명 또는 브랜드 해시태그의 개수

저는 인스타그램 마케팅을 할 때 모든 마케팅의 목표를 #브랜드명 해시태그의 개수를 최우선시 하고 있습니다.

최근 한 달 동안 #브랜드명 해시태그가 얼마나 많이 쌓였는지를 목표로 합니다. 제가 가장 중요하게 생각하는 지표이며, 인스타그램 마케팅의 가장 궁극적인 목표라고 생각합니다.

고객들이 얼마나 우리 브랜드의 후기 또는 브랜디드 콘텐츠를 만들어 주었는지에 대한 지표이기 때문에 입소문의 가시적인 수치로 판단하고 있습니다. 저는 인스타그램 마케팅을 할 때 모든 마케팅의 목표를 #브랜드명 해시태그의 개수를 최우선시하고 있습니다.

5. 스폰서 광고 활용의 KPI : ROAS / 매출

요즘은 페이스북 광고 관리자 시스템의 머신 러닝이 굉장히 잘 되어 있기 때문에 ROAS는 꽤 잘 나오는 편입니다.

스폰서 광고는 돈 넣고 돈 먹기입니다. 광고 비용을 얼마나 사용했고, 그에 따른 매출은 얼마나 발생했는지를 판단하는 지표입니다. 마케팅에 대한 지표라기보다는 광고 자체에 대한 지표가 되는 것이죠. 요즘은 페이스북 광고 관리자 시스템의 머신러

닝이 굉장히 잘 되어 있기 때문에 ROAS는 꽤 잘 나오는 편입니다. 페이스북/인스타그램의 광고를 운영하는 광고주는 광고 소재(광고 크리에이티브)만 잘 관리해주면 될 정도로요.

6. 프로그램 활용의 KPI : 영업

사실 인스타그램 마케팅시 프로그램을 활용하는 것은 권장하고 있지 않습니다. 인스타그램에서 프로그램 사용자에 대한 제재가 너무 강하기 때문입니다. 프로그램 사용과 동시에 쉐도우 밴이 걸릴 수도 있고, 계정이 삭제가 될 수도 있습니다.

프로그램을 활용하는 이유는 명확합니다. 인스타그램에서 다른 유저에게 좋아요/팔로우/덧글을 내가 항상 손으로 누르기에는 너무 많은 시간이 발생하기 때문입니다. 프로그램을 활용해서 내가 인스타그램을 할 수 없는 시간에 다른 계정에 대해 좋아요와 팔로우, 덧글을 대신 누르도록 하는 거죠. 적절하게 활용하면 큰 도움이 되지만, 잘못 활용해서 인스타그램으로부터 제재를 받게 되면 돌이킬 수 없는 페널티가 생기게 됩니다.

CHAPTER. 02

체험단/인플루언서 마케팅

인플루언서 마케팅은 모든 인스타그램 마케팅의 종류와 동시에 진행할 수도 있다는 장점을 가지고 있습니다.

인플루언서 마케팅의 가장 큰 장점은 역시 내 계정으로는 하기 어려운, 높은 도달과 노출수를 인플루언서에게 빌려 내 상품이나 서비스를 보여줄 수 있다는 점입니다. 사실 인플루언서 마케팅은 모든 인스타그램 마케팅의 종류와 동시에 진행할 수도 있다는 장점을 가지고 있습니다. 실제로, 인스타워씨나 해시태그 마케팅의 성공 사례의 과정을 찾아 보면 인플루언서 마케팅을 동시에 집행한 경우들이 많습니다.

국내에서 가장 유명한 인플루언서 마케팅 솔루션을 제공하는 회사는 아마도 공팔리터가 아닐까 합니다. 인플루언서 마케팅을 희망하는 광고주가 공팔리터와 같은 솔루션/대행 업체에 인플루언서 마케팅 문의를 하면, 해당 업체에서는 제휴하고 있는 인플루언서를 광고주와 매칭해서 인스타그램을 통해 광고주의 상품이나 서비스가 많이 노출될 수 있도록 하는 서비스를 판매합니다. 광고주와 인플루언서 사이에서 중매자의 역할을 하는 것이죠.

이런 중매 플랫폼이나 업체를 통하면 편하게 인플루언서 마케팅을 진행할 수 있다는 장점이 있습니다. 우리 브랜드의 상품이나 서비스에 적합한 인플루언서를 찾아서 협찬 및 콘텐츠 업로드를 할 수 있도록 도와줍니다. 아직 인플루언서 마케팅이 너무 어렵거나 막연하게 느껴지신다면, 이러한 업체를 통해 인플루언서 마케팅을 진행해 보시는 것을 추천해드립니다!

대부분의 인플루언서는 "안녕하세요"만 보내면 답장을 잘 해주지 않습니다.

하지만, 이 방법 외에 광고주가 직접 인플루언서에게 DM과 같은 방법을 통해 직접 컨택&제휴 하는 경우도 많습니다. 보통은 "안녕하세요 협찬 문의 드립니다."로 시작하는 메시지를 보내면 절반 이상은 "어떤 제품인가요?"라는 답변을 얻을 수 있습니다. 하지만 "안녕하세요"만 보내면 답장을 잘 해주지 않습니다. 대부분의 인플루언서가 "안녕하세요"와 함께 사심 가득한 DM을 많이 받고, 이에 질릴 대로 질렸으니까요. 하지만 협찬을 싫어하는 인플루언서는 거의 없기 때문에 '협찬 문의 드립니다.'라는 메시지를 보내면 웬만하면 답변이 옵니다.

인플루언서 마케팅을 할 때 가장 어려운 점 중 하나가 '내가 지금 이 사람에게 협찬을 하면 얼마나 많은 노출과 효과를 볼 수 있을까?'에 대한 고민과 공포심입니다. 어느 정도 효과를 볼 수 있는지는 인플루언서 마케팅을 집행한 뒤 결과를 봐야 알 수 있지만, 예상 노출 수는 어느 정도 유추가 가능합니다.

인플루언서의 팔로워 수, 게시물 당 좋아요/덧글 수. 이 수치들은 모두 작업이 가능합니다. 가짜 팔로워, 가짜 좋아요, 가짜 덧글 모두 돈만 있으면 구매가 가능합니다. 그렇기 때문에 이 수치들을 보고 인플루언서에게 협찬할지 말지에 대해서 결정하면 안 됩니다. 가장 좋은 방법은 인플루언서의 최근 게시물들의 인사이트 화면을 캡쳐해서 보여달라는 것이지만 이에 대한 거부감이 상당합니다.

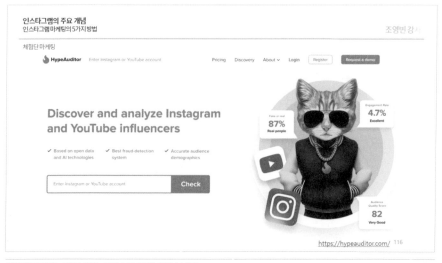

하이프오디터는 현재 유료 서비스로 전환 되었습니다.

저는 인플루언서의 실제 인플루언스를 파악할 때 〈하이프오디터(https://hypeauditor. com/)〉라는 사이트를 이용합니다. 해당 사이트를 이용하면 해당 인플루언서의 실제 활동하고 있는 팔로워의 비율과 함께 해당 계정이 얼마나 활성화가 되어 있는지에 대한 정보를 얻을 수 있습니다.

원고를 작성하는 중 〈하이프오디터〉서비스의 유료 전환을 확인하였고, 대체 사이트로 피처링(https:// featuring.co/)이라는 사이트를 찾았습니다. 인플루언서의 정보를 얻기 위해서는 분석 시간이 많이 걸린 다는 단점이 있긴 하지만 국내에서 서비스하는 업체이며, 좋은 인사이트들을 확인할 수 있어 실제 인플루 언서의 영향력을 파악하기에 좋은 사이트입니다.

더불어, 해당 계정이 업로드하는 콘텐츠들에 얼마나 많은 좋아요, 덧글이 달리는지도 확인하고, 동영상 콘텐츠를 올렸을 때의 조회수도 확인합니다. 그리고 가장 좋은 방법은 해당 인플루언서가 라이브 방송을 진행할 때 얼마나 많은 유저가 라이브 방송에 참여하는지 직접 확인해 보는 것이 가장 좋습니다. 라이브 방송에까지 참여하는 팔로워들은 정말로 해당 인플루언서를 좋아하는 사람들이기 때문입니다.

인플루언서 마케팅을 할 때 또 고려해야 하는 사항이 또 있습니다. 바로 브랜드와 인플루언서간의 적합도입니다. 내가 인플루언서에게 제공하는 상품이나 서비스가 해당 인플루언서의 이미지와 잘 맞는지도 잘 파악해야 합니다. 예를 들어, 뷰티 인플루언서에게 IT 제품을 협찬하거나 식품 인플루언서에게 패션 제품을 협찬하는 등의 행위는 피해야 합니다. 평소에 뷰티 콘텐츠를 업로드하던 인플루언서가 갑자기 IT 제품에 대한 후기를 업로드 한다면 누가 봐도 광고처럼 보이기 때문입니다. 최대한 우리 브랜드의 이미지와 인플루언서의 이미지가 잘 맞는지에 대해서도 잘 파악해주셔야 합니다. 그리고 저는 인플루언서 마케팅을 진행할 때 인플루언서에게 제품을 협찬하면서 별도의 가이드라인을 제공하지 않는 편입니다. 제품과 브랜드에 대한 간단한 정보와 소개만을 제공하고 있습니다. 종종 "얼굴 사진과 함께 제품 사진을 업로드 해주세요."라는 가이드를 제공하시는 사업자 분들이 계시는데 이는 굉장히 잘못된 가이드라고 생각합니다.

우리는 보통 제품에 대한 후기를 남길 때 제품 사진이나 제품을 사용하고 있는 모습의 사진을 업로드하지, 제품과 함께 셀카를 찍는 경우는 거의 없습니다. 인플루언서들도 마찬가지입니다. 이들이 실제로 후기를 업로드할 때는 제품 위주의 사진을 촬영합니다. 셀카와 함께 업로드를 하게 될 경우 누가 봐도 광고인 콘텐츠가 만들어지고, 팔로워들은 '광고구나'라고 생각하게 됩니다. 당연히 효과가 떨어질 수밖에 없겠죠? 인플루언서에게 체험단 가이드를 제공할 때는 "솔직한 후기와 함께 사진은 편하게 업로드 해주세요."라고 이야기 하고, 인플루언서가 놓칠 수도 있는 브랜드나 제품에 대한 간단한 정보를 제공해주는 것이 좋습니다.

인플루언서 마케팅과 관련한 예시로 한 가지 저의 경험을 공유해드리도록 하겠습니다.

반려 동물을 위한 펫 브러쉬 제품의 체험단을 진행했습니다. 펫 브러쉬 제품이다 보니 당연히 반려 동물, 특히 강아지를 키우고 있는 애견 인플루언서를 알아보고 체험단을 진행했습니다. 열심히 #애견 #반려동물 #강아지 #허스키 등의 해시태그를 검색하며 체험단을 진행할 만한 인플루언서를 찾고 DM을 통해 컨택했습니다. 사실 1명의 인플루언서를 섭외하기 위해서는 검색, 계정의 영향력 파악, DM 연락, 사후 관리 등 다양한 부분을 고려해야 하기 때문에 MCN 성격의 업체가 아닌, 소상공인이나 개인 판매자, 일반 광고 대행사에서 진행하는 데에는 어려움이 많습니다. 하지만, 전문업체를 통해서 진행하게 될 경우 원고료가 추가적으로 발생하기 때문에 인플루언서의 선정부터 협찬, 사후 관리까지 조금 더 힘이 들지만 제가 직접 모집해서 진행하기로 했습니다.

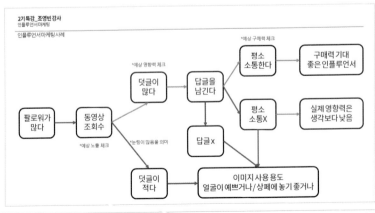

저만의 인플루언서 선정 방식을 정리한 표입니다. 팔로워, 동영상 조회 수, 덧글, 답글을 고려하여 인플루언서를 선정하고 있습니다.

저는 인플루언서를 선정할 때 가장 먼저 적합도를 따져 봅니다. 해당 인플루언서가 우리 브랜드의 이미지와 잘 맞는지 먼저 살펴보는 것이죠. 그 다음으로 팔로워 수를 체크합니다. 가능하면 팔로워 3,000명 이상의 인플루언서에게 체험단 및 협찬을 진행하려고 합니다. 팔로워 수와 게시물의 노출 수는 무조건 비례하는 것은 아니지만 어느 정도는 보장이 되기 때문에 기본적인 팔로워 수는 정해 놓고 모집을 진행합니다.

그 다음으로는 동영상 조회수를 확인합니다. 팔로워는 인스타그램 프로그램 업체를 통해서 팔로워를 너무 쉽게 구매할 수 있기 때문에 허수가 많아 팔로워 수만을 보고서는 실제로 이 인플루언서의 영향력을 파악할 수 없습니다. 하지만 협찬을 진행하려는 인플루언서가 이전에 올렸던 게시물의 동영상 조회수는 노출 수를 의미합니다. 이러한 노출 수는 '내가 이번에 제품을 협찬하면 이 정도의 노출 수가 나오겠구나.' 라고 유추하는 데에 도움이 많이 됩니다. 실제로 제가 이 인플루언서를 통해 필요한 것은 내가 협찬한 상품이나 서비스가 포함된 게시물의 노출수이기 때문입니다.

그 다음으로는 덧글을 확인합니다. 평소 이 유저가 업로드하는 게시물에 얼마나 많은 팔로워가 덧글을 남기는지 확인합니다. 인플루언서 중에서는 소통을 하지 않는 인플루언서도 많다 보니 팔로워들이 '눈팅'만 하는 경우가 있습니다. 이런 인플루언서가 업로드하는 게시물은 대체로 유저들이 보고 지나가기만 하기 때문에 큰 의미가 없는 단순 노출만 발생하게 됩니다. 저는 모든 덧글에 대해 답글을 남겨주는 인플루언서를 가장 우선적으로 선별하여 협찬을 진행합니다. 업로드 하는 게시물에 대한 덧글이 많고, 이에 대한 답글이 많다는 것은 서로 소통하는 경우가 많다는 것을 의미하며, 팔로워들이 단순히 이 유저의 게시물을 보고 지나가기만 하지 않는다는 것을 의미합니다. 같은 콘텐츠여도 조금 더 들여다보고, 덧글도 남기고, 소통한다는 것이죠.

실제로, 이번에 10명의 인플루언서와 마케팅을 진행하면서 평소 유저들과 소통을 많이 하는 인플루언서에게 협찬을 했을 때 매출이 가장 즉각적으로 반응이 나타나는 것을 경험했습니다. 그리고 이 인플루언서 중 가장 반응이 괜찮았던 1분에게 공동구매를 따로 제안하여 추후 공동구매를 진행하기로 약속했습니다. 재미있는 것은 공동구매를 함께 하기로 한 분께서는 10명의 인플루언서 중 7번째로 팔로워가 많은 분이셨습니다. 팔로워가 많다고 인플루언서 마케팅의 효과가 보장이 되는 것은 아닙니다.

마찬가지로 팔로워가 적다고 인플루언서 마케팅의 효과가 없는 것은 아닙니다.

사실 인스타그램을 통해 제품을 구매하는 인스타그래머들은 대부분 제품이나 서비스가 마음에 들어서 제품을 구매하기 보다는 인플루언서를 신뢰하고 좋아하기 때문에 인플루언서가 소개하는 제품이나 서비스를 구매하는 경향이 강합니다. 제품/서비스 보다는 인플루언서의 라이프 스타일을 공유하기 위한 소비입니다. 그래서 저는 평소 자신의 팬(팔로워)들과 꾸준히 소통하는 인플루언서와의 협업을 선호하고 있습니다.

개인적으로 친분이 있는 메가 인플루언서 분이 있습니다. 하나의 계정에서 파생된 인플루언스로 상품의 판매 매출만 수억원이 넘었고, 하나의 브랜드를 론칭하여 운영하는 분이었습니다. 이 분에게 "노하우가 뭐에요?"라고 물은 적이 있습니다. 계정을 운영하면서 단 한 번도 협찬을 받아 본 적도 없고, 공동구매도 진행해본 적이 없다고 합니다. 또한, 자신의 계정에서 판매했던 제품들은 모두 심사숙고해서 판매한 제품으로, 팔로워들에게 절대로 실망을 안겨주지 않으려고 노력했다고 합니다. 이러한 노력 덕분에 매출 수억 원, 자신의 이름을 내세운 브랜드 론칭과 운영이 가능한 것입니다. 팔로워 1만 대, 10만 대가 넘는 인플루언서 분들을 만나면 정말 순수하게 "어떻게 팔로워 늘리셨나요?"라고 물으면, 모두 같은 대답을 합니다. "덧글 답글 잘 달아주고, 팔로워들이랑 재미있게 소통하다 보니 팔로워가 늘었어요."라고요. 인플루언서가 되기 위한 방법은 정해져 있는 것 같습니다.

추가로, 한 가지 더 재미있는 사례를 소개해드리겠습니다.

아이폰 배터리 케이스를 판매하는 브랜드였습니다. 고객 분석을 열심히 하다 보니 〈해외 여행을 앞두고 있는 고객〉, 〈군인 고객〉 분들이 상품을 구매하는 사실을 발견했습니다. 왜 구매를 하는가에 대해서 고민해보고 여쭤보니, 해외여행을 앞두고 있는 고객 분들은 해외여행 시 많은 배터리를 필요로 하는 고객 분들이셨습니다. 구글 맵 사용, 해외 여행 후기 포스팅 검색, 사진 촬영 등 여행 내내 스마트폰을 계속해서 사용해야 하는데 충전을 할 수 있는 공간이 많지 않다 보니 항상 배터리가 부족하다는 사실을 발견했습니다. 그래서 국내외로의 여행을 자주 다니는 인플루언서들에게 제품을 협찬하고 솔직한 후기를 진행하는 마케팅을 기획하기도 했습니다.

고객 분석을 통해 인플루언서 마케팅 진행의 컨셉을 정했습니다.

군인 고객 분들이 아이폰 배터리 케이스를 구매 한다니 처음에는 굉장히 이상하다고 생각했습니다. "군대에서? 배터리 케이스를?"이라는 반응이었죠. 생각조차 하지 못했던 고객군이었습니다. 조사를 해보니 최근에는 군대에 스마트폰의 반입이 가능하다는 사실을 발견했습니다. 그리고 콘센트가 부족해서 충전을 제때 하지 못하는 분들도 계시고, 한 번 충전한 이후 밖에서의 생활이 많다 보니 군대 내에서의 일상 중 배터리가 항상 부족한 분들이 많다고 했습니다. 굉장히 좋은 기회라고 생각하고 군인 남자친구를 둔 여자친구분들께 협찬을 진행했습니다. #군인남자친구선물추천 이라는 컨셉으로 제품을 협찬했습니다. 남자친구를 위한 제품이다 보니 체험단을 진행하시는 인플루언서 분들도 만족해 하셨고, 직접 사용하는 군인 남자친구 분들도 굉장히 잘 쓰고 있다는 피드백을 받아 볼 수 있었습니다.

인스타그램은 관심사 기반의 플랫폼이다 보니 관심사가 비슷한 사람들끼리 소통하는 모습을 보여주고 있습니다. 여행에 관심이 많은 사람들은 여행 인플루언서를 팔로우하여 정보를 얻어 보거나, 또 다른 여행 인스타그래머를 팔로우하여 소통하는 모습을 보여줍니다. 군인 여자친구(곰신)은 곰신끼리 서로 팔로우하고 소통하는 경우가 많습니다. 그러다 보니 여행 인플루언서의 팔로워는 대체로 여행에 관심이 많은 분들이 많고, 곰신 인플루언서의 팔로워는 또 다른 곰신 분들이 많습니다. 저희가 공략하고 싶은 고객군이 특정 인플루언서의 팔로워에 많이 몰려 있고, 우리는 이 인플루언서의 인스타그램 피드를 마케팅 채널로서 활용할 수 있는 것이 인스타그램에서의 체험단/인플루언서 마케팅입니다.

인플루언서 마케팅에 성공하고 싶다면, 디테일하게 고객을 분석하고 우리의 잠재고객을 팔로워로서 많이 보유하고 있는 인플루언서를 찾아야만 효율적인 마케팅의 진행이 가능합니다!

CHAPTER. 03

인스타워씨

INSTAWORTHY
인스타워씨개념

조연

InstaWorthy

INSTAWORTHY

Instagram + Worthy
인스타그램 + ~할 자격이 있는
: 인스타그램에 업로드할 자격이 있는

고객님이 하루 동안 촬영한 수 많은 사진 중
선별 되어 고객님의 인스타그램에 업로드가 되기 위해선, InstaWorthy 해야만 합니다.

인스타워씨는 인스타그램 피드에 업로드 하기에 적합한 콘텐츠를 의미합니다.

   혹시 아직도 〈인스타워씨〉라는 단어를 들어본 적이 없으신가요? 인스타워씨는 벌써 해외에서는 몇 년 전부터 유행하던 마케팅 방법입니다. 국내에서는 조금 늦게 알려지긴 했지만, 최근 인스타워씨 마케팅의 사례가 급증하고 있는 모습을 보이고 있습니다. '인스타워씨(Insta-Worthy)'라는 단어는 인스타그램을 의미하는 'Instagram'과 '~할 자격이 있는'을 의미하는 Worthy라는 단어가 합쳐진 신조어입니다. "인스타그램에 업로드 할만한 자격이 있다"라는 것을 의미하며, 인스타그램 피드에 업로드하기에 적합한 콘텐츠를 의미합니다. 예쁜 카페나 예쁘게 플레이팅되어 나오는 음식, 셀피를 예쁘게 찍을 수 있는 여행지 등이 가장 대표적인 예시입니다. "내가 찍은 이 사진은 내 인스타그램 피드에 자랑할만 해!" 또는 "이건 인스타그램에 자랑해야해!"라고 여겨지는 상품이나 서비스를 '인스타워씨 하다.'라고 표현합니다. 그리고 인스타워씨 마케팅이란 이러한 유저들의 자랑하고자 하는 〈심리〉. "내 피드에 자랑하고 싶어!" 또는 "사진을 찍어서 내 인스타그램에 자랑하고 싶어"라는 〈심리〉를 이용한 마케팅 방법입니다. 우리가 판매하는 제품이나 서비스를 인스타그램 유저가 접했을 때 사진을 찍게 만들고, 인스타그램에 '업로드하게 만드는 방법'입니다. 정말 매력적인 마케팅 방법이 아닌가요? 내가 만든 콘텐츠를 고객이 경험하고 자발적으로 사진을 찍고 자발적으로 인스타그램에 업로드를 하고! 내가 군이 광고를 하지 않아도 고객이 알아서 인스타그램에 홍보하고 마케팅을 해줍니다.

소셜 미디어, 특히 인스타그램이 성행하면서 보이지 않던 '입소문'은 사진이 되어 다른 이들에게 전파됩니다. 소셜미디어와 인스타그램 덕분에 입소문은 눈에 보이는 가시적인 콘텐츠가 되었습니다. 인스타워씨 마케팅은 이러한 점을 가장 효과적으로 이용할 수 있는 마케팅 방법입니다.

인스타워씨 마케팅을 성공적으로 하기 위해서는 일단 유저들이 우리의 상품이나 서비스를 접했을 때 스마트폰을 꺼내 들고 사진을 촬영할 수 있게끔 만들어야 합니다. 저는 이를 "찍게 만들어라!"라고 이야기 합니다.

찍게 만들어라! 간단하고 명료합니다. 하지만, '우리의 제품이나 서비스를 고객이 접했을 때 사진을 찍게 만들려면 어떻게 해야하지?'를 생각해보면 간단하고 명료한, 그 어떠한 방법이 떠오르지 않습니다. 어렵습니다. 어떻게 해야 사진을 찍게 만들 수 있을까요? 가장 일반적인 방법으로는 우리가 가지고 있는 콘텐츠를 예쁘게 꾸미는 것입니다. 상품과 패키지의 디자인을 예쁘게 만들고, 실내 인테리어의 공간 디자인을 예쁘게 꾸미고, 음식을 제공할 때 예쁘게 플레이팅 하고, 조형물을 활용하여 인위적인 포토존을 만드는 따위의 방법이 있습니다.

그러다 보니 인스타워씨를 위해 가장 많이 활용이 되는 소재가 '배경'입니다. 요즘은 어딜 가던 비비드 컬러의 예쁜 배경을 볼 수 있습니다. 사진을 찍게 만드는 데에 가장 좋은 소재이기 때문입니다. 왜 비비드 컬러의 배경을 사용하면 사진을 찍게 만드는 데에 좋을까요? 이는 비비드 컬러의 속성 때문에 그렇습니다. 비비드 컬러의 배경지를 놓고 그 가운데에 사람이나 사물을 놓고 사진을 찍게 되면 별다른 장치가 없이도 피사체를 돋보이게 만들어주는 효과가 있습니다. 그러다 보니 같은 조건에서 배경만 비비드 컬러로 바꾸어 주면 사진이 훨씬 더 생동감 있고 멋져 보이게 됩니다.

내 사진이 별 다른 장치 없이 멋지게 잘 나왔다면 자연스럽게 인스타그램에 업로드해서 다른 사람들에게 자랑하고 싶어집니다. "내 사진이 이렇게 잘 나왔어!"라는 것을 예쁜 사진 1장을 통해 다른 이들에게 자랑하는 것이죠.

✏ 찍게 만들어라! ✏

인생사진관은 마치 인스타그램을 오프라인 공간에 그대로 옮겨놓은 듯한 느낌을 줍니다.

우리나라에서 가장 처음으로 알려진 인스타워씨의 사례인 #인생사진관 역시 비비드 컬러의 배경지를 잘 활용한 덕분에 빠르게 유명해질 수 있었습니다. 인생사진관은 마치 인스타그램을 오프라인 공간에 그대로 옮겨놓은 듯한 느낌을 줍니다. #인생사진관 의 처음 시작은 특별할 것이 없었습니다. 코엑스나 벡스코 같은 큰 전시관에 여러 개의 비비드 컬러의 색상이 입혀진 포토 월에서 예쁜 사진을 찍을 수 있게 만들어 놓은 게 전부였습니다. 16년도에 처음 첫 전시를 오픈한 이후 국내에선 대형 백화점, 대형 전시회에서 전시를 하며 알려졌고, 중국에서도 전시를 따라하여 오픈할 정도로 크게 성장하였습니다.

참조 링크

[아주경제] 한국콘텐츠 인생사진관, 중국 웨이하이 진출

보통은 코엑스, 백스코 등에서 전시 형태로 진행하는 인생사진관은 인스타그램 유저들의 순수하고 자발적인 사진 공유 덕분에 빠르게 성장한 사례입니다. 많은 이들이 인생사진관에 방문해서 전시 티켓을 구매하여 입장한 뒤 알록달록 예쁜 비비드 색상의 포토 월에서 사진을 찍으며 전시를 즐깁니다. 입장료를 내고 전시관을 돌면서 하는 것은 줄서서 서로 사진을 찍어주는 것 외엔 없습니다. 하지만, #인생사진관 전시 오픈 마다 많은 사람들이 몰리고 있고 인스타그램에는 실시간으로 #인생사진관 이라는 해시태그가 달리는 콘텐츠가 업로드 되고 있습니다. 저는 인스타그램을 핫하게 즐기는 유저들을 보고 싶다면 인생사진관을 찾아가 보라고 조언 합니다. '겨우 예쁜 사진 1장 찍으러 입장료도 내고, 시간을 내서 찾아 간다고?'라는 의문을 직접 눈으로 보고 해소할 수 있습니다. 인스타그램을 핫하게 즐기는 M-Z세대에게 '단 1장의 사진'은 모든 행위에 대한 이유가 될 수 있습니다. 동네 카페가 아닌 예쁜 카페를 가는 이유, 무리한 비용을 들여서라도 예쁜 여행지를 가는 이유, 호캉스를 즐기는 이유, 부담스런 비용의 식사를 하는 이유 등. 이 모든 이유가 "단 1장의 사진"이라는 데에 M-Z세대는 서로 공감하고 이해합니다.

그럼 사진만 예쁘게 찍을 수 있는 환경을 제공해주면 인스타워씨 마케팅에 성공할 수 있을까요? 많은 유저들이 사진을 찍고 인스타그램에 바로 업로드하나요? 이건 절대 아닙니다. 인스타워씨 마케팅의 어려움은 여기서 발생합니다. '단순히 찍게 만드는 것'과 '인스타워씨 마케팅'은 완전히 다릅니다. 단 1장의 사진과 함께 얻을 수 있는 새롭고 재미있는 경험 또한 중요합니다. "찍게 만들어라!"의 단계 이후에는 "업로드 하게 만들어라!"입니다. 인스타워씨 마케팅이란 결국 "찍게 만든 후 인스타그램에 업로드 하게 만드는 것"을 목표로 합니다.

아무리 사진이 다른이들에게 자랑하기 좋은 소재와 퀄리티일지라도 해당 사진을

촬영하면서 겪은 경험에 대한 기억과 감정이 좋지 못하면 인스타그램에 업로드해주지 않습니다. 지금 인스타그램 유저들에게 피드란 '행복한 순간(이미지)을 자랑하는 공간'이라는 인식이 지배적입니다. 행복해 보이는 콘텐츠도 중요하지만, 실제로 사진 촬영 당시의 행복감도 중요합니다. 인스타그램 피드가 유저들에게 "나는 이렇게 행복한 사람이야"라는 것을 자랑할 수 있는 공간이자 매개체인 것이죠. 〈인스타그램에는 절망이 없다〉라는 책도 있을 정도입니다.

참고서적: 인스타그램에는 절망이 없다

장저우 저. 밀레니얼이 밀레니얼을 분석한 책. 인스타그램으로 대표할 수 있는 밀레니얼의 트렌드와 심리를 엿볼 수 있는 책입니다.

　유저들이 인스타그램 피드를 〈행복한 순간을 전시하는 공간〉으로 인지하다 보니 불행이나 절망과 같은 부정적인 키워드가 떠오르는 콘텐츠는 피드에 업로드하지 않고 있습니다. 그래서 인스타그램에서는 부정적인 후기 콘텐츠를 찾아보기 힘듭니다. 이러한 콘텐츠는 업로드 자체를 꺼려하기 때문입니다. 이런 것이죠. '나는 다른 사람들이 봤을 때 행복한 사람이고 싶어. 나는 행복을 추구하는 사람이야. 그러니 내 인스타그램 피드에는 이런 나쁜 콘텐츠는 올리고 싶지 않아.' 지금껏 가꿔온 피드를 망치고 싶어하지 않습니다. 우리가 예쁘게 사진을 촬영할 수 있는 환경만을 마련해 주기만 해서는 안 되는 이유, '찍게 만드는 것'에만 집중해선 안 되는 이유입니다. 우리 콘텐츠를 경험한 유저들이 정말로 자랑하고 싶다는 생각이 들게끔, 자발적으로 업로드하고 싶게 만들 수 있게끔 '행복하다'라고 느낄 수 있는 경험도 함께 제공해주어야 합니다. 판매하는 상품이나 서비스 같은 콘텐츠의 본질을 통해 고객 만족을 실현하고 사진까지 예쁘게 찍을 수 있는 환경도 마련해주어야 합니다.

인생사진관의 큰 성공 이후 수많은 전시가 '예술 작품을 보러 가는 전시' 에서 '사진 찍고 노는 곳' 으로 바뀌었습니다.

　인생사진관은 국내 전시 문화의 트렌드도 바꿔 놓았습니다. 보통 '전시'라는 키워드는 굉장히 우아하고 세련된 느낌을 주는 단어입니다. 그리고 보이지 않는 벽이 존재하는, 거리감이 느껴지는 단어이기도 합니다. 일반인이 가는 장소보다는 미술이나 패션 등의 예술계에 있는 사람들만 가는 곳이라는 느낌이 존재했습니다. 하지만 최근의 전시는 인스타그래머와 트렌드세터의 성지입니다. 인생사진관의 큰 성공 이후 수많은 전시가 '예술 작품을 보러 가는 전시'에서 '사진 찍고 노는 곳'으로 바뀌었습니다. 많은 사람들이 예쁜 사진을 남길 수 있는 전시회에서 사진을 찍고 인스타그램에 업로드한 사진이 또 다른 고객을 불러오는 모습을 보고 이와 비슷한 성향의 전시가 우후죽순으로 생겨났습니다.

실제로, 제 강의를 들었던 수강생분들 중에는 전시 기획자 분들이 계셨습니다. 한 분이 제 강의를 들으신 후 두 분에게 제 강의를 소개해주셔서 총 세 분이 듣고 가셨습니다. 그리고 강의 때 이 분들께 같은 질문을 했습니다. "전시 기획하실 때 가장 중요하게 생각하는 것이 어떤 건가요?" 세 분의 대답은 모두 같았습니다. "어떻게 하면 고객들이 많은 사진을 찍고 SNS에 공유하게 만들 수 있을까?"를 가장 중요하게 생각한다고 하셨습니다.

예쁜 사진을 찍을 수 있는, 인스타워씨한 전시 공간(포토존)은 수많은 사람들의 발길을 유도하고, 이들이 다녀간 이후에 생기는 인증샷은 새로운 유저들의 발길을 유도하게 됩니다. 마찬가지로 새로운 유저들도 '인증샷'이라는 흔적을 남김으로서 다시 또 새로운 유저들의 발길을 유도하게 됩니다. 이는 인스타워씨 마케팅의 가장 큰 장점입니다. 한 번의 세팅으로 자발적인 후기 유도와 '0원 마케팅'이 가능합니다.

✏ 업로드하게 만들어라! ✏

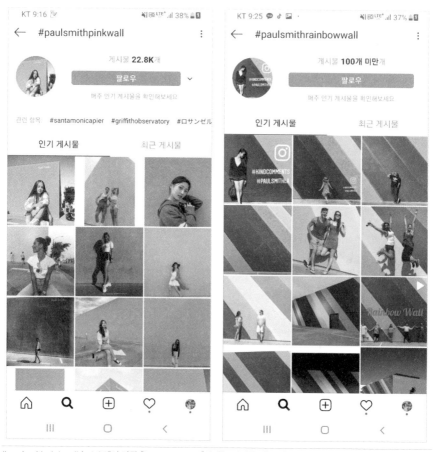

#paulsmithpinkwall 는 LA에서 가장 "Instagrammed"하다는 평가를 받고 있습니다.

비비드 컬러를 활용한 또 좋은 예시가 있습니다. 바로 폴 스미스의 핑크워
#paulsmithpinkwall 입니다. LA의 뉴스 레터를 전달하는 losangeleno(https://
losangeleno.com/places/paul-smith-instagram-landmark/)에 따르면
#paulsmithpinkwall 는 매 년 55,000명 이상의 방문객을 끌어들이는 LA의 랜
드마크라고 합니다. 실제로 #paulsmithpinkwall (이하 핑크 벽)는 LA에서 가장
"Instagrammed"하다는 평가를 받고 있습니다. 인스타그램에 #paulsmithpinkwall 해
시태그를 검색하면 전 세계의 유저들이 업로드한 사진을 볼 수 있으며, 한국 사람이

올린 게시물도 심심치 않게 볼 수 있습니다.

인스타그램을 핫하게 즐기는 유저들은 특별한 눈을 가지고 있습니다. "저기서 사진 찍으면 인생샷 찍을 수 있겠다!"라는 생각이 드는 공간을 알아보는 특별한 눈을요. 핑크 벽에 대한 해외의 칼럼이나 기사를 찾아보면 폴 스미스에서 일부러 사람들이 사진을 찍게끔 설계한 것 같진 않습니다. 핑크색으로 건물을 칠했고 어쩌다 보니 인스타그램이라는 매체를 통해 "예쁘게 사진 찍기 좋은 랜드마크"로 알려지게 된 것 같습니다.

[*]2017년 6월, 이 핑크 벽은 보름간 잠시 무지개 벽이 되었던 적이 있습니다. 동성애 퍼레이드인 LA PRIDE에 참여하는 성 소수자를 응원하기 위한 일종의 캠페인이었습니다. 해당 캠페인은 인스타그램 본사와 함께 진행했으며, 유명 인플루언서들이 폴스미스와 인스타그램이 협업한 캠페인의 소식을 전해주었습니다. 덕분에 예쁜 벽 사진과 함께 성 소수자를 응원하는 게시물이 생성되기 시작했습니다. BOF의 기사에 따르면 #rainbowwall 로 잠시 변신을 한 기간 동안 매장의 방문객과 함께 매출에 긍정적인 변화가 있었다고 합니다. 예쁜 벽을 통해 사진을 찍게 만들고, 의미 있는 캠페인을 통해 인스타그램에 업로드할 이유를 만들어 준 좋은 사례입니다. 폴 스미스의 캠페인은 유저들이 예쁜 사진을 찍을 수 있는 기회와 함께 사진의 업로드만으로도 성 소수자를 응원할 수 있다는 메시지를 전달할 수 있는 계기를 만들어 주었습니다.

참조 링크

[losangeleno] It Costs $60,000 a Year to Upkeep This Instagram Landmark

참조 링크

[businessoffashion] In the Age of Instagram, Murals Take on New Meaning

공간은 고객에게 특별한 경험을 제공해주는 곳, 그리고 고객이 소비를 하는 가장 중요한 이유 중에 하나입니다.

인스타그램은 공간 디자인의 트렌드도 바꾸어 놓았습니다. 아니, 기존의 공간이라는 개념이 인스타그램으로 인해 확장 되었다고 생각합니다. 인스타그램이 활성화되기 이전의 공간은 그저 브랜드와 고객 간의 접점 정도였다면, 현재의 공간은 고객에게 특별한 경험을 제공해주는 곳, 그리고 고객이 소비를 선택하는 가장 중요한 이유 중에 하나가 되었습니다.

국내에서 #인생사진관 이 국내의 전시 문화와 트렌드를 바꾸어 놓았다면, #경성의복 은 국내의 의상대여점의 문화와 트렌드를 바꾸었습니다. 매장내의 '포토존'이라는 요소 하나 만으로요. 경성의복에서 의상 대여를 하면 경성의복 내에 있는 포토존에서 사진 촬영을 할 수 있는 시간을 15분 제공해줍니다. 바로 위의 사진이 경성의복 내부의 포토존에서 촬영한 사진입니다. 포토존의 공간이 예쁘다 보니 많은 유저들이 해당 사진을 접하면 '나도 찍고 싶다'라는 생각을 하고, 해당 포토존에서 사진을 찍기 위해선 경성의복에서 의상 대여를 해야 한다는 사실을 알게 됩니다. 실제로 경성의

복은 몇 년째 수많은 고객이 매장을 방문해 항상 붐비는 의상 대여점입니다. 포토존에서 사진을 촬영할 수 있는 시간을 딱 15분만 제공해주는 이유는, 다른 고객들도 촬영을 할 수 있도록 하기 위한 경성의복의 배려입니다. 정말 재미있는 건, 의상을 대여한 이후 포토존에서 15분 동안 사진 촬영을 하고 난 후, 다시 15분 이상의 시간을 줄을 서서 기다리면서 다시 한 번 포토존에서 사진 촬영을 하려고 하는 고객들이 많습니다. 1분 1초가 소중한, 약속된 의상대여 시간의 큰 부분을 밖이 아닌 매장 내에서 사용합니다.

저는 2017년부터 준비한 스냅 사진 플랫폼 사업을 2019년부터 본격적으로 시작했습니다. 고객분들 중에는 개화기 의상 컨셉의 스냅 사진을 촬영하고자 하는 고객 분들이 종종 계십니다. 대부분의 고객 분들이 경성의복처럼 매장 내에 예쁜 포토존이 있는 의상 대여점에서 의상을 대여하시고 저희 작가님들께 "매장 내의 포토존에서도 사진을 찍어주세요."라는 요청을 하십니다. 약속된 촬영 시간은 이동 시간을 포함하여 2~3시간, 이 중 포토존 내부에서의 촬영과 외부로의 이동 시간까지 감안하면 최소 30분의 시간이 본 촬영 외에 소비가 되어 버립니다. 수많은 고객 분들이 이러한 기회비용을 투자하면서도 매장 내의 포토존에서 꼭 촬영을 하고 있습니다.

종종 이런 생각이 듭니다. '예쁜 옷을 빌려 입고 예쁜 사진과 추억을 남기고 싶은 것'에 대한 니즈 보다 '예쁜 포토존에서 예쁜 사진과 특별한 경험을 남기고 싶은 것'에 대한 니즈가 더 큰 것이 아닐까? 하는 생각이요.

#조양방직을 검색하면 대체로 비슷한 구도의 사진이 많이 올라와 있는 것을 확인할 수 있습니다.

강화도에 #조양방직 이라는 카페가 있습니다. 갈 때마다 수많은 사람들이 줄을 서서 카페를 이용하곤 합니다. 이 많은 사람들은 도대체 왜 엄청난 줄을 기다리면서 해당 카페에 방문할까요? 카페의 음료나 디저트가 너무 맛있어서? 관광지여서? 물론 다양한 이유가 존재하겠지만 가장 큰 이유는 역시 사진입니다. 인스타그램에 #조양방직을 검색하면 대체로 비슷한 구도의 사진이 많이 올라와 있는 것을 확인할 수 있습니다. 타지에서 #조양방직 을 가는 분들의 가장 큰 이유는 역시 인스타그램을 통해서 보았던, #조양방직 내부에서 예쁜 구도의 사진을 그대로 따라 찍기 위함입니다.

요즘은 이러한 포토존에 가면 재미있는 문화가 있습니다. 인스타그램을 통해 접하게 된 대부분의 포토존은 특정 구도에서 찍어야 예쁘게 사진을 남길 수 있는 특징이 있습니다. 그렇기 때문에 누군가가 특정 자리에서 비켜주지 않으면 촬영을 할 수가 없습니다. 가장 예쁜 자리에 누군가 있으면 기다렸다가 사진을 찍기도 하지만, 요즘은 특정 자리가 비어 있는 경우가 많습니다. 포토존이 만약 카페 내부에 한 자리에 있다면, 보통은 이 자리를 비워 놓습니다. 사람이 꽉 차 빈자리가 없다고 하더라도요. 해당 장소에 방문한 사람들의 이유가 대부분 그 자리의 포토존이라는 것을 서로가 인지하고 있기 때문에 해당 자리는 공석처럼 비워 놓습니다. 그리고 다른 곳에 자리를 잡아 놓고 해당 자리에서 사진을 찍고 다시 맡아 놓은 자리로 돌아가곤 합니다. 그리고 사진을 찍기 전에 얌전히 기다리기도 하고, 서로가 서로에게 사진을 부탁해서 촬영을 해주는 모습도 쉽게 볼 수 있습니다. 인스타그램이 만든 재미있는 이 문화는 해외에서도 볼 수 있는 모습입니다.

조양방직은 1933년에 설립된 우리나라 최초의 방직회사였습니다. 공장의 모습이었죠. 방직 회사는 1958년에 경영난으로 문을 닫았고, 이후 단무지 공장, 젓갈 공장이 되기도 했다가 문을 닫고 '폐 공장'이 되었습니다. 이후 30년 정도의 시간이 지난 후 조양방직은 리모델링을 통해 지금의 카페도 아닌, 공장도 아닌 모습을 하게 되었습니다. 살아있는 역사박물관 그 자체이면서 동시에 카페가 되었습니다.

소위 '요즘 애들'로 통하는, 인스타그램의 큰 성장을 주도한 밀레니얼 세대는 이러한 아날로그, 레트로 감성을 좋아합니다. 저를 포함한 밀레니얼 세대는 아날로그와 디지털을 모두 경험하며 성장한 축복 받은 세대입니다. 아날로그로부터 얻을 수 있는 느림의 미학과 더불어 일상을 더 편하게 가꾸어준 디지털의 빠름이 공존하는 세상에서 나고 자랐습니다.

시대의 흐름에 따라 아날로그는 점차 디지털로 대체되어 가는 중입니다. 밀레니얼 세대(와 그 윗 세대에게)는 이에 대해 안타까운 감정을 가지고 있는 것 같습니다. 아날로그 하면 어린 시절의 추억이 떠 오르게 되고, 더 자주 마주하는 디지털에서는 경험할 수 없는 것들을 아날로그를 통해 경험할 수 있기 때문에 더 많이 찾게 되는 것 같습니다. 그러다 보니 보통 '갬성'으로 통하는 '인스타 감성'이라고 하면 '아날로그 감성'과 비슷합니다. 따뜻한 색감의 사진, 오래된 필름 사진 같은 프리셋 필터를 가진 사진, LP나 공중전화기 부스 같은 오래된 물건들, 손글씨, 다이어리 등. 이러한 아날로그의 감성은 X세대와 *밀레니얼 세대에게는 어렸을 때의 향수와 공감을, Z세대에게는 새로운 경험을 제공해주고 '뉴트로'라는 새로운 문화의 트렌드가 되었습니다.

*X세대 네이버 지식 백과에서는 X세대를 '1968년을 전후해서 태어난 세대로서 정확한 특징을 설명하기가 모호한 세대'로 정의하고 있습니다. Z세대의 부모 세대로 표현하기도 합니다.

*밀레니얼세대 M세대, Y세대라고도 하는 밀레니얼 세대는 1980년대 초~1995년 사이에 태어난 세대를 의미합니다. 현재 인스타그램을 포함한 온라인/문화 콘텐츠의 트렌드를 주도하는 세대입니다.

*Z세대 1995년~2004년 사이에 태어난 세대. 현재 10대~20대 중반으로, 빠르게 생겨나는 디지털 콘텐츠의 트렌드를 주도하는 세대입니다. 시간이 지남에 따라 경제력이 강해지면서 수 많은 브랜드의 타겟이 되고 있습니다.

아는 사람만 알던 아날로그 감성의 앤틱한 공간이 인스타그램을 통해 많이 알려지고 있습니다.

사실, 이런 사례는 우리 주변에서도 쉽게 찾아볼 수 있습니다. 벽제역이나 용마랜드도 이와 비슷하게 알려지기 시작했습니다. 폐역으로 알려졌던 벽제역은 현재 출입이 불가능하지만 아는 사람들만 아는, 예쁜 사진을 촬영할 수 있는 장소였습니다. 인스타그램을 통해 점점 많은 사람들이 방문하는 명소가 되었고 유명 공중파 방송에까지 소개가 되는 관광지가 되었습니다. 용마랜드도 마찬가지로 폐 놀이공원이었습니다. 하지만 해당 장소를 방문하여 예쁜 사진을 촬영한 유저들이 인스타그램에 하나 둘 공유하기 시작하면서 예쁜 사진을 촬영하고자 하는 사람들이 몰리는 명소가 되었습니다. 시대의 흐름에 따라 버려진, 오래된 아날로그 공간이 인스타그램의 감성, 디지털과 만나 새로운 경험을 느낄 수 있는 공간으로 재탄생했습니다.

/ 업로드해야 하는 이유 만들어주기 /

뿌듯함은 자연스럽게 '자랑하고 싶다'는 생각과 연결이 되고, SNS를 통해 이케아 가구의 콘텐츠가 공유됩니다.

　수많은 가구 브랜드 중 가장 많은 후기 콘텐츠가 올라오는 브랜드는 이케아 가구라고 생각합니다. 이케아 가구의 DIY 전략 덕분입니다. 조립된 완제품을 구매하는 것이 아닌, 소비자가 조립해야 하는 반제품의 제품만을 판매합니다. 소비자 입장에서는 조립을 해야 한다는 번거로움이 있지만 조립이 끝난 후의 만족도는 주문만 하면 끝이 나는 완제품과는 비교할 수 없는 뿌듯함을 안겨줍니다. 그리고 이러한 뿌듯함은 자연스럽게 '자랑하고 싶다'는 생각과 연결이 되고, SNS를 통해 이케아 가구의 콘텐츠가 공유됩니다.

DIY 전략은 인스타워씨 마케팅을 기획할 때 정말 좋은 방법입니다. 이케아 가구처럼 고객이 직접 조립하거나 만들 수 있도록 해주어 제품에 대한 고객의 만족도를 높이고, 뿌듯한 기분을 안겨주어 자발적으로 SNS에 자랑할 수 있도록 만들 수 있습니다. 집에서 직접 해먹는 반제품 요리, 주문 제작으로 만드는 가죽 공방 제품, 커스텀 디자인을 입힐 수 있는 상품들 등이 DIY, 반제품을 활용한 예시입니다. 제품의 98%를 만들고, 마지막 2%의 방점만을 고객에게 남겨둠으로써 고객이 '스스로 제품을 만들었다.'라는 생각이 들 수 있도록 하는 것입니다. 또는 제품의 생산 과정부터 고객이 직접 원단이나 재료, 디자인을 선택할 수 있게 만드는 등의 방법으로 제품의 생산 단계부터 고객이 함께 만들었다는 느낌을 주는 방법도 좋습니다.

그래서 저는 강의나 컨설팅을 할 때 항상 "제품을 다 만들어서 주지 말고, 고객님이 참여하여 완성할 수 있도록 해주세요."라는 이야기를 합니다. 주문 제작 케이크의 광고 대행을 맡았을 때도 광고주 분께 이를 활용한 마케팅 전략을 제안한 적이 있습니다. 사실 주문 제작 케이크는 그 자체만으로도 인스타워씨 합니다. 세상에 하나 뿐인 케이크를 브랜드의 파티셰를 통해서 제작할 수 있으니까요. 하지만, 주문 제작 케이크를 주문할 때 고객님이 제품에 대해 관여하는 부분은 채팅 상담으로 "디자인은 이 사진으로 해주세요.""문구는 이렇게 써주세요" 밖에 없습니다. 실제로 제품에 고객의 손때가 묻지는 않습니다. 저는 이 부분이 너무 아쉬웠고 고객 분들이 조금 더 브랜드에서 판매하는 주문 제작 케이크의 제품을 생산하는 과정에 관여하도록, 손때가 묻도록 만들고 싶었습니다.

제가 생각했던 방법은 〈초코펜 주기〉였습니다. 케이크는 전문 파티셰만이 만들 수 있기 때문에 고객분들이 케이크 제작 과정에 참여할 수 있는 기회는 없습니다. 하지만, 완성된 케이크 위에 또는 케이크 판에 고객님이 직접 문구를 적을 수 있게는 할 수 있을 거라 생각했습니다. 그래서 케이크를 찾으러 오시는 고객분들께 초코펜을 함께 제공해주자는 아이디어를 제안했습니다. 초코펜으로 글씨를 적어서 케이크의 마지막 단계를 고객이 완성할 수 있게 하도록. 100% 완성된 케이크를 받아보는 것 보다 98% 완성된 케이크에 고객님의 손으로 2%를 마무리 하면 더 뿌듯하고, 인스타그램에 더 많은 후기가 올라올 것이라 기대했습니다. 하지만, 초코펜이 퀄리티가 생각처럼 좋지 못해서(글씨가 잘 써지지 않음)해당 아이디어는 그저 아이디어로만 남았습니다. 개인적으로 실행하지 못해 정말 아쉬운 아이디어 중 하나입니다. 마음 같아선 예쁘게 글씨를 쓸 수 있는 초코펜을 직접 개발하고 싶었습니다.

스쿼트 머신은 제품만 놓고 보면 전혀 예쁘지 않습니다. 하지만, 인스타워씨 합니다.

    인스타워씨 마케팅이란 결국 고객님의 〈자랑하고자 하는 심리〉를 이용한 마케팅 방법입니다. 우리 고객들이 평소에 어떤 콘텐츠를 자랑하는지 분석하고, 고객님이 자랑하는 순간에 우리 브랜드의 제품이나 서비스가 함께 하도록 만드는 방법입니다. 이러한 관점에서 보았을 때 스쿼트 머신 제품은 인스타워씨한 제품이라고 할 수 있습니다.

    스쿼트 머신은 제품만 놓고 보면 전혀 예쁘지 않습니다. 스쿼트 머신 제품을 촬영해서 인스타그램에 업로드해야 하는 이유 또한 없습니다. 그런데도 불구하고 저는 왜 스쿼트 머신을 인스타워씨하다고 이야기 할까요? 인스타그램에 #스쿼트머신 을 검색하면 찾아볼 수 있는 5,000개 이상의 게시물은 어떠한 이유로 공유가 되었을까요?

스쿼트 머신이 인스타워씨한 제품인 이유, 유저들이 #스쿼트머신 해시태그를 통해 게시물을 공유하는 이유는 간단합니다. 스쿼트 머신을 통해서 〈운동하는 내 모습〉을 자랑할 수 있습니다. "스쿼트 머신을 구매 했어!"를 자랑하고 싶은 것이 아니라 "내가 이렇게 운동을 열심히 해!"를 자랑하고 싶은 것이죠. 스쿼트 머신은 그저 이 '자랑'을 위한 하나의 수단이자 도구, 운동기구일 뿐입니다. 실제로 인스타그램에 #스쿼트머신 을 검색하면 유저들이 스쿼트 머신을 활용해서 운동하는 모습의 이미지나 동영상이 나옵니다. 스쿼트 머신만 덩그러니 놓고 찍은 콘텐츠는 찾아보기 힘듭니다.

짧은 동영상 콘텐츠를 촬영하기에 최적화 된 아이템인 탭볼

탭볼이라는 제품 또한 마찬가지입니다. 동그란 고무공은 예쁘지도 않고, 제품만으로는 인스타그램에 업로드할 이유가 전혀 없습니다. 하지만 간편한 운동을 할 수 있게 도와주는 이 탭볼이라는 운동 기구는 짧은 동영상 콘텐츠를 촬영하기에 최적화 된 아이템입니다. 간편하게 운동하기 좋아 보이기도 하고, 재미있는 놀이 같기도 하다 보니 초보자들도 쉽게 접할 수 있는 아이템입니다. 더불어, 이 탭볼을 활용하면 귀엽게 (?) 운동하는 모습을 동영상으로 촬영하여 인스타그램에 업로드할 수 있는 소재가 하나 만들어집니다. 유저들이 인스타그램에 자발적으로 게시물을 업로드하는 것과 함께 브랜드 해시태그인 #탭볼챌린지 라는 해시태그를 유도해서 더 많은 게시물의 공유가 활성화 되도록 유도하기도 했습니다.

INSTAWORTHY
인스타워씨 개념

InstaWorthy

INSTAWORTHY-MKT

**고객이 인스타그램 피드에
자랑하고자 하는 심리를 이용한 마케팅 방법.
즉, 유저들이 피드에 자랑하게 만드는 마케팅**

인스타워씨 마케팅이란 유저들의 〈자랑하고자 하는 심리〉를 공략하는 마케팅 방법입니다.

보통 인스타워씨의 개념을 처음 접하게 되면, 제품의 디자인을 예쁘게 만드는 것에 초점을 맞추려는 분들이 많습니다. 인스타워씨의 사례가 대체로 예쁜 디자인, 예쁜 포토존, 예쁜 패키지가 많기 때문입니다. 하지만 다시 한 번 강조를 하자면, 인스타워씨 마케팅이란 유저들의 〈자랑하고자 하는 심리〉를 공략하는 마케팅 방법이지 단순히 '예쁘게 만들어서 사진을 찍게 만들자!'가 아닙니다. 사진을 찍게 만드는 것 보다 중요한 것은 인스타그램에 업로드하도록 유도하는 것입니다. 유저들이 사진을 찍었다고 해서 100% 유저들의 인스타그램 피드에 업로드되는 것이 아니기 때문입니다. 제품이 너무 예뻐서, 이에 대해 만족도가 높아 촬영 후 곧바로 인스타그램에 업로드할 수도 있지만 대부분의 유저들은 사진을 찍자마자 인스타그램 피드에 업로드하지 않습니다. 스토리에는 업로드할 수 있겠지만, 보통 피드에 업로드할 때는 하루 중, 또는 최근 며칠간 찍었던 사진 중 가장 마음에 드는 사진을, 다수의 어플을 활용하여 예쁘게 보정한 후에 업로드합니다. 인스타워씨 마케팅은 이러한 유저들의 특징을 이용한, 고객이 찍은 수많은 사진 중 우리 브랜드의 상품이나 서비스가 고객의 인스타그램 피드에 업로드 될 수 있도록 유도하는 마케팅 방법입니다.

인스타워씨 마케팅에 성공하기 위해서는 우리 브랜드에서 판매하는 제품이나 서비스를 고객님이 접했을 때 '자랑할 만 한 것'이 되도록 해야 합니다. 이 때 우리 브랜드의 상품이나 서비스가 고객님의 무언가(운동하는 모습이나 예쁜 셀피, 럽스타그램 등)를 자랑할 수 있도록 도와주는 도구가 되는 것이 핵심입니다. 유저들이 인스타그램에 업로드하는 대부분의 콘텐츠는 "나의 가치를 높일 수 있는 무언가"를 자랑하고자하는 의도가 깔려 있기 때문입니다. 명심하세요! 주인공은 항상 인스타그램에 사진을 업로드하는 고객님입니다! 우리 브랜드의 상품이나 서비스가 아닙니다.

고객 분들이 콘텐츠와 함께 우리 브랜드의 해시태그도 함께 업로드할 수 있도록 유도해주시는 것이 좋습니다.

인스타워씨 마케팅을 성공할 경우 내가 굳이 광고나 마케팅을 하지 않아도 고객 분들이 자발적으로 우리 브랜드의 콘텐츠를 만들어 준다는 장점이 있습니다. 인스타그램을 하지 않아도 인스타그램 마케팅이 가능한 매력적인 마케팅 방법이죠!

하지만, 인스타워씨 마케팅에도 단점이 하나 있습니다. 고객이 브랜드에 대한 해시태그를 남겨주지 않으면 경쟁사의 홍보가 될 수도 있다는 점입니다. 예를 들어 인스타그램에서 롯데월드의 회전목마 사진을 보고 "오! 여기 너무 예쁘다! 에버랜드가서 우리도 회전목마 사진 찍자!"가 되는 경우입니다. 앞서 소개한 스쿼트 머신의 예시도 마찬가지입니다. 스쿼트 머신 사진과 함께 브랜드에 대한 정보가 없는 게시물을 접하게 되면, 우리 브랜드에서 판매하는 스쿼트 머신이 아닌 다른 경쟁사의 스쿼트 머신을 구매할 수도 있습니다. 그렇기 때문에 우리 브랜드의 콘텐츠를 대신 올려주는 고객 분들이 콘텐츠와 함께 우리 브랜드의 해시태그도 함께 업로드할 수 있도록 유도해 주시는 것이 좋습니다. 인스타워씨 마케팅에 우리 브랜드의 해시태그도 함께 업로드하도록 만드는 마케팅을 #해시태그마케팅 이라고 합니다.

저는 최근 지역의 관광 부서와 함께 프로젝트를 진행하는 일이 많아졌습니다.

　요즘 제가 도전하고 있는 프로젝트가 있습니다. 바로 특정 지역 특정 장소를 유명 관광지, '예쁜사진을 남길 수 있는 포토존'으로 기억하기 좋은 장소로 만드는 일입니다. #여기가포토존 이라는 여행 미디어를 운영하게 된, 계정 운영의 가장 순수한 목적이 사람들은 잘 모르는 예쁜 포토존을 소개하기 위함이었습니다. 지금은 출입이 통제가 된 일산의 폐역을 알리는 것을 시작으로 지방 도청과 시청을 광고주로 모시면서 저의 사업은 점차 구체화 되어가는 중입니다.

최근에 인천 남원 영천 지역의 광고주(시청)를 통해 포토존을 개발하고 알리는 프로젝트를 진행했습니다. 프로젝트 진행 중 나름 만족스러운 결과를 얻었습니다. 해당 지역의 #남원 #광한루 해시태그가 꾸준히 증가하는 모습을 보이고 있고 해당 장소 태그의 게시물도 점점 쌓여가는 중입니다. 장기화 된 코로나의 여파로 프로젝트 진행 초기에는 가시적인 성과가 없었지만, 점차 시간이 지나면서 가시적인 성과가 인스타그램의 해시태그를 통해서 나타나기 시작했습니다. 아직 유명 여행지로의 발돋움은 하지 못했지만, 이렇게 꾸준히 자발적인 유저들의 후기성 게시물이 생겨난다면 분명히 유명 여행지로도 떠오를 수 있지 않을까 하는 기대감이 있습니다. 저희가 처음 일산의 폐역을 발견했을 때에도 인스타그램에 게시물이 1천개도 되지 않았지만 차차 알려지기 시작하고 다양한 미디어에 소개가 되면서 엄청나게 많은 게시물이 쌓이는 모습을 보았습니다. 이처럼 인스타그램을 통해 유명 여행지가 된 사례는 이 외에도 제 책에 자주 등장했던 #천국의계단 사례나 #뮤지엄산, #sripanwan, #용마랜드, #조양방직 등이 있습니다. 원래는 아는 사람만 아는 예쁜 장소였지만 인스타그램을 통해 차츰 알려지기 시작하면서 관광 명소가 된 사례입니다. 정확히는 하나의 포토존 구도가 알려지기 시작하면서부터 유명해지기 시작했습니다.

특정 오프라인 장소를 명소로 만드는 가장 좋은 소셜 미디어는 인스타그램이라고 생각합니다. 다른 인스타그래머가 업로드 한 예쁜 포토존의 사진을 보면서 '나도 가서 찍고 싶다'라는 생각을 바로 행동으로 옮기게 만들기에 너무 좋습니다. 특정 장소를 알면 바로 가서 사진을 촬영할 수 있으니까요 단 1장의 사진만으로도 마케팅이 충분하다는 것이 가장 큰 장점입니다.

요즘은 여행을 갈 때 가장 중요하게 생각하는 요소가 '사진' 입니다. "왜 그 지역/장소를 방문하나요?"라는 질문에 '사진 찍으려고요!'라고 대답합니다. 특정 장소를 방문하는 이유가 먹거리를 위해 특별한 경험을 위해 추억을 위해 보다 '사진 1장을 위해서'인 경우가 정말 많아졌습니다.

그래서 저는 최근 지역의 관광 부서와 함께 프로젝트를 진행하는 일이 많아졌습니다. 조금 극단적으로 표현하자면 여행객들은 사진 1장을 위해 돈과 시간을 투자하는 것을 전혀 아까워하지 않습니다. 저와 여기가포토존, 위드위너스 팀에서 하는 역할은 이 1장의 예시 사진을 만드는 일입니다. 광한루원의 '달'이라는 키워드를 활용하여 달 조형물의 설치를 제안했고 이를 포토존으로 활용하여 예쁜 사진을 촬영할 수 있는 구도를 콘텐츠를 통해 안내했습니다. 결과적으로 프로젝트 진행 이후 여기가포토존에서 제안하는 구도의 사진 게시물이 점점 증가하는 것을 #광한루 해시태그를 통해 확인하고 있는 중입니다.

오프라인의 매장을 지역 명소를 홍보하기 위한 수단으로서 이런 심리를 이용하면 크게 광고 활동을 하지 않아도 충분히 마케팅이 가능하다는 것을 제가 직접 경험하고 있습니다. 용마랜드는 원래 폐 놀이공원으로 많은 사람들에게 무료로 개방이 되었던 장소이지만 많은 사람들이 방문하기 시작하면서 입장료를 받고 있음에도 불구하고 여전히 인스타그래머들 사이에서는 예쁜 사진을 촬영할 수 있는 명소가 되었습니다. 유저들이 사진을 찍을 수 있도록 만드는 '포토 포인트'는 우리가 굳이 마케팅을 하지 않아도 엄청난 마케팅 효과를 가져다 줄 수 있는 중요한 요소입니다. 제 책에 소개한 제 사례로는 '케이크 포토존', '광한루 달'이 있습니다.

CHAPTER. 04

해시태그 마케팅

인스타워씨 마케팅을 요약하면 이렇습니다. 고객이 자발적으로 사진을 찍게 만들고, 인스타그램에 업로드하도록 만드는 것. 여기에 우리 브랜드 해시태그까지 입력하게 만든다면, 해시태그 마케팅이 됩니다.

저는 인스타그램 마케팅은 크게 3가지 단계를 거친다고 이야기 합니다.

1) 찍게 만들어라!
2) 업로드하게 만들어라!
3) 해시태그를 입력하게 만들어라!

고객님이 인스타그램에 자발적인 후기를 업로드하기 위해서는 꼭 사진을 촬영해야만 합니다. 그래야 인스타그램에 콘텐츠로서 공유가 될 수 있으니까요. 그렇기 때문에 브랜드는 고객님이 자발적으로 사진이나 동영상을 촬영할 수 있는 환경을 만들어주어야 합니다. 하지만 우리 브랜드의 제품이나 서비스를 경험한 후 사진 촬영을 했다고 해서 100% 인스타그램에 업로드해주지 않습니다.

인스타그램에 업로드할 수 있을만한 '거리'를 만들어 주어야 합니다. 인스타워씨하게, 자랑하고 싶게요! 마지막으로, 우리 #브랜드명 을 포함한 우리 브랜드의 해시태그를 쓰게 만들어 주어야 합니다. 그래야 다른 잠재 고객 분들이 해당 콘텐츠를 통해 우리 브랜드의 존재를 알 수 있습니다.

해시태그 마케팅에 대한 내용은 저의 첫 번째 책인 〈0원으로 하는 인스타그램 #해시태그 마케팅〉책에도 내용을 다뤘던 만큼, 이번 책에서는 이전 책에서는 소개하지 못했던 사례들을 소개하고 이에 대한 분석을 하는 케이스 스터디 형태로 해시태그 마케팅을 소개하도록 하겠습니다.

✏️ 지코의 #아무노래챌린지 ✏️

지코가 #아무노래챌린지 를 하면서 공략한 부분이 바로 '밈'이라는 트렌드입니다.

소셜 미디어에서 #해시태그마케팅 이 얼마나 큰 위력을 가지고 있는지, 그리고 '틱톡의 잠재 성장력이 얼마나 대단한지'에 대해 눈으로 직접 확인할 수 있는 계기가 되었던 사례입니다. 그리고 소셜 미디어 상에서 새로운 콘텐츠가 어떻게 생성이 되고 유통이 되는지에 대한 "콘텐츠 유통"과정도 눈으로 직접 확인하기 좋은 교과서 같은 사례입니다. 최근 유행하고 있는 #챌린지마케팅 의 시발점이라고도 할 수 있는 사례이죠.

#아무노래챌린지 의 시작은 틱톡이었습니다. 지코가 '아무노래' 앨범을 내면서 아무노래 노래의 일부 중 가장 하이라이트가 되는 45초 정도의 짧은 부분을 간단하고

재미있는 안무로 구성하여 만들었습니다. #아무노래챌린지 는 지코가 만든 이 45초 정도의 짧은 안무를 아무노래 에 맞추어 따라서 춤을 추는 것을 의미했습니다.

지코는 틱톡과 인스타그램에 #아무노래챌린지 를 시작하는 영상을 업로드 했고, 수많은 유저가 이를 따라하며 #아무노래챌린지 라는 해시태그를 입력했습니다. 틱톡커, 인스타그래머, 유튜버 등 수많은 인플루언서가 이를 따라하며 #아무노래챌린지의 노출이 폭발적으로 증가했고, 이는 곧 일반 유저들도 쉽게 따라하는 계기가 되었습니다. 이 챌린지의 성공은 사실 인스타그램의 성공 사례라기보다는 틱톡의 성공 사례로 보는 것이 맞습니다. 틱톡커들에 의해 가장 먼저 확산이 되기 시작했고, 틱톡에서 만든 게시물을 인스타그램에 공유하면서 인스타그래머들도 함께 참여한 경우가 많았기 때문입니다.

틱톡이라는 플랫폼의 가장 큰 장점은 유저들이 콘텐츠를 만들 때 콘텐츠의 음악이나 영상 구성을 크게 고민하지 않아도 된다는 점입니다. 누군가가 콘텐츠를 만들면서 특정 음악을 사용하면 다른 유저는 터치 몇 번으로 이 노래를 사용할 수 있습니다. 다른 사람의 콘텐츠를 보다가 마음에 드는 음악이 있으면 그 음악을 터치 몇 번만으로 내 콘텐츠에 가지고 올 수 있습니다. 또한, 틱톡은 "밈"이라는 트렌드를 이끌어낸 플랫폼이기도 합니다. 밈이란 쉽게 설명하면 모방 콘텐츠를 의미합니다. 모든 걸 다 따라 베끼는 카피가 아닌 다른 사람이 만들어 놓은 일정한 포맷의 콘텐츠를 내가 나만의 스타일로 "재해석해서" 따라하는 것을 의미합니다. 다른 사람이 만들어 놓은 콘텐츠의 포맷(음악, 형식, 구도 등. 틱톡은 이 모든 것을 제공해줍니다)에 내 얼굴과 함께 나만의 스타일로 재해석 하면 됩니다. 내 얼굴만 있다면 사실상 모든 콘텐츠의 제작이 가능합니다.

지코가 #아무노래챌린지 를 하면서 공략한 부분이 바로 이 밈이라는 트렌드입니다. 지코가 만든 짧은 45초의 노래와 안무는 곧 수많은 틱톡커가 따라하는 밈 콘텐츠가 되었고, 인스타그램, 유튜브로 확장 되면서 엄청난 트렌드가 되어버렸습니다. 소위 "인싸"라고 하는 유저들은 모두 이 #아무노래챌린지 에 동참했습니다. 덕분에 아무노래 는 오랜 시간 음원 차트에서 1위를 했습니다. <u>가온차트에서 최초의 주간차트 1위 7회 달성을 했다고 합니다.</u>

참조 링크

[더팩트] 지코, '아무노래'로 가온차트 최초 7주 1위

#아무노래챌린지 이전에 이러한 사례가 꽤 많습니다. #oldtownroadchallenge 도 유명한 사례입니다. #oldtownroadchallenge 도 마찬가지로 'old town road'라는 노래의 짧은 일부분에 맞추어 카우보이 흉내를 내는 콘텐츠를 공유하는 놀이였습니다. 신인 가수인 Lil Nas X는 이 한 곡으로 데뷔해 빌보드 차트 1위를 이루어 내기도 했습니다. 틱톡과 함께 확산된 밈 트렌드는 신인 가수를 빌보드 차트 1위로 만들어내는 파급력을 가지고 있습니다.

#아무노래챌린지와 #피버챌린지 의 차이점은 딱 하나 뿐이지만, 결과는 완전히 달랐습니다.

국내에도 많이 알려지진 않았지만 박진영의 #feverchallenge 도 있습니다. #feverchallenge 는 #아무노래챌린지 보다 먼저 시작되었습니다. 포맷은 둘 다 똑같습니다. 지코와 박진영의 노래와 안무를 따라해서 해시태그를 입력한 게시물을 업로드하면 되는 방식이었습니다. 하지만, 지코의 #아무노래챌린지 는 모르는 사람이 없을 정도로 많은 유저가 따라하고 노출/확산이 된 반면, 박진영의 #feverchallenge 는 따라 하는 사람도 많지 않고, 박진영의 맨파워에 비해 적은 노출/확산이 되었습니다.

어떠한 차이점 때문에 지코는 대 성공을, 박진영은 기대 이하의 결과물을 얻었을까요? 같은 포맷이고, 박진영의 #feverchallenge 가 먼저 시작되었는데도 말이죠. 두 사례에는 단 하나의 차이점만이 존재합니다. 지코의 #아무노래챌린지 는 누구나 쉽게 따라할 수 있는 율동 같은 안무였지만, 박진영의 #feverchallenge 는 따라하고 싶어도 따라하기 힘든, 너무 어려운 안무였습니다. #아무노래챌린지 는 누구나 귀엽고 재미있게 따라할 수 있었지만, #feverchallenge 는 아무나 따라할 수 없었습니다.

챌린지 마케팅을 포함한 해시태그 마케팅을 할 때 제일 중요한 포인트는 〈누구나 쉽게 참여할 수 있어야 한다〉입니다. 그래야 조금이라도 더 많은 유저가 참여해서 내가 만든 해시태그가 널리 퍼져 나갈 수 있습니다. 특정한 조건으로 인해 참여부터 제한적이라면 수많은 유저가 우리 브랜드의 해시태그를 사용하는 것을 기대하기 어렵습니다.

✏ 옥탑방 고양이 #겨양아사랑해 ✏

'제품(서비스)은 너무 맘에 들어! 근데 내가 사진을 너무 못 찍었네..'라는 고객이 많다면 해시태그 마케팅을 기획해보시기 바랍니다.

연극이나 뮤지컬 등을 보고 나오면 인스타그램에 후기를 남길만한 사진이 없습니다. 일단 공연 중의 사진 촬영 자체가 금지되어 있고, 내 사진을 찍을 만한 포토존과 같은 장소도 없기 때문입니다. 보통은 공연 전 포토타임 때 사진을 촬영하거나, 티켓 사진을 많이 찍습니다. 모두가 다 비슷한 사진을요. 그러다 보니 자연스럽게 '오늘 내가 연극/뮤지컬 본 것을 인스타그램에 자랑하고 싶은데, 업로드할 만한 사진이 없네.'라는 생각이 들게 됩니다.

고객의 새로운 후기가 업로드 될 수 있는(연극 본 것을 자랑하고 싶은) 상황인데,

예쁜 사진을 찍을 수 있는 환경을 제공해주지 못해서 후기를 놓치는 안타까운 상황입니다. 생각보다 이런 경우들이 굉장히 많습니다. 배송을 통해 제품을 판매하는 브랜드도 마찬가지입니다. '제품은 너무 맘에 들어! 근데 내가 사진을 너무 못 찍었네..' 이 과정을 통해 후기가 업로드 되지 않는 경우들이 생각 보다 굉장히 많습니다.

아마 다들 이런 경험이 한 번쯤은 있지 않으신가요? '자랑하고 싶어서 사진을 찍었는데 내가 찍은 사진이 너무 별로네?'하는 경험이요. 보통 이러한 이유로 고객님이 후기를 업로드 하지 않는 이유에 대한 잘못은 브랜드도, 고객님에게도 없습니다. 하지만, 손해는 브랜드의 몫입니다. 그러니 브랜드에서는 이러한 점을 개선할 수 있도록 많이 신경 써 주어야겠죠! 조금 더 사진을 찍기 좋은 환경을 제공해주거나, 해시태그를 사용하는 행위 자체에 대해 의미를 부여해주는 방법 등으로요.

해시태그는 단순한 키워드일 수도 있지만, 〈강력한 동기부여〉 와 〈메시지〉 의 기능도 합니다.

연극 옥탑 방 고양이는 이를 잘 해결한 모범적인 사례입니다! 인스타그램에 #겨양아사랑해 라는 해시태그가 입력된 게시물이 많으면 많을수록 유기묘에게 사료를 후원하는 캠페인을 진행 중입니다. 옥탑 방 고양이 연극을 본 뒤 인스타그램에 #겨양아사랑해 해시태그만 입력해주면 되는 간단한 참여 방법의 캠페인입니다. '단순히 사진이 예쁘지 않아서 올리지 않을래.'라는 생각을 '이 해시태그를 사용해서 업로드하면 내가 연극 본 것을 자랑할 수도 있고, 유기묘를 도와줄 수도 있는거네?'라는 생각으로 바꿀 수 있습니다.

사진을 예쁘게 찍을 수 있는 환경을 만들어 주진 못 했지만, 고객 분들이 사진을 업로드하고 우리 브랜드의 해시태그를 입력해야 하는 이유를 제공해주었습니다. 해시태그가 갖는 장점이 바로 이 부분입니다. 해시태그는 단순한 키워드일 수도 있지만, 〈강력한 동기부여〉와 〈메시지〉의 기능도 합니다. 내가 특정 해시태그를 사용함으로서 특정 브랜드나 브랜드의 캠페인에 응원 메시지를 전하는 것이죠.

재미있는 것은, 해당 해시태그를 이용하는 모든 유저들이 옥탑 방 고양이 연극을 본 유저들은 아니라는 것입니다. 옥탑 방 고양이 연극을 관람하지 않고도 해당 해시태그를 사용하는 유저들은 왜 이 해시태그를 사용할까요? 다양한 이유가 있겠지만, 스노우 등의 카메라 어플리케이션을 활용해서 고양이 필터의 사진을 촬영한 분, 고양이 사진을 업로드 하는 분, 그리고 유기묘에게 사료를 후원해주는 착한 마케팅에 함께 참여하고 싶은 분들이 해당 해시태그를 사용하는 것 같습니다. 연극을 관람하지 않았지만 '옥탑 방 고양이'라는 브랜드의 해시태그를 사용한 유저들이 많을수록 좋은 것은 당연히 '옥탑 방 고양이'라는 브랜드입니다. 우리 브랜드를 나타내는 해시태그가 많이 공유될수록 우리 브랜드의 가치는 더 커지게 되고, 결과적으로 더 많은 유저들이 참여하는 계기도 될 수 있습니다.

2020년 3월 26일을 기준으로 현재 #겨양아사랑해 해시태그는 21,000개를 기록하고 있습니다. 인기 연극인 #나의ps파트너 해시태그가 9,300개, #그녀를믿지마세요 해시태그가 8,700개 정도를 기록하는 것을 보면 옥탑 방 고양이의 브랜드 해시태그를 공유하는 유저 분들이 얼마나 많은지 알 수 있습니다.

✎ 도브의 #showus 캠페인 ✎

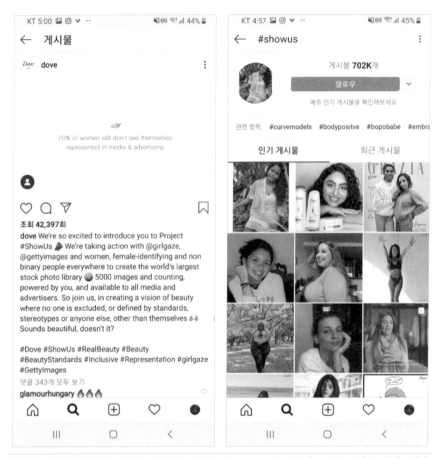

도브의 인스타그램 계정에 업로드 되는 게시물은 대체로 도브에서 판매하는 제품보다는 도브의 브랜드 가치를 나타내는 게시물입니다.

　해시태그는 〈브랜드의 가치를 표현하는 수단〉으로서의 기능도 할 수 있습니다. 도브는 평소 여성 인권의 신장을 위한 활동을 많이 하는 브랜드로 알려져 있습니다. "진정한 아름다움"이라는 도브의 브랜드 가치는 주 고객인 여성분들과의 커뮤니케이션을 돕는 요소임과 동시에 수많은 여성 고객들이 도브라는 브랜드 자체를 더 좋아할만한 이유가 됩니다. 도브가 이야기하는 진정한 아름다움이란 외적으로 완벽한 아름다움이 아닌 누구나 가지고 있는 내면의 자신감과 자존감, 잠재성 등의 아름다움을 의미합니다.

도브에서 이야기하는 '아름다움'을 공유하는 캠페인인 #showus 는 "있는 그대로의 우리 모습"을 의미합니다. 피부의 색을 떠나, 나이를 떠나, 외형의 모습을 떠나 있는 그대로의 우리 모습을 사랑하자는 취지의 이 캠페인은 도브에서 업로드한 게시물을 시작으로 현재 전 세계의 수많은 여성들이 자발적으로 사용하는 해시태그가 되었습니다. 수많은 사람들이 이 해시태그를 매개로 도브의 브랜드 가치에 대해 외치고 있는 중입니다.

도브는 브랜드의 가치를 활용하여 콘텐츠를 제작하고 있습니다. 도브의 인스타그램 계정에 업로드 되는 게시물은 대체로 도브에서 판매하는 제품 보다는 도브의 브랜드 가치를 나타내는 콘텐츠입니다. 도브를 추종하는 팔로워들은 도브의 이러한 점을 좋아해 주고 있으며 도브에서 새로운 캠페인을 진행할 때마다 해당 캠페인에 적극적으로 참여하는 모습을 보이고 있습니다.

도브는 이 외에도 내면의 힘(아름다움)을 키우기 위한 캠페인 #powerofyou, 필터 없는 셀피를 공유하는 캠페인 #myrealselfseptember 등의 해시태그 캠페인을 통해서 자신들의 팔로워들과 함께 도브의 가치를 전하고 있습니다.

인스타그램을 "브랜딩 채널"이라고 이야기할 때마다 도브의 사례를 소개하곤 합니다. 인스타그램을 통해 브랜드의 가치를 전달하고 있는 교과서와 같은 계정이기 때문입니다. 제품 사진을 예쁘게 업로드하는 것만으로는 절대로 브랜딩을 할 수 없습니다. 인스타그램에 업로드하는 콘텐츠를 통해 브랜드의 아이덴티티, 브랜드의 가치, 슬로건 등을 꾸준히 그리고 진정성있게 전달해야 브랜딩이 됩니다.

제 책에 등장한 모든 사례를 제가 책을 통해 소개하는 순서대로 하나 하나 둘러보시면 좋지만, 특히 도브의 경우에는 꼭 제 책의 독자분들께서 살펴보셨으면 하는 사례입니다. 도브를 통해 인스타그램 브랜딩뿐만 아니라 브랜드의 가치를 전달하는 방법을 배울 수 있습니다.

인스타그램 마케팅을 할 때 가장 어려운 점은 역시 콘텐츠입니다. '어떤 콘텐츠를 업로드해야 할까?'에 대한 부분이 가장 어렵습니다. 콘텐츠를 업로드할 때 상품에만 집중하면 한계점이 생길 수밖에 없습니다. 상품 사진이나 상품을 이용하는 모습을 찍어서 업로드하기에는 연출할 수 있는 모습이 제한적이니까요. 만약 다양한 상품을 판매하고, 의류처럼 계속해서 새로운 상품을 업데이트할 수 있다면 상품사진만 예쁘게 찍는 것도 좋은 방법이 될 수 있지만, 그렇지 못한 업종도 분명히 존재합니다. 하나의 메뉴를 판매하는 식당에서 매 번 같은 음식 사진을 찍어서 업로드하는 것은 재미가 없으니까요.

저는 요즘 우리 브랜드의 상품이나 서비스를 노출하지 않고 콘텐츠를 만드는 연습을 하고 있습니다. 직접적인 상품이나 서비스의 노출이 아닌 브랜드의 가치를 담은 콘텐츠를 만드는 연습을 하는 중입니다.

파리게이츠의 #behealthy_behappy

EVENT 02 #behealthy_behappy

행복을 나누면 두배가 된다는 사실, 아시나요?
나의 행복한 웃음이 담긴 모습을 주변 사람들과 공유해 주세요!
포스팅 1건당 1만원이 적립되어 '사랑의전화복지재단'을 통해 치유가 필요한
어려운 이웃에게 기부될 예정입니다.

참여 기간
4월 1일 ~ 4월 30일까지

참여 방법
1) 개인 SNS에 행복한 웃음이 담긴 사진 업로드하기
2) 캠페인을 함께 나누고 싶은 친구 3명 지목하기
3) #파리게이츠 #behealthy_behappy 해시태그는 필수!

기부 금액
포스팅 1건당 1만원. 최대 3,000만원 기부

참여자 이벤트
참여해 주신 분들 중 추첨을 통해 푸짐한 상품을 드립니다.
주변 사람들과 행복도 나누고 선물도 받아가세요!

1등 3명 파리게이츠 캐디백
2등 20명 파리게이츠 30주년 티셔츠 + 모자

파리게이츠에서 진행한 '착한 캠페인'의 취지는 많은 사람들의 참여를 불러 일으켰습니다.

2019년 4월 1달간 진행했던 파리게이츠의 #behealthy_behappy 사례입니다. 개인 SNS에 행복한 웃음이 담긴 사진과 함께 #파리게이츠 #behealthy_behappy 해시태그를 등록하고, 다음으로 캠페인에 참여할 친구 3명을 지목하는 캠페인이었습니다. 게시물 1개당 1만원, 최대 3,000만원을 파리게이츠가 대신 기부해주는 이 '착한 캠페인'의 취지는 많은 사람들의 참여를 불러 일으켰습니다. 재미있는 것은, 같은 기간 동안 메르세데스 벤츠 코리아에서도 같은 내용으로 코즈 마케팅을 진행했지만, 두 브랜드의 결과는 완전히 달랐다는 점입니다. 파리게이츠는 그야말로 대박이 났지만 벤츠는 그러하지 못했습니다.

*코즈 마케팅 착한 마케팅이라고도 합니다. 사회적/공익적 이익을 위해 진행하는 마케팅으로, 유저들의 많은 참여를 유도하기 위해 브랜드에서 종종 캠페인 형태로 진행합니다.

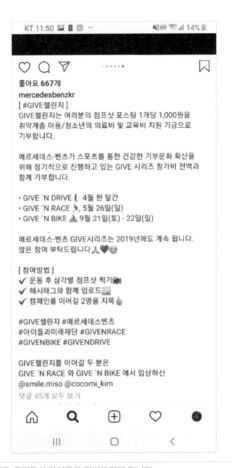

KT 11:50

좋아요 667개
mercedesbenzkr
[#GIVE챌린지]
GIVE챌린지는 여러분의 점프샷 포스팅 1개당 1,000원을
취약계층 아동/청소년의 의료비 및 교육비 지원 기금으로
기부합니다.

메르세데스-벤츠가 스포츠를 통한 건강한 기부문화 확산을
위해 정기적으로 진행하고 있는 GIVE 시리즈 참가비 전액과
함께 기부합니다.

• GIVE `N DRIVE 🏌 4월 한 달간
• GIVE `N RACE 🏃 5월 26일(일)
• GIVE `N BIKE 🚴 9월 21일(토) - 22일(일)

메르세데스-벤츠 GIVE시리즈는 2019년에도 계속 됩니다.
많은 참여 부탁드립니다🙏🖤🙂

[참여방법]
✔ 운동 후 삼각별 점프샷 찍기📸
✔ 해시태그와 함께 업로드📲
✔ 캠페인를 이어갈 2명을 지목👆

#GIVE챌린지 #메르세데스벤츠
#아이들과미래재단 #GIVENRACE
#GIVENBIKE #GIVENDRIVE

GIVE챌린지를 이어갈 두 분은
GIVE `N RACE 와 GIVE `N BIKE 에서 입상하신
@smile.miso @cocomi_kim
댓글 45개 모두 보기

복잡하거나 어려운 참여방법은 유저들의 참여율을 떨어뜨리게 됩니다.

메르세데스 벤츠 코리아 역시 4월 한 달간 #give챌린지 를 진행했습니다. 운동 후, 벤츠의 로고를 상징하는 삼각별 모양을 한 점프샷을 찍고 #give챌린지 해시태그를 입력한 후 해당 캠페인을 이어갈 친구 2명을 지목하는 캠페인이었습니다. 마찬가지로 포스팅 1개 당 1,000원을 대신 기부해주는 '착한 캠페인'이었습니다.

두 캠페인 모두 옥탑 방 고양이의 #겨양아사랑해 캠페인과 마찬가지로 착한 캠페인입니다. 참여를 한다고 내 돈이 나가는 것도 아니고, 참여를 하지 않을 이유가 따로 있는 것도 아닙니다. 오히려 이 캠페인을 통해 "나 착한 일 했어! 칭찬해줘!"를 알

릴 수 있기 때문에 더 많은 참여를 이끌어내기 좋은 소재입니다. 하지만 결과는 2020년 3월 기준 #give챌린지 검색 결과 게시물 501개, #behealthy_behappy 검색 결과 게시물 4,538개입니다. '이미 참여 기간이 약 1년 전(2019년 5월)에 끝난 캠페인이라는 점, '# behealthy_behappy 해시태그는 외국인도 많이 사용한다.'는 점(그래서 파리게이츠는 #behealthybehappy 해시태그가 아닌 #behealthy_behappy 해시태그를 사용한 것이라고 생각합니다)을 고려해도 차이가 굉장히 많이 나는 수치입니다.

#behealthy_behappy 캠페인이 더 많은 게시물이 공유가 된 가장 큰 이유는 〈참여 방법〉입니다. 파리게이츠의 참여방법 1번은 "행복한 웃음"이 담긴 사진 업로드이며, 벤츠의 참여 방법 1번은 "운동 후 점프샷"입니다. 사실 잘 생각해보면 인스타그램을 하는 유저의 90% 이상은 본인의 행복한 웃음이 담긴 사진을 업로드하고 있습니다. 누구나 참여할 수 있다는 것을 의미합니다.

원래 자주 업로드하던 사진, 여기에 추가로 브랜드에서 제시하는 해시태그를 입력하고, 함께할 친구 3명을 지목하기만 하면 됩니다. 하지만, 벤츠는 해당 이벤트를 참여하기 위해서 운동도 해야 하고 벤츠의 로고를 상징하는 삼각별 모양의 점프샷도 찍어야 합니다. 참여 전부터 조건이 너무 많습니다. 복잡하거나 어려운 참여 방법은 유저들의 참여율을 떨어뜨리게 됩니다. 많은 사람들이 참여하길 바란다면 파리게이츠처럼 원래 유저들이 하던 행동을 이용하는 것이 좋습니다.

인플루언서는 우리 브랜드의 해시태그를 공유하는 분위기를 유도하는 역할을 할 수 있습니다.

두 번째 차이점은 〈인플루언서의 활용〉입니다. 해시태그 마케팅을 할 때 인플루언서를 활용하면 큰 도움을 받을 수 있습니다. 해시태그 마케팅이라는 것은 결국 우리 브랜드에서 만든 해시태그를 다른 유저들이 자발적으로 사용할 수 있도록 유도하는 마케팅 방법입니다. 그러다 보니 팔로워를 많이 보유한 인플루언서가 우리 브랜드의 해시태그를 사용해주면 많은 사람들에게 브랜드의 해시태그가 노출이 되고, 자연스럽게 우리 브랜드의 해시태그를 사용하는 유저들도 많아지게 됩니다. 인플루언서가 이러한 분위기(해시태그를 공유하는)를 만드는 역할을 할 수 있습니다.

파리게이츠는 해당 캠페인을 진행하면서 20명의 인플루언서를 활용한 것으로 보입니다. 파리게이츠의 공홈 및 SNS 계정에도 캠페인 소식을 공유했지만, 20명의 인플루언서의 계정에도 해당 소식을 공유하였고, 각 3명씩 지목하여 총 60명에게 직접적으로 해당 캠페인에 참여할 수 있도록 유도하였습니다. 그 결과 파리게이츠의 #behealthy_behappy 캠페인은 단순한 캠페인을 넘어 인스타그램 속에서 하나의 "인싸놀이" 문화가 되었습니다. 서로가 서로를 지목하며 "너도 얼른 캠페인 참여해"를 전달했습니다. 덕분에 이 재미있는 문화이자 놀이인 #behealthy_behappy 캠페인은 캠페인 기간이 끝난 5월 이후에도 꾸준히 인스타그램에 공유되는 모습을 보였습니다. 처음 캠페인에 참여한 유저들은 "착한 캠페인에 참여하자!"는 의도가 컸다면, 5월 이 지난 이후에는 재미있는 놀이를 즐기는 모습을 보였습니다. 요즘 유행하는 #챌린 지마케팅 과 비슷한 구석이 많습니다. '챌린지'라는 키워드만 쓰지 않았을 뿐이지 마 케팅 방식이 모두 똑같습니다. 브랜드가 아닌, 플랫폼의 유저들이 브랜드 해시태그를 자발적으로 사용하게 만드는 해시태그 마케팅은 챌린지 마케팅이 유행하기 이전부터 수많은 브랜드가 사용해 오던 마케팅 방법입니다.

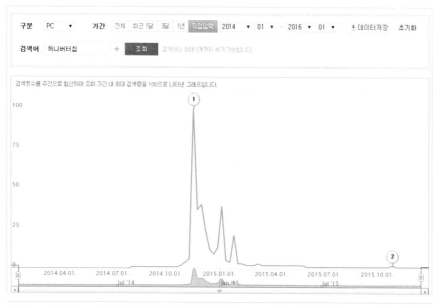

2014년 11월 17일은 네이버에서 '허니버터칩' 키워드가 가장 많은 검색이 된 날짜입니다.

허니버터칩의 사례 또한 인플루언서를 잘 활용한 예시 중 하나입니다. 그저 #인증 샷 문화를 만든 성공 사례 정도로 많이 소개가 되고 있지만, 그 이면에는 중요한 사실 이 하나 숨어 있습니다. 2014년 11월 17일은 네이버에서 '허니버터칩' 키워드가 가장 많은 검색이 된 날짜입니다. 11월 17일은 유명 연예인이 트위터에 "도대체 허니버터 칩 어디서 살 수 있어?"라는 트윗을 올렸던 날입니다. 이 트윗을 계기로 엄청난 검색 쿼리가 발생했고, 해당 이슈 덕분에 허니버터칩이 세상에 많이 알려지게 되었습니다.

이 전의 검색쿼리를 유지했다면 지금의 허니버터칩은 없을 것이라고 생각합니다.

허니버터칩 접신(?) 인증샷 문화는 지금도 조금씩 남아 소셜 미디어에서 허니버터칩의 모습을 종종 볼 수 있습니다.

    당시를 기억해보면, 유명 연예인이 허니버터칩을 찾는 트윗을 올렸고, 연예인을 좋아하는 팬들이 허니버터칩을 '조공'했습니다. 연예인은 당연히 이 소식을 공유했고, 수많은 연예계 팬들이 자신이 좋아하는 연예인을 위해 허니버터칩을 조공했습니다. 일종의 경쟁을 보는 듯 했습니다. 특정 연예인 팬덤의 능력이 곧 허니버터칩 조공을 얼마나 빠르게, 얼마나 많이 하느냐를 나타내는 것 같았습니다. 수많은 팬덤은 안 그래도 귀한 허니버터칩을 구하기 위해 열심히 검색하고 주변의 마트와 편의점을 돌아다녔습니다. 덕분에 허니버터칩의 품귀 현상은 강해졌고, 이 때 귀하디 귀한 허니버터칩을 구매하는 것 자체가 자랑이고, 인증샷을 찍을 수 있는 콘텐츠가 됐습니다. 심지어는 중고나라에서 한 조각 당 500원에 판매가 되는 에피소드가 있을 정도였습니다.

    허니버터칩을 어렵게 구해서 맛을 본 유저들은 모두 자연스럽게 "나는 드디어 허니버터칩을 접신했다!" "난 허니버터칩 먹어봤는데, 넌 아직 못 먹어봤지?"의 메시지를 담은 인증샷 문화가 생겼습니다. 이 때의 인증샷 문화는 지금도 조금씩 남아 소셜 미디어에서 허니버터칩의 모습을 심심찮게 볼 수 있습니다.

인플루언서 마케팅은 해시태그 마케팅을 진행함에 있어서 하나의 트렌드를 만들어

낼 수도, 특정 해시태그의 공유를 폭발적으로 증가시킬 수도 있는 도구이자 수단이될 수 있습니다. 특히, 아직 브랜드 팬덤이 약한 브랜드일수록, 팔로워 수가 적거나 인플루언스가 적은 브랜드일수록 인플루언서를 적극적으로 활용해서 해시태그 마케팅을 진행하는 것이 좋습니다.

✏ 맥도널드의 #mcdstories 사례 ✏

해시태그 마케팅은 굉장히 오래된 마케팅 방법입니다. 트위터가 활성화되던 때부터, 해시태그라는 개념이 등장했던 시점부터 해시태그 마케팅이 있었습니다. 국내에선 트위터가 많이 활성화되지 않았던 터라 해시태그 마케팅의 개념이 빨리 알려지지 않았고, 인스타그램에서도 국내의 해시태그 마케팅 사례는 드물다 보니 아직 많은 분들이 해시태그 마케팅에 대해 잘 모릅니다. 그러다 보니 해시태그 마케팅에 대해 공부를 할 때는 항상 국내의 사례보다는 해외의 사례를 참고해서 공부하고 있습니다. 해시태그 마케팅을 이야기할 때 절대 빠지지 않는 사례가 마크 바이 마크제이콥스에서 진행했던 #castmemarc 사례와 함께 지금부터 설명해드릴 맥도널드의 #mcdstories 입니다!

내용은 "맥도널드와 함께 했던 경험을 #mcdstories 와 함께 공유해주세요!"

맥도널드에서 해당 트위터를 업로드했습니다. 트윗의 내용은 "맥도널드와 함께 했던 경험을 #mcdstories 와 함께 공유해주세요!"였습니다. 맥도널드에서는 당연히 "맥도널드 너무 맛있어!" "직원들 너무 친절해!" "맥도널드 사랑해요!" 등의 반응을 기대했습니다. 하지만 실제로 #mcdstories 해시태그와 함께 공유되는 게시물들의 내용은 이와는 전혀 다른 반응이었습니다.

Results for #mcdstories

Tweets · Top ▾   Refine results »

McDonalds McDonald's
"When u make something w/pride, people can taste it." - McD
potato supplier #McDStories mcd.to/zIlXXu
18 Jan

Douglas Lucas
People use #McDStories, started by @McDonalds, to bash the
fast food joint: is.gd/vs1PMl (@Mediaite)
6 hours ago

Kim Stallwood
My warm memories of McDonald's is to use them as public toilets.
#McDStories
21 Jan

유저들은 예측이 불가능합니다. 우리가 바라는 대로만 행동하지 않습니다.

"맥도널드에 대한 좋은 기억은 맥도널드 매장의 화장실을 사용했을 때이다", "맥도널드 햄버거를 먹고 병원에 갔다", "맥도널드에서 직원과 고객의 난투극을 보았다" 등의 부정적인 피드백이 리트윗 되었습니다. 맥도널드에서 #mcdstories 트윗을 유도함과 동시에 이런 나쁜 이야기가 쏟아져 나오기 시작했습니다. 실제로 맥도널드는 해당 트윗을 업로드한 이후 2시간 만에 해당 트윗을 삭제했습니다.

트위터라는 플랫폼은 소셜 미디어 중에서는 가장 공격적인 플랫폼입니다. 콘텐츠의 포맷 자체가 짧은 텍스트를 기반으로 하다 보니 콘텐츠가 빠르게 생성이 되고, 확산되기를 반복합니다. 익명이 보장이 되고, 서로의 의견과 생각을 자유롭게 나누는 '온라인 토론장' 같은 공간이다 보니 공격적인 내용의 콘텐츠가 쉽게 공유되고 있습니다. 맥도널드에서 트윗을 처음 올렸을 때 안 좋은 내용이 반복적으로 리트윗되다 보니 해당 캠페인을 접한 사람늘은 '좋은 이야기를 적어볼까?'라는 생각보다는 '나도 나쁜 이야기 해볼까?'라는 생각을 하지 않았을까 합니다. 아마도 '맥도널드를 통해 경험한 나쁜 이야기를 공유하면 되는구나!'라는 생각도 했을 것이라 생각합니다.

업로드한 게시물에 대해 처음 공유되는 덧글과 같은 참여형 게시물은 굉장히 중요합니다. 누군가의 의견은 내 생각에 큰 영향을 미치게 되니까요. 그래서 많은 브랜드에서 소셜 미디어를 통한 광고나 캠페인을 진행할 때 미리 덧글 부대(?)를 준비하기도 합니다. 집행하는 광고/캠페인 콘텐츠에 업로드와 동시에 좋은 의견이 담긴 덧글을 남겨서 해당 콘텐츠를 소비하는 유저들에게 브랜드에 대한 긍정적인 인식을 심어주기 위한 하나의 방법이죠.

#mcdstories 사례를 통해서 배울 수 있는 가장 큰 점은 〈유저들의 예측 불가능성〉입니다. 유저들은 예측이 불가능합니다. 우리가 바라는대로만 행동하지 않으며, 통제할 수 없습니다. 우리는 분명 좋은 의도를 가지고 좋은 덧글과 반응만을 기대 하지만, 사실은 그러지 못한 경우들이 많습니다. 국내에서도 현대 자동차의 4행시 이벤트, 자유한국당의 5행시 이벤트 등이 그러했습니다. 좋은 의도로 시작했지만, 되려 브랜드 이미지에 상처가 나는 덧글과 조롱들이 가득했습니다. 그래도 엄청난 이슈가 발생하면서 많은 노출과 트래픽이 발생하긴 했지만, 한 번의 캠페인으로 돌이킬 수 없는 결과가 발생했습니다.

앞서 언급한 대로 유저들은 통제가 불가능합니다. 그렇기 때문에 해시태그 마케팅과 같은 유저들의 참여형 마케팅을 진행할 때는 유저들의 다양한 반응을 미리 가정하고 계산해 놓아야 합니다. 맥도널드에서 원했던, 맥도널드에 대한 긍정적인 반응을 기대했다면 캠페인을 처음 시작했을 당시에 "모든 이야기를 공유해주세요!"가 아닌 "행복한 이야기를 공유해주세요!"라고 접근했어야 합니다. 해시태그도 #mcdstories 가아닌, #mcdhappystories 또는 #mcddelightstories 라는 해시태그를 사용했으면 어땠을까요? 해시태그를 통해 좋은 이야기를 공유해달라는 메시지를 암묵적으로 전달하고 있기 때문에 나쁜 이야기 보다는 좋은 이야기의 트윗이 아마 더 많이 발생했을 거라 생각합니다.

✎ 나이키의 #에어맥스줄서기 ✎

캠핑족에게 새로운 신상 신발을 얻기 위해 줄을 서는 행위는 하나의 문화이자 놀이입니다.

국내에서 진행했던 해시태그 캠페인 사례 중 가장 배울 점이 많은 사례가 나이키의 #에어맥스줄서기 캠페인이라고 생각합니다. 고객 분석, 참여 유도, 캠페인 과정과 성과 모두 완벽했던 사례입니다.

나이키 에어맥스에서는 매년 신상 제품이 나올 때마다 신상 제품을 누구 보다 빠르게 구매하기 위해서 매장 오픈 전날 새벽부터 줄을 서서 기다리는 고객 분들이 있습니다. 텐트까지 들고 와서 밤을 새는 이들을 '캠핑족'이라고 합니다. 나이키에서는 매년 이렇게 줄을 서서 기다리는 캠핑족의 문화를 디지털에서도 만들어낼 수 없지 않을까?라는 고민을 했고, 그 결과물이 #에어맥스줄서기 #airmaxline 입니다.

참조 링크

[월간 디자인] 수만 명이 인스타그램에서 줄을 선 이유는? 나이키 에어맥스 줄서기 캠페인

캠핑족에게 새로운 신상 신발을 얻기 위해 줄을 서는 행위는 하나의 문화이자 놀이입니다. 나이키를 정말 사랑하는 유저들의 애정이자 자신이 나이키를 얼마나 좋아하는지를 나타낼 수 있는 방법이기도 합니다. 누군가는 이들에게 "무슨 신발 하나를 사겠다고 저러냐?"라며 손가락질 할 수 있지만, 이들은 이런 반응과는 반대로 오히려 이러한 문화 자체를 열렬히 즐기고 있습니다.

나이키를 정말로 좋아하는 고객분들에겐 하나의 자랑 '거리' 가 되는 콘텐츠였습니다.

나이키에서는 위의 이미지처럼 실제로 인스타그램에서도 줄을 서고 있는 듯한 일러스트를 제공해 주었습니다. 온라인상에서도 오프라인처럼 줄을 서는 듯한 연출을 해주었습니다. 이를 통해 그저 오프라인에서 즐기던 '그들(캠핑족)만의 문화' 가 대중의 문화가 되었습니다. 오프라인이라는 공간적인 제약과 선착순이라는 시간적인 제약을 온라인으로 해소하여 누구나 쉽고 재미있게 참여할 수 있도록 만들어 주었습니다. 해당 캠페인을 참여한다는 것은 "요즘 뜨는 줄서기 놀이에 참여 했어"를 넘어 "내가 나이키를 진짜 좋아해"라는 것을 간접적으로 전달할 수 있는 수단이기도 했습니다. 나이키를 정말로 좋아하는 고객분들에겐 하나의 자랑 '거리'가 되는 콘텐츠였습니다.

너무나도 당연히 나이키의 신상 제품을 구매하고자 오프라인에서 줄을 선 대부분의 고객들은 온라인에서도 #에어맥스줄서기 해시태그와 함께 해당 캠페인에 참여했습니다. 그리고 이들의 참여 덕분에 짧은 시간 안에 해당 소식을 모르고 있었던 유저들에게 알려지고, 참여를 유도하는 계기가 되었습니다.

어느 날 인스타그램을 하는데 갑자기 내 인스타그램 피드에 싸이월드가 생각나는 캐릭터들이 줄을 서 있는 신기한 모습을 보게 된다면 한 번쯤은 어떤 콘텐츠인지 알아보게 되고, 흥미가 생긴다면 참여도 하게 됩니다. 나이키 신상 제품에 관심이 없더라도 많은 사람들이 하니까, 재미있어 보이니까 하나 둘 참여하게 되는 것이죠. 이렇게 수 만명이 #에어맥스줄서기 #airmaxline 이라는 해시태그를 사용했습니다.

눈에 띄는 일러스트와 함께 실제로 줄을 서고 있는 듯한 모습을 연출하여 유저들의 호기심을 자극하였습니다. 또한, 에어맥스 줄서기 캠페인 사이트를 통해서 싸이월드의 미니미 같은 느낌의 아바타를 제공해주어 일반 유저들도 재미있는 놀이로서 해당 캠페인에 참여할 수 있게 유도하였습니다. 만약 내 아바타(캐릭터)가 줄을 서고 있는 모습을 인스타그램에 업로드 하는데 남들과 다 똑같이 생긴 모습의 아바타라면 이렇게까지 많은 사람들이 참여하지 않았을 것입니다. 싸이월드를 해본 적이 있다면 많이 공감하실 겁니다.

아이러브스쿨이나 싸이월드에서 가장 재미있던 요소 중 하나는 내 미니미를 꾸미는 것이었죠. 내 개성을 시각적으로 표현하기에 가장 좋은 요소였으니까요. 이번 캠페인에 사용된 아바타도 마찬가지입니다. 각자 다르게 생긴 아바타를, 다른 옷을 입고 있는 아바타를, 각자 다른 장신구를 사용한 아바타를 꾸밀 수 있도록 해주었습니다.

사실, 나이키이니까 가능한 캠페인이기도 합니다. 나이키라는 브랜드를 맹목적으로 좋아하는 고객과 유저가 많았기 때문에 빠른 시간 안에 확산이 될 수 있었던 것도 사실입니다. 하지만 나이키는 그저 자랑 '거리'만을 제공해주었음에도 불구하고 엄청난 성과를 보여주었습니다. 기존의 고객(캠핑족) 분들이 하는 행동을 잘 관찰했고, 이들의 행동을 온라인에서도 할 수 있는 '거리'만을 제공해 주었을 뿐입니다. 나이키의 기존 고객분들은 이러한 '거리'를 너나 할 것 없이 자랑하기 시작했고, 덕분에 이들의 콘텐츠는 짧은 시간 동안 많은 사람들에게 퍼져나가며 새로운 놀이의 참여자를 끌어모아 #에어맥스줄서기 라는 해시태그의 게시물이 폭발적으로 증가할 수 있었습니다.

'유럽 어디까지 가봤니?'의 #유디니

인스타그램 해시태그 마케팅
해시태그 마케팅을 위한 6가지 요소   조영빈

지속성

유럽 여행 관련 콘텐츠   콘텐츠 리그램 공유

1.유럽 여행을
다녀온 사람   #유디니   유럽 여행을
가고 싶은 사람
2.유럽 여행
중인 사람   팔로워 증대   게시물 소비

해시태그는 해시태그 자체만으로 하나의 플랫폼으로서의 역할도 할 수 있습니다.

"○○ 어디까지 가봤니?"는 대한항공에서 진행했던 광고 캠페인 시리즈입니다. 유디니의 '유럽 어디까지 가봤니?'는 이를 벤치마크하여 생긴 인스타그램 계정(@eudiny_insta)입니다. 저는 개인적으로 #유디니 의 해시태그 마케팅 사례가 가장 훌륭하다고 생각합니다. 해시태그 마케팅의 가장 큰 장점을 보여주고 있기 때문입니다. 해시태그는 해시태그 자체만으로 하나의 플랫폼으로서의 역할도 할 수 있습니다. 해시태그가 플랫폼으로서의 역할을 한다는 것은 해시태그를 통해 콘텐츠를 공유하는 유저와 콘텐츠를 소비하는 유저가 분명하게 구분이 된다는 것을 의미합니다. #유디니 해시태그가 국내에선 가장 대표적인 사례입니다.

우선 #유디니 라는 해시태그를 사용하기 위해선 유럽과 관련된 콘텐츠가 필요합니다. 그러다 보니 1)유럽 여행을 다녀온 사람, 이나 2)유럽 여행 중인 사람이 #유디니 해시태그를 활용하여 콘텐츠를 공유할 수 있습니다. 더불어, 3)유럽 여행을 가고 싶은 사람은 #유디니 해시태그를 검색해서 유럽 여행과 관련된 정보를 얻을 수 있습니다. 1번과 2번의 유저는 #유디니 해시태그를 통해 유럽 콘텐츠를 공유하여 다른 사람들에게 노출을 시킬 수 있으며, 3번의 유저는 #유디니 해시태그를 통해서 유럽여행과 관련된 정보와 콘텐츠를 소비할 수 있습니다.

하나의 해시태그를 통해 일종의 네트워크 효과가 발생하게 됩니다.

이렇게 누군가는 콘텐츠를 생산하고, 누군가는 콘텐츠를 소비하는 구조는 #유디니라는 해시태그가 끊임없이 공유되는 원동력이 됩니다. #유디니 해시태그를 검색하는 유저가 많아지면, 그만큼 노출이 늘어나기 때문에 #유디니 해시태그를 사용하는 유저가 증가할 것이고, #유디니 해시태그를 사용하는 유저가 많아지면 유럽과 관련된 양질의 콘텐츠가 쌓이기 때문에 #유디니 해시태그의 검색도 따라서 증가하게 됩니다. 일종의 네트워크 효과가 하나의 해시태그를 통해서 발생하게 되는 것이죠. 그런데 #유디니 라는 해시태그는 네트워크 효과의 중심에 있는 해시태그이면서 동시에 유디니라는 브랜드의 이름이기도 합니다.

처음처럼X염따 #성공을마신다 #염따빠끄챌린지

어쩌다 보니(?) 처음처럼의 광고 모델이 된 염따

2020년 3월 31일, 당대 최고의 미녀 모델을 기용하기로 유명한 소주 광고에 최근 최고의 트렌드 셀럽인 염따가 처음처럼의 광고 모델이 되었습니다. 어쩌다 보니(?) 광고 모델이 된, 재미있는 에피소드가 숨어있는 처음처럼x염따 플렉스 소주는 리미티드 에디션으로 판매한다고 합니다. 현재는 롯데마트와 이마트 등의 대형마트 그리고 소수의 음식점 및 술집에서 판매하고 있는 것으로 보입니다. 최근에 가장 '힙'한 연예인을 모델로 기용하면서 자연스러운 이슈 메이킹이 되었고 이에 따라 제품 출시에 대한 많은 노출과 입소문이 발생했습니다. 염따가 처음처럼의 모델이 되었던 재미있는 에피소드 또한 공유와 입소문이 발생하는 계기가 되었습니다.

덕분에 출시와 동시에 많은 사람들이 해당 소주의 인증샷을 올리는 것을 시작으로, 처음처럼에서 제시한 #염따빠끄챌린지 #성공을마신다 해시태그를 사용한 게시물도 올라오게 되었습니다.

#염따빠끄챌린지
게시물 4,753

팔로우

관련 해시태그 #유기농빵집 #녹차덕후 #부산사람 #응급실떡볶이 #반짝반짝빛나는 #먹을때가제일행복해 #삼강주막
#전주가볼만한곳

인기 게시물

#염따빠끄챌린지 는 이 각각의 글자들이 적힌 병뚜껑을 모아 인증샷을 업로드하는 것을 의미합니다.

처음처럼에서 해당 제품에 대한 기획을 정말 잘 했다고 느끼는 부분이 소주의 병뚜껑에 각각 '염' '따' '빠' '끄'라는 글씨를 적어 놓았습니다. #염따빠끄챌린지 는 이 각각의 글자들이 적힌 병뚜껑을 모아 인증샷을 업로드하는 것을 의미합니다. 염따의 '힙합 친구' 연예인인 쌈디, 더콰이엇, 팔로알토 등이 해당 챌린지의 소식을 알려주었습니다.

제가 이야기 했던 인스타그램 마케팅의 3단계를 적용해서 #염따빠끄챌린지 사례를 설명하겠습니다. 우선 1)찍게 만들어라!에 해당하는 부분이 바로 앞서 이야기한 병뚜껑입니다. '염' '따' '빠' '끄'라는 한 단어를 각각의 병뚜껑에 적어 놓고, 사람들이 '염따'또는 '빠끄', '염따빠끄'글씨를 모아 사진을 찍게끔 유도하였습니다. 그리고 연예인들이 인증샷을 따라 업로드할 수 있는, 19세 이상이라면 누구나 따라 찍을 수 있는 인증샷의 예시(손가락에 글씨가 적힌 병뚜껑을 끼우는 것)를 업로드하면서 이를 본 사람들이 따라서 업로드하게 만드는 2)업로드하게 만들어라! 까지 자연스럽게 연결해 주었습니다. 또한, 최근 유행하는 #○○챌린지 를 적용해 #염따빠끄챌린지 해시태그를 사용해서 3)해시태그를 사용하게 만들어라! 까지 적용했습니다. 1번부터 3번까지 병뚜껑에 글씨를 적어 놓는 것만으로 자연스럽게 유도하는 데에 성공했습니다. 빙그레의 'ㅏ ㅏ ㅏ 맛 우유'가 생각나는 사례입니다.

처음처럼이 #염따빠끄챌린지 를 진행하는 동안 발생했던 코로나의 이슈로 인해 처음처럼에서 공격적으로 "#염따빠끄챌린지 에 참여하세요!"하지 못하는 점만 아쉬울 뿐입니다. 또한 코로나로 인해 술자리 자체가 많이 줄어든 만큼 #술스타그램 자체의 인증샷도 줄어든 점도 처음처럼 입장에서는 아쉬울 수밖에 없습니다. 코로나에 대한 이슈가 완전히 사그러들고 난 이후에 이벤트성으로 같은 내용의 챌린지 프로모션을 다시 한 번 진행하면 어떨까 합니다.

#○○챌린지 의 성격상 아주 짧은 기간 동안 수많은 콘텐츠의 업로드를 기대할 순 있지만, 시간이 지나면서 점차 인증샷이 올라오는 빈도는 떨어지지 않을까 합니다. 하지만, 처음처럼은 이를 대비라도 한 듯 #성공을마신다 해시태그를 함께 사용하였습니다. #성공을마신다 해시태그는 직접적으로 처음처럼과 관계가 있는 것은 아니지만, 염따가 자주 이야기하는 "성공"을 대입하여 만들었습니다. 저는 개인적으로 #염따빠끄챌린지 보다 #성공을마신다 해시태그가 결과적으로는 처음처럼에게 있어서 가치 있다고 생각합니다. #염따빠끄챌린지 해시태그는 리미티드 에디션의 판매가 끝나면 해시태그의 사용 빈도도 점차 0에 수렴하게 되겠지만, #성공을마신다 해시태그는 새로운 술스타그램의 인증샷 문화로 남을 가능성이 있어 보입니다. 원래 술을 마시고 인증샷을 남기던 #술스타그램 에 추가적으로 #성공을마신다 해시태그만 남기면 되니까요!

제가 생각하는 이번 사례는 단기적으로 #염따빠끄챌린지 해시태그를 통해 많은 인증샷이 올라오게 될 것이고, 장기적으로는 #성공을마신다 해시태그를 통해 인증샷이 꾸준히 올라오게 될 것이라고 생각합니다.

참조 링크

[저자 블로그] 인스타그램 마케팅 : 빙그레 #채워바나나 캠페인

요즘 유행하는 #○○챌린지 누구나 다 할 수 있을까?

지코의 #아무노래챌린지 성공 이후 #○○챌린지가 기하급수적으로 늘어났습니다. 하지만 모든 챌린지가 성공하는 것은 아닙니다. 대체로 성공한 케이스를 보면 브랜드 보다는 연예인이나 인플루언서가 만든 새로운 '놀이'인 경우가 많습니다. 대체로 쉽게 따라하면서 재미를 얻는 방식이 성공을 하고 있습니다. 그리고, 브랜드에서 브랜드의 마케팅을 위해 진행한 사례 중 성공 사례는 매우 드뭅니다. 대체로 실패하는 모습을 보이고 있습니다. 왜 그럴까요?

브랜드에서 진행하는 챌린지를, 고객이나 잠재 고객이 참여할 이유가 없기 때문입니다. 재미가 있거나, 큰 혜택이 있거나, 따라하고 싶거나, 남들은 다 한다거나 하는 (FOMO) 등의 이유가 있어야 합니다. 물론, 참여 방법도 어렵지 않아서 누구나 쉽게 따라할 수 있어야만 합니다. #○○챌린지 가 인스타그램과 같은 다른 소셜 미디어가 아닌 틱톡에서 가장 많이 유행하는 이유는, 틱톡은 누구나 쉽게 참여할 수 있도록 포맷을 전부 제공해주기 때문입니다. 유저는 그저 따라하기만 하면 됩니다.

*FOMO Fear Of Missing Out의 약자로, 남들이 다 하는 것을 나는 하지 못하는 것에 대한 두려움, 트렌드에 속하지 못한다는 두려움의 심리를 의미합니다.

#○○챌린지 를 처음 시작한 인플루언서나 브랜드, 또는 유저가 보여준 모습을 그대로 따라하면서 만들어져 있는 필터나, 영상을 터치 몇 번만 하면 그대로 공유할 수 있습니다. 유저가 #○○챌린지 를 참여할 수 있는 환경이 모두 마련되어 있습니다. 쉽게 참여하고 공유도 쉽게 할 수 있으니 #○○챌린지 를 참여할 이유만 제공해주면 됩니다. 보통은 '재미' 때문에 많이 참여하는 것 같습니다. 종종 챌린지 기간 동안 함께 진행하는 이벤트가 있는데, 이벤트 기간이 끝난 이후에도 콘텐츠의 공유가 활발히 발생하는 것을 보면 확실히 대부분의 유저들은 혜택 보다는 재미 때문에 참여하는 모

습이 강한 것 같습니다.

챌린지 마케팅을 성공하고 싶다면

1) #아무노래챌린지의 율동과 같은 안무처럼 〈누구나 쉽게 따라할 수 있도록〉,

2) 사회적으로 의미 있는 #덕분에 챌린지 처럼 〈참여를 통해 '재미' '감동'을 얻을 수 있도록〉,

3) 혜택이 있는 #아무사진챌린지 처럼 〈특정 혜택을 제공 받을 수 있도록〉,

4) 간단한 인증샷을 남기는 #염따빠끄챌린지 처럼 〈구체적인 참여 방법을 제시〉 해 주어야 합니다.

챌린지 마케팅의 벤치마킹 사례로는 #아무노래챌린지, #유상무챌린지, #염따빠끄챌린지, #덕분에 챌린지, #아이스버킷챌린지, #지켜주세요챌린지, #어디갈래챌린지, #7days챌린지, #유연성챌린지, #뷰릿챌린지 등이 있습니다! 틱톡에선 주로 음악을 활용한 엔터테인먼트, 가수 분들의 사례가 많이 있습니다.

CHAPTER. 05

스폰서 광고 활용

지금까지 제가 소개해드린 마케팅 방법이 돈보다는 시간을 투자하는 마케팅 방법이었다면, 이번에 소개해드리는 〈스폰서 광고 활용〉에 대한 내용은 시간보다는 돈을 투자하는 방법입니다.

우선, 인스타그램에서 집행할 수 있는 스폰서 광고의 방법은 크게 두 가지입니다. PC로 광고를 설정하거나 모바일로 광고를 만드는 방법입니다. 모바일로 광고를 만드는 방법부터 설명해드리도록 하겠습니다. 우선, 광고 집행을 하기 위해 꼭 필요한 프로페셔널 계정으로 전환하는 방법의 매뉴얼부터 설명해드리겠습니다.

✏ 프로페셔널 계정으로 전환하기 ✏

01   내 인스타그램 프로필 탭 터치

02 상단의 메뉴 탭 > 오른쪽 하단의 설정 터치

03 계정 탭 터치

04 프로페셔널 계정으로 전환 터치

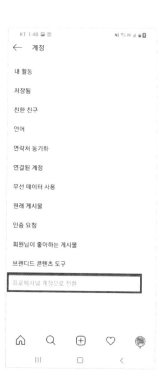

05 비즈니스 터치

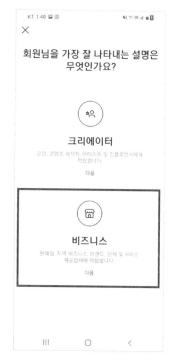

브랜드나 기업, 소상공인 매장을 운영하는 대표님의 개인 계정의 경우 〈비즈니스〉가 아닌 〈크리에이터〉를 선택하셔도 무방합니다.

06 카테고리 검색 〉 업종에 잘 맞는 카테고리 선택

07 이메일, 연락처, 비즈니스 주소를 등록합니다.

08 인스타그램 계정과 연결할 페이스북 페이지를 선택합니다.

하단에 〈지금 Facebook에 연결 안 함〉을 선택해도 프로페셔널 계정으로의 전환은 가능하지만, 페이스북 페이지를 연결해야 스폰서 광고의 집행 및 〈제품 태그〉 기능을 활용할 수 있습니다.

> 팔로워 100 이상, 배송 가능한 제품만, 4개 이상의 〈샵〉, 〈카탈로그〉 등록을 해주셔야 합니다.

09 페이스북 페이지가 없는 경우 간단하게 페이스북 페이지를 만들어 인스타그램 계정과 연결할 수 있습니다.

10 이렇게 프로페셔널 계정으로 전환하게 되면, 1) 내 계정과 게시물에 대한 인사이트 2) 계정을 통한 행동 유도(이메일 보내기, 전화하기, 찾아가기, shop 보기) 3) 게시물 홍보하기가 가능해집니다. 모바일을 통해 인스타그램 스폰서 광고를 만드는 방법은 업로드한 게시물을 〈홍보하기〉버튼을 눌러서 진행할 수 있습니다.

✎ 모바일로 스폰서 광고 집행하는 방법 ✎

인스타그램의 계정을 프로페셔널 계정으로 전환하면 내가 업로드 했던 게시물에 대해서 스폰서 광고 집행이 가능합니다. 간단한 매뉴얼과 함께 각 단계별 설명을 첨부합니다.

01 ⟨홍보하기⟩버튼을 누르면 다음의 화면이 나오게 됩니다. 랜딩 페이지를 설정하는 화면입니다. 랜딩 페이지란 유저들이 광고의 링크나 CTA* 버튼을 클릭했을 때 나오는 화면을 의미합니다. 랜딩 페이지를 ⟨내 프로필⟩로 선택하면 CTA 버튼으로 "프로필 방문"버튼이 생기며, 랜딩 페이지가 광고를 설정한 인스타그램 계정의 프로필이 됩니다.
⟨내 웹사이트⟩를 선택하면 내가 원하는 웹 사이트로의 랜딩 페이지가 설정됩니다. 이때는 제품의 상세 페이지가 될 수도 있고, 사이트의 메인 페이지가 될 수도 있습니다.
⟨내 Direct 메시지⟩를 선택하면 CTA 버튼으로 "메시지 보내기"버튼이 생기며, 인스타그램 일대일 채팅창인 DM으로 연결이 됩니다.

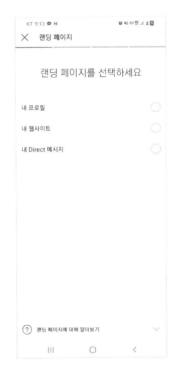

*CTA버튼 Call To Action의 줄임말. '행동 유도 버튼' 이라고 합니다. '더 알아보기', '문의하기', '구매하기'등이 행동 유도 버튼의 한 종류입니다.

02 다음 화면은 타겟팅을 할 수 있는 화면입니다. 아래의 〈직접 만들기〉를 누르면, 관심사/성별/연령대/국가 또는 지역을 타겟팅할 수 있습니다.

〈자동〉을 누르면, 인스타그램에서 자동으로 타겟팅을 해줍니다. 내 팔로워를 기반으로, 내 팔로워와 비슷하다고 판단되는 다른 유저들을 인스타그램에서 타겟팅해주는 개념입니다. 개인적으로 제가 가장 선호하는 타겟팅 방법 중 하나입니다. PC로 광고를 설정할 경우 맞춤 타겟, 유사 타겟 등 다양한 기능을 사용할 수 있다는 점이 있지만 해당기능은 오직 모바일 홍보하기를 통해서만 가능합니다.

03 다음은 예산을 설정하는 창입니다. 예산의 개념은 며칠 동안, 하루에 얼마씩 쓰겠다의 개념으로 접근합니다. 모바일 홍보하기를 통한 광고에는 최대 일 1백만 원, 30일까지 집행이 가능합니다. 보통 일 2만 원 이상, 10~30일 정도로 광고를 설정하시는 것을 권장하고 있습니다.

04 마지막 검토 페이지입니다. 뒤로가기 버튼을 통해서 이전 단계로 돌아갈 수 있으므로 천천히 확인해보신 후 〈홍보 만들기〉버튼을 누르시면 광고의 설정이 마무리됩니다.

개인적으로, 모바일로 광고를 설정하는 것 보다는 PC로 광고를 설정하는 것을 추천 드립니다. 다양한 캠페인과 기능을 활용할 수 있기 때문입니다. 다만, 저는 모바일에서만 광고를 집행하는 경우도 있습니다.

랜딩 페이지를 〈내 프로필〉로 설정하기 위해, 타겟을 〈자동〉으로 설정하기 위해서입니다. 이 두 가지 기능은 PC에서는 사용할 수 없는 기능이며, 개인적으로는 굉장히 만족하고 있는 기능들이기 때문에 PC가 아닌 모바일로도 광고를 집행하고 있습니다.

PC로 스폰서 광고 집행하는 방법

PC로 광고를 설정할 경우 모바일과는 비교할 수 없을 정도로 다양한 기능을 활용할 수 있습니다. 해당 책에선 모든 기능을 하나 하나 짚고 넘어갈 수 없어 소상공인이나 초보자 분들께서 쉽게 활용할 수 있는 범위 정도의 매뉴얼만을 담았습니다. 제가 따로 언급하지 않고 넘어가는 기능에 대해서는 광고 관리자에서 기본적으로 설정 되어 있는 설정을 따라주셔도 상관없습니다.

01 PC로 광고를 설정하기 위해서는 우선 광고 관리자 페이지(www.facebook.com/adsmanager)에 접속해야 합니다. 광고를 집행한 적이 없다면 광고를 만드는 매뉴얼 페이지가 등장하게 됩니다. 이때는 간편 제작 모드가 아닌 단계별 제작 모드를 사용하시는 것을 권장하고 있습니다.

광고 관리자 아이디에 따라서, 이 책을 읽고 계시는 시기에 따라서 제가 캡쳐한 이미지와 실제 사용하실 광고 관리자의 UI는 다를 수 있습니다.

02 만들기 버튼을 눌러 광고 캠페인을 생성합니다.

03 캠페인을 선택합니다. 이때는 트래픽 캠페인을 선택하는 것이 좋습니다. 모바일로 광고를 만들 때와 가장 비슷한 환경의 세팅값이 적용되기 때문입니다. 광고에 대한 이해도가 높아지면, 다른 여러 캠페인을 활용하실 수 있습니다.

(원고 집필 기간 중 PC를 통해 광고를 처음 만드는 광고 관리자 계정의 경우 〈브랜드 인지도〉와 〈도달〉캠페인만 사용이 가능한 사실을 알게 되었습니다. 처음 광고를 집행한다면 〈브랜드 인지도〉〈도달〉캠페인을 사용하셔야 합니다)

보통은 〈게시물 참여〉, 〈동영상 조회〉, 〈트래픽〉, 〈전환〉 캠페인을 많이 활용합니다. 카페 24와 같은 임대몰을 사용하시거나, 페이스북 픽셀을 자사 사이트에 설치할 수 있는 역량이 된다면 꼭 페이스북 픽셀을 설치하신 이후에 광고를 집행하시는 것을 권장하고 있습니다.

04 다음은 광고 세트 단계로 넘어 옵니다. 광고 세트에서는 크게 타겟/노출 위치/예산을 설정합니다. 모바일로 광고를 설정했던 것과 비슷하게 나이/성별/연령/국가 및 지역/관심사 타겟팅을 할 수 있습니다.

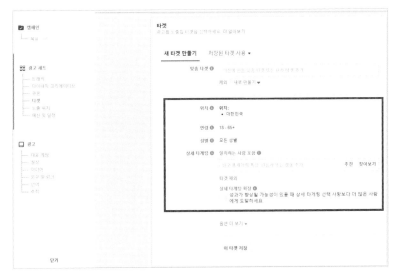

05 다음은 노출 위치를 설정합니다. 노출 위치를 〈수동 노출 위치〉로 설정하면, 내가 원하는 광고 노출 위치를 선택할 수 있습니다. 만약 인스타그램 피드에만 광고를 노출하고 싶다면 〈Instagram 피드〉만 선택해주시면 됩니다. 아직 광고를 잘 모르는 초보자라면, 노출 위치에 대한 이해도가 낮기 때문에 광고 초반에는 〈자동 노출 위치〉설정을 선택하시는 것을 권장하고 있습니다.

06 마지막으로, 광고 영역을 설정해줍니다. 광고 콘텐츠를 게시할 페이스북 페이지와 인스타그램 계정을 선택한 후 광고를 만들거나 기존의 게시물을 광고 콘텐츠로 활용할 수 있습니다. 아직 PC 광고의 설정이 익숙하지 않다면 광고 콘텐츠를 우선 인스타그램 계정에 업로드한 이후 〈기존 게시물 사용〉을 통해 광고를 만드시는 것을 권장하고 있습니다.

CHAPTER. 06

프로그램 활용

불과 2-3년 전만 해도 인스타그램의 프로그램만 잘 활용해도 매출이 오르던 때가 있었습니다. 인스타그램에서 프로그램에 대한 제재를 많이 하지 않았기 때문입니다. 24시간 내내 전단지를 배포하는 효과와 동시에, 영업, 인기 게시물 노출, 프로필 방문을 높일 수 있는, 어쩌면 가장 확실한(?) 방법 중 하나가 프로그램 사용이었습니다. 하지만, 인스타그램이라는 플랫폼의 생태계를 망치는 어뷰징 활동임이 분명하고, 가짜 활동이기 때문에 프로그램의 사용을 권장하지 않았습니다.

인스타그램 마케팅을 보조하는 프로그램의 종류는 크게 세 가지입니다. 1) 나를 대신해서 영업해주는 프로그램 2) 내 게시물을 인기 게시물로 올려주는 프로그램 3) 스토리 게시물을 소비하는 프로그램. 그리고 저는 이 세 개의 프로그램 모두를 절대 사용하지 말라고 이야기 합니다. 세 프로그램 모두 인스타그램으로부터 강한 제재를 받아 심각할 경우 계정이 삭제가 될 수 있습니다.

1) 나를 대신해서 영업해주는 프로그램

나를 대신해서 영업해주는 프로그램 같은 경우에는, 말 그대로 나를 대신해서 다른 사람의 게시물에 좋아요/덧글/팔로우를 해주는 기능의 프로그램입니다. 프로그램에 특정 해시태그를 입력하면 프로그램이 해당 해시태그를 검색하고, 검색했을 때 나오는 콘텐츠들에 좋아요, 덧글, 팔로우를 자동으로 하는 방식의 프로그램입니다. 보통 1시간에 50개 정도의 게시물에 대해서 좋아요를 누르고, 10개 미만의 게시물에 덧글과 팔로우를 남겨주는 모습을 보입니다. 해당 프로그램은 대체로 PC로 많이 이용하며,

모바일 어플리케이션으로 이용하는 경우도 있습니다. 어떤 디바이스를 활용해서 프로그램을 설정하던, 대체로 매크로 형식의 원리를 따라가기 때문에 매우 단순한 구동 원리를 가지고 있습니다. 영업활동을 통해서 매출이 증가하는 효과를 본 소상공인이나 브랜드라면 해당 프로그램의 활용을 고민해보셔도 좋지만, 프로그램의 활용과 동시에 계정에 악영향을 미치는 것이 분명하기 때문에 사용자체에 대해서는 권장하고 싶지 않은 방법입니다.

2) 내 게시물을 인기 게시물로 올려주는 프로그램

내 게시물을 인기 게시물로 올려주는 프로그램 같은 경우에는 내가 업로드한 게시물들을 특정 해시태그를 검색했을 때 인기 게시물로 보일 수 있도록 만들어주는 프로그램입니다. 한 때는 인기 게시물의 알고리즘이 매우 단순해서 아주 간단한 방법만으로 내 게시물을 인기 게시물에 올릴 수 있었습니다. 인기 게시물의 알고리즘은 기본적으로 콘텐츠 업로드 이후 짧은 시간 내에 많은 좋아요 개수를 받으면 인기 게시물에 노출을 시킬 수 있었습니다. 예전에는 특정 해시태그 검색 시 노출되는 인기 게시물의 개수가 9개밖에 없었기 때문에 한 번 인기 게시물 작업을 해놓으면 엄청난 노출을 확보할 수 있었습니다(어뷰징인건 따로 언급하지 않아도 아시죠?). 이렇게 게시물 1건당 얼마, 또는 일정 기간 동안 업로드하는 모든 게시물을 인기 게시물에 올려주는 비용을 책정하여 판매하는 업체가 있습니다.

다행히도(?) 지금은 인기 게시물의 알고리즘이 이렇게 단순하지 않습니다. 업로드 이후 짧은 시간 동안 많은 좋아요를 받은 게시물이 인기 게시물에 올라가는 로직은 그대로 유지가 되었지만, 조건이 많이 까다로워졌습니다. 아무리 좋아요를 많이 받은 게시물이라고 할지라도 내 팔로워가 좋아요를 눌러주지 않은 게시물은 인기 게시물에 올라가지 않거나 올라가더라도 오래 유지할 수 없게 되었습니다.

3) 스토리 게시물을 소비하는 프로그램

스토리 게시물을 소비하는 프로그램 같은 경우에는 1번의 프로그램과 매우 흡사한 작동 원리를 가지고 있습니다. 1번의 프로그램이 인스타그램의 피드 게시물, 특정 해시태그를 검색했을 때 노출이 되는 피드 게시물을 소비하는 역할을 해주었다면 스토리 게시물을 소비하는 프로그램은 철저하게 스토리 게시물만을 소비합니다. 무작위 또는 약간의 조건값에 따른 인스타그래머가 업로드 한 스토리 게시물을 대신 소비하는 프로그램입니다. 이 프로그램의 목표는 이렇습니다. 스토리 게시물은 피드 게시물과는 달리 내 스토리 게시물을 24시간 내에 어떤 유저가 소비했는지 아이디를 확인할 수 있습니다. 그렇기 때문에 내가 모르는 계정이 내 스토리 게시물을 소비하면 궁금증이 생기고, 결과적으로 이 아이디의 프로필에 방문하게 됩니다. 스토리를 대신 소비해주는 프로그램은 이를 활용하기 위해 생겨난 프로그램입니다.

해당 프로그램의 활용은 인스타그램에서 강력한 제재를 하고 있기 때문에 절대로 사용하시면 안 됩니다.

인스타그램 쇼핑

앞으로 인스타그램은 커머스가 될 것 같습니다. 현재의 인스타그램은 가장 SNS 다운 SNS이지만, 앞으로는 소셜 커머스가 될 가능성이 커 보이며, 실제로 소셜 커머스가 되기 위한 변신을 준비하고 있습니다. 아마 이 책을 집필하는 기간 동안, 그리고 책이 출판 과정을 거치는 동안 SNS에서 소셜 커머스로 바뀌지 않을까 하는 생각이 듭니다. 인스타그램에 둘러보기에 들어가면 상단에 〈Shop〉 탭이 있습니다. 〈쇼핑 태그〉가 되어 있는 게시물만 볼 수 있는 기능입니다. 인스타그램에서 아이 쇼핑을 편하게 할 수 있도록 만들어 준 기능이죠. 앞으로는 이 기능에 결제까지 가능한 기능이 추가됩니다. 인스타그램 안에서 아이 쇼핑을 하다가 마음에 드는 제품이 있다면 바로 결제까지 할 수 있게 되는 것입니다. 해외에서는 이미 적용이 되었고, 국내에서는 곧 적용이 될 것 같습니다. 〈인스타그램 스토어〉의 개념으로 바라본다면 인스타그램을 통해서 사업을 하는 사업자의 입장에서는 반가운 업데이트입니다. 내 제품을 판매할 수 있는 판매 채널이 하나 늘어나는 셈이니까요.

인스타그램의 알고리즘은 정말 대단합니다. 내가 구매할 만한 제품을 '둘러보기 〉 샵 모아보기'에 보여줍니다. 그럼 어떻게 인스타그램은 내가 구매할 만한 제품이라고 판단하여 내 둘러보기 탭에 제품을 추천하는 것일까요? 페이스북 픽셀 때문입니다.

페이스북의 픽셀은 광고주의 리타겟팅을 위해 페이스북에서 제공하는 기능입니다. 페이스북과 인스타그램 스폰서 광고를 집행할 때 페이스북 픽셀이 설치가 되어 있는 사이트에 유저가 들어오게 되면 이를 추적하고, 추적한 데이터를 기반으로 리타겟팅을 할 수 있도록 해줍니다. 불특정 다수에게 광고를 집행하는 것이 아닌 우리 사이트를 방문한 적이 있는 유저를 대상으로 광고를 십행하기 때문에 광고의 효율은 비교할 수 없을 정도로 차이가 많이 납니다. 그러다 보니 페이스북/인스타그램 스폰서 광고를 활용하는 거의 모든 광고주는 페이스북 픽셀을 활용하여 광고를 집행하고 있습니다.

그런데 페이스북은 이 픽셀 데이터를 해당 광고주만이 영위할 수 있게 두지 않습니다. 만약 우리 사이트에 페이스북 픽셀을 설치하게 되면 페이스북은 이 데이터를 페이스북의 광고 데이터로서도 활용합니다. 예를 들어, 페이스북 픽셀이 설치 되어 있는 아고다나 호텔스닷컴 등의 온라인 여행사/숙박 관련 사이트를 접속하면 페이스북과 인스타그램에 해외 여행과 관련된 광고가 나오게 됩니다. 특정 사이트(항공권/숙박 예약 사이트)를 방문한 유저들을 특정 관심사(해외 여행)와 연결 지어 제 3자의 〈해외 여행〉 타겟에도 광고를 노출시켜주는 것입니다.

또한, 여러 개의 의류 쇼핑몰에서 원피스 제품을 보았다면 페이스북은 픽셀 데이터를 통해 해당 유저의 관심사를 파악하고, 인스타그램 쇼핑&샵(커머스)에서 유저가 좋아할 만한 원피스 제품을 추천해줄 가능성이 커집니다. 시간이 지남에 따라 페이스북 픽셀에 쌓이는 데이터가 많아지면 빅 데이터가 되고, 페이스북은 이를 활용하여 자사의 광고 기능을 업데이트 할 것입니다. 시간이 지날수록 페이스북/인스타그램의 광고는 효율이 좋아질 것이고, 수 많은 광고주가 페이스북/인스타그램의 광고를 이용할 것입니다.

온라인 커머스 시장의 큰 변화가 생길 예정입니다.

원고 집필의 마지막 검수 기간 중 인스타그램 커머스와 관련한 기사가 떴습니다. 이용자의 쇼핑 취향을 분석해 추천하는 쇼핑 페이지 '인스타그램 샵'을 새롭게 선보인다고 합니다. 말도 안 되는 알고리즘을 내세워 유저들의 온라인 쇼핑 이용 점유율을 차지하려 하고 있습니다. 온라인 커머스 시장의 큰 변화가 생길 예정입니다. E-커머스 사업을 하고 있는 소상공인이나 브랜드라면 하루 빨리 〈인스타그램 쇼핑 태그〉, 〈페이스북 픽셀〉, 〈스폰서 광고〉, 〈페이스북 샵스〉를 미리 공부해 두셔야 앞으로 오픈하게 될 인스타그램 샵(커머스)를 잘 활용할 수 있을 것으로 보입니다.

참조 링크

[파이낸셜뉴스] "인스타그램=패션잡지, 개인 취향에 맞는 쇼핑 즐긴다"

PART 05

오프라인 활성화를 위한 인스타그램 마케팅

아마도 소상공인이라면 오프라인의 매장을 기반으로 한 사업자가 많을 것 같다는 생각에 해당 목차를 넣었습니다. 그리고 인스타그램 마케팅은 오프라인 매장이 있다면 훨씬 더 할 수 있는 것들이 많아지고, 훨씬 더 효과적인 마케팅의 진행이 가능합니다. 이번 목차의 내용은 이제 막 처음으로 매장 사업을 시작하신 소상공인 분께 "인스타그램 마케팅 매뉴얼"을 선물드린다는 느낌으로 설명해드리겠습니다.

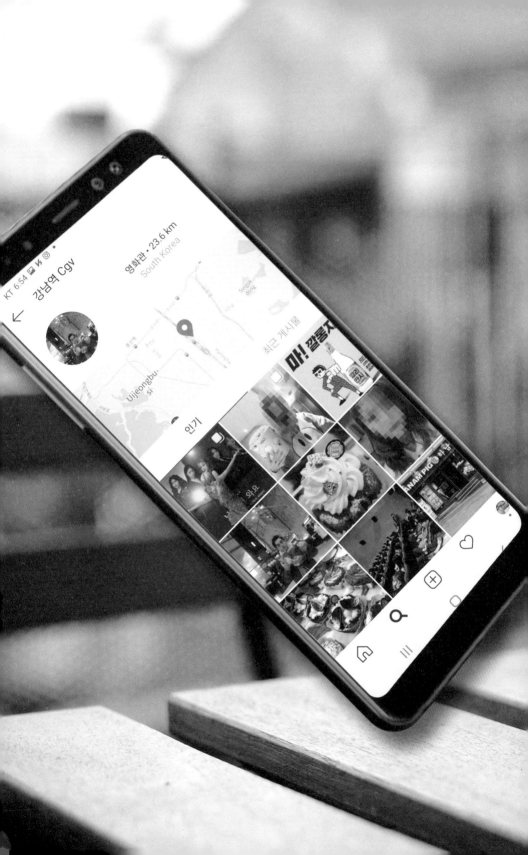

CHAPTER. 01

사람들은 왜 우리 매장을 찾아오지 않을까?

인스타그램 마케팅_조영빈 강사
매장 근처의 고객타겟팅

매장반경 5km이내의 유저 : ex) 강남 레스토랑

강남 레스토랑

오픈을 했다면 가장 먼저 해야 하는 일은, 우리의 제품이나 서비스를 알리는 것입니다.

만약 오프라인 매장을 처음 오픈했다면 너무나 당연하게도 우리 매장을 찾아오는 손님은 거의 없을 것입니다. 너무나 당연하죠. 우리 매장이 여기에 존재하는지도 모를 테니까요. 그래서 오프라인 매장을 오픈하면 가장 먼저 하는 것이 "우리 매장 여기에 있어요!!"하고 알리는 것입니다. 온라인도 마찬가지이죠. 최대한 많이 노출시키기 위해 배너 광고를 집행하기도 하고, 네이버 블로그에 특정 키워드 검색시 우리 가게의 정보가 노출이 될 수 있도록 포스팅하기도 합니다.

온라인이건 오프라인이건 일단 오픈을 했다면 가장 먼저 해야 하는 일은, 우리의 제품이나 서비스를 알리는 것입니다. 그래서 오프라인 매장을 오픈하면 가장 먼저 전단지를 배포합니다. 일단은 매장의 위치를, 매장의 존재를 세상에 알리는 것이죠. 전단지를 보고 방문하는지, 방문하지 않는지는 고객의 선택입니다. 일단은 매장의 존재와 위치를 알리는 것이 목표입니다. 그리고 생각 보다 전단지는 효과가 좋은 홍보 수단 중 하나입니다.

업종과 상권에 따라 조금씩 다르겠지만, 전단지를 배포하는 사장님께 여쭈어 본 적이 있습니다. 1시간 동안 몇 장의 전단지를 배포할 수 있는지, 전단지를 보고 방문하는 고객은 몇 명 정도 있는지요. 1시간 동안 약 70-100장의 전단지를 배포하고, 2-3팀 정도의 손님을 받을 수 있다고 했습니다. 전단지 100장의 가격을 높게 잡아 8,000원, 1시간의 인건비를 1만원 정도라고 가정하면, 18,000원 정도에 2팀을 받는 효과입니다. 판매 단가가 높은 이자카야의 사례라는 점을 생각해 보면 나쁘지 않습니다. 이 2팀이 나중에 재방문을 할 수도 있고, 다른 사람에게 추천을 할 수도 있고, 인스타그램이나 블로그 같은 온라인상에 리뷰를 남겨줄 수도 있습니다.

이 외에도 주변에 전단지를 통해 매장의 유입과 판매로 전환이 되는 사례를 많이 봐왔던 터라 전단지의 효과를 가볍게 여기지 않습니다.

인스타그램 유저들은 '흔적'을 남깁니다.

그리고 인스타그램을 통해 무료로 전단지를 배포하는 방법도 있습니다. 바로 영업하기입니다. 우리 매장 반경 2-3km이내에 있는 사람들 또는 이 근처를 지나간 사람들, 자주 오가는 사람들에게 영업활동을 하는 것입니다. 인스타그램 유저들은 '흔적'을 남깁니다. "내가 여길 왔어", "내가 여길 왔다 갔어."하는 것의 흔적을 장소태그와 해시태그를 통해 흔적을 남기곤 합니다. 여행으로 유명한 관광 명소나 지역이 아니라면, 특정한 장소에 방문했다는 것은 다시 재방문할 가능성이 크다는 것을 의미합니다. 또는 방문한 곳의 주변을 자주 오갈 확률이 높습니다.

내가 만약 강남역 인근에 20대와 30대의 커플을 타겟으로 한 레스토랑을 오픈했다면, 매장 주변에 커플이 많이 오가는 곳의 장소태그와 해시태그를 검색해서 열심히 영업활동을 함으로서 전단지를 무료로 배포하는 효과를 거둘 수 있습니다. '강남역

인근에 커플이 자주 오가는 장소'는 어디가 있을까요? 대표적으로 #강남cgv #강남롯데시네마 등이 있을 것이며, 이들이 자주 사용하는 해시태그로는 #강남데이트 #강남레스토랑 등이 있을 것입니다. 모두 우리 타겟이 사용하는 해시태그이므로 해당 해시태그, 또는 장소태그를 검색해서 영업활동을 할 수 있습니다.

영업을 통해 알람이 전달되면 내 계정을 방문(반사)하게 되고, 프로필에 등록해놓은 매장의 주소 정보를 통해서 새로 오픈한 레스토랑의 위치를 알게 만들 수 있습니다. 이 때 피드에 맛있어 보이는 음식과 레스토랑의 분위기를 담은 사진을 업로드한다면 방문으로까지 연결시킬 수 있습니다.

실제로 한 프랜차이즈 업체는 각 지점 별로 인스타그램 계정을 만들어서 영업활동을 통해 마케팅을 진행하기도 했습니다. 여러 개의 계정을 활용해 동시 다발적으로 매장 반경 근처에 있는/자주 오가는 사람들이라고 판단이 되면 좋아요와 덧글을 눌러 피드 프로필로의 방문, 실제 오프라인 매장으로의 방문까지 유도하는 데에 성공했습니다. 오프라인 매장 사업자에게 가장 가성비 좋은 마케팅 방법입니다. 그리고 영업활동을 하다 보면 고객들이 업로드하는 콘텐츠를 소비하게 되다 보니 자연스레 고객에 대한 분석도 됩니다.

요즘 잠재 고객들이 많이 가는 장소, 문화, 업로드 하는 콘텐츠의 유형 등을 지속적으로 보고 체득하고 분석할 수 있습니다.

CHAPTER. 02

잠재 고객 분석&영업하기

진짜 첫 번째 고객은 바로 주변 상가에서 함께하는 사람들 입니다.

매장을 오픈했습니다. 우리 매장의 첫 번째 잠재 고객은 누구일까요? 예를 들어, 저녁에 소주 한 잔 하기 좋은 횟집을 오픈했다면요? 매장 반경 인근에 있는 회사원, 거주자, 이 동네를 자주 오는 사람들. 과연 이 사람들이 첫 번째 잠재 고객일까요? 진짜 첫 번째 고객은 바로 주변 상가에서 함께 장사를 하는 사장님들, 직원 분들입니다.

주변 상권 인스타그램 동향

〈이태원 클라쓰〉라는 드라마가 있습니다. 저는 이 드라마를 한 회차도 놓치지 않고 시청했습니다. 그리고 이 드라마에서 가장 기억에 남는 장면이 하나 있습니다. 주인공인 새로이의 노력 덕분에 상권에 활기가 생기고, 유동인구가 늘어나는 장면입니다.

새로이가 이태원에 매장(단밤)을 오픈했지만 사람이 많이 오가지 않는 거리의 구석에 위치한 매장이었습니다. 구석도 문제이지만, 상권 자체가 사람들이 많이 오가지 않는다는 것이 〈이태원 클라쓰〉드라마의 설정이었습니다. 새로이는 상권을 살리기 위해서 주변에 있는 매장의 인테리어와 마케팅을 도와주는 일을 합니다.

보통은, 매장을 오픈하면 주변의 상권 가게를 '경쟁자'로만 여기는 경우가 많습니다. 하지만 현실은 협력 관계에 가깝습니다. 옆 가게의 장사가 잘되면 내 가게의 장사도 잘 될 수 있습니다. 옆 가게의 손님이 내 가게의 손님으로도 올 수도 있기 때문입니다. 자주 드나들며 보이는 간판을 통해 '나중에 저기도 가볼까?'하는 생각이 방문으로까지 이어지는 것입니다. 그리고 옆 가게의 사장님들과 친해지면 서로 고객이 될 수 있다는 점도 큰 장점입니다. 생각해 보면 이런 경우들이 많지 않은가요? 정말 유명한 닭갈비 가게가 있어서 찾아 갔는데, 줄이 너무 길어서 반대편 닭갈비 가게를 찾아간 경험이나, 아니면 다른 메뉴의 식당을 찾아가는 경험. 회사 근처의 단골 식당 옆 자주 보이는 간판의 식당을 일부러 찾아 가는 경험 같은 것들 말입니다.

횟집을 하는 사장님은 아침에 국밥을 사먹을 수도 있고, 국밥 사장님은 저녁에 소주 안주로 회를 먹을 수 있습니다. 그리고 고객을 나눌 수도 있습니다. 국밥 사장님은 단골 고객에게 "나중에 저녁에 저기 횟집 가봐. 맛있어"라고 할 수도 있고, 횟집 사장님은 단골 고객에게 "해장할 때 저기 국밥집 가봐"라고 할 수 있습니다. 컨셉과 고객이 겹친다면, 고객을 나누는 일까지는 힘들겠지만 같은 일을 하는 사람들끼리의 정보를 공유할 수도 있습니다.

뿐만 아니라, 타 매장의 직원들의 경우도 마찬가지입니다. 이들은 매일 점심, 저녁

식사를 해야 하는 직원들입니다. 내가 식당을 운영한다면 고정적으로 매출이 발생할 수 있는 매출원이 될 가능성이 높습니다. 내가 만약 주변 상권의 사장님, 직원 분들과 친하게 잘 지낸다면 우리 매장에 더 자주 오게 되겠죠?

실제로, 지인분 중에 타 지역에 2호점을 오픈한 사장님이 계셔서 이런 조언을 해드렸습니다. "일단 주변 상가 사람들이랑 먼저 친해지세요." 앞서 이야기한 이유들 때문입니다. 그리고 "인스타그램으로도 친해지세요."라는 조언을 드렸습니다. 인스타그램, 온라인상에서도 서로 친하게 지내면 자연스럽게 오프라인의 왕래도 잦아지게 됩니다. 인스타그램을 통해 서로 소통하는 모습은 각자의 팔로워들이 보기에도 좋은 모습이 됩니다.

주변 상권 분석			
업체명	인스타그램 아이디	팔로워 수	#브랜드명 해시태그 개수
○○수산			
○○반점			
○○고기			
○○카페			
○○찜			
○○찌개			
○○센터			
○○학원			
○○부동산			
○○세탁소			
○○국밥			

옆 가게 사장님은 경쟁자가 아닌 잠재 고객이자 단골 고객이 될 확률이 높은 손님입니다.

만약, 이제 막 오프라인 매장을 오픈했다면 주변 상가의 간판을 보면서 근처 매장 리스트를 쭉 적어보세요. 이후에 인스타그램 아이디, 팔로워 수를 적어서 간단한 정보를 파악합니다. 팔로워가 많은 계정이라면 어떤 점 때문에 팔로워가 많은지에 대해서 연구하고, 벤치마킹하시기 바랍니다.

내가 인스타그램을 직접 운영할 예정이라면 당연히 이들의 계정을 팔로우하는 것도 당연합니다. 꾸준히 온/오프라인을 통한 소통을 해야 하니까요. 더 친해지기 위해서 영업하는 것이죠.

   그 다음으로 #브랜드명 해시태그를 검색합니다. 예를 들어 옆에 장사가 잘 되는 가게의 이름이 #영빈수산 이라면, 인스타그램에 #영빈수산 을 검색해봅니다. 그리고 왜 이 업체는 고객들의 후기가 많은지, 인스타그램의 게시물이 많은지를 파악합니다(대체로 장사가 잘 되는 업체는 인스타그램에 #브랜드명 해시태그를 검색하면 게시물도 많이 나오지만, 무조건 비례하는 것은 아닙니다). 어떤 점이 고객들이 상품이나 서비스를 이용하고 인스타그램에 후기를 자발적으로 업로드하게 하는지에 대해서 분석하고, 해당 매장을 자주 방문하면서 벤치마킹할 부분을 공부하고 연구하시기 바랍니다!

경쟁사의 팔로워 리스트를 활용한 영업

경쟁사의 팔로워 리스트를 참고하여 영업을 하는 방법도 있습니다.

이들을 팔로우하고 있는 유저들 또한 우리 매장의 잠재 고객일 가능성이 높습니다. 예를 들어 옆집에 '○○육회'를 팔로우하고 있다면 해당 가게를 좋아하는 손님이거나 나중에 방문하기 위해서 팔로우를 한 유저일 가능성이 높습니다. 경쟁사의 팔로워 리스트를 참고하여 영업을 하는 방법도 있습니다.

경쟁사(근처 매장) 계정의 인스타그램 피드 → 팔로워를 누르면, 해당 계정을 팔로우 하고 있는 유저의 리스트를 확인할 수 있습니다. 여기서 우리의 잠재 고객으로 추정이 되는 유저들의 인스타그램 피드에 방문하여 영업 활동을 할 수 있습니다.

우리의 첫 번째 고객인 주변 상권에서 일을 하는 사장님, 직원들과 친하게 지내는 방법에 대해서 설명해드렸습니다. 이때는 사실 official계정으로 접근하기보다는 사장님의 개인 계정, 직원의 개인 계정으로 접근하는 것이 더 좋습니다. 오피셜 계정으로 운영을 하게 되면, 주변 가게의 후기를 인스타그램에 남길 수가 없습니다. 영빈수산을 운영하는데, 옆 가게의 고기집을 맛집이라고 추천하기엔 브랜드의 느낌과 너무 동떨어지기 때문입니다. 이럴 때는 '영빈수산의 사장 조영빈'의 개인 계정으로 운영하면서 주변 상가에 후기를 남겨주는 것이 좋습니다. 내 가게를 운영하면서 주변의 상권도 같이 성장시킬 수 있는 좋은 방법입니다. 그리고 잠재 고객들과 같은 관심사의 콘텐츠를 보여주면서 소통할 수 있다는 장점도 있습니다.

✎ 잠재 고객의 흔적 찾기 ✎

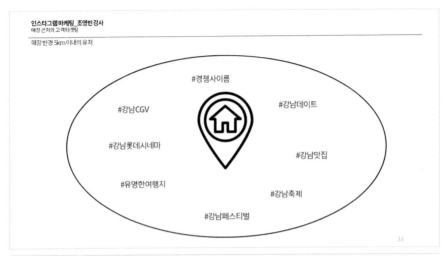

잠재 고객이 남긴 흔적은 우리가 영업을 할 수 있는 기회가 됩니다.

　두 번째로는 우리 매장 주변에 자주 오가거나 거주하는 잠재 고객들을 찾고 영업해야 합니다. 우리 매장 주변에 자주 오가거나 거주하는 사람들은 어떤 해시태그를 사용하는지 분석해 봅니다. 아까 위에서 설명했던 〈강남 레스토랑〉의 예시를 이어서 설명해드리겠습니다.

　이들을 분석하는 첫 번째는 이들의 흔적을 찾는 것입니다. 이들이 자주 오가는 장소, 우리 매장의 타겟이 자주 오갈만한 장소태그, 그리고 자주 사용할 수 있는 해시태그를 찾는 것입니다. 강남의 레스토랑에 20-30대 커플이 자주 오갈만한 장소를 찾아보면 강남 CGV, 강남 롯데시네마, 강남의 유명 카페나 맛집, 그리고 전시, 축제 등이 있을 수 있습니다. 그리고 우리와 타겟이 많이 겹치는 레스토랑, 예를 들면 강남 아웃백은 정말 좋은 키워드입니다. 타겟이 완벽하게 겹치는 고객이 남긴 흔적이기 때문입니다.

　이들이 남긴 흔적은 우리가 영업을 할 수 있는 기회가 됩니다. 이들의 흔적을 잘 정리해 놓으면 틈틈히 잠재 고객들에게 무료로 전단지를 배포하는 효과를 얻을 수 있습니다.

잠재 고객 흔적		
장소 태그	사용 해시태그	검색 해시태그
cgv강남역점	#강남cgv	#경쟁사명
롯데시네마강남역점	#강남롯데시네마	#장소
강남아웃백	#강남역맛집	#축제명
m컨템포러리	#강남카페	#강남감성카페
강남미술관	#강남술집	#강남분위기좋은카페
예술의전당	#강남핫플	#강남가볼만한곳
현대미술관	#강남꽃배달	#강남이색맛집
코엑스	#강남데이트	#강남소고기
아웃백강남점	#강남분위기좋은카페	#강남백반
전시회명	#강남감성카페	#강남삼겹살
축제명	#강남먹방	#강남분위기맛집
경쟁사명	#강남가볼만한곳	#강남데이트장소
강남어딘가	#강남이색맛집	#강남디저트카페

잠재 고객 분석하기 사용 해시태그의 분석과 더불어 고객이 검색할 만한 검색 해시태그를 함께 분석해주세요!

장소 태그와 사용 해시태그를 검색하고 나타나는 결과물들을 통해 영업활동을 해주시면 됩니다. 대체로, 우리의 경쟁사도 해당 해시태그를 많이 사용하기 때문에 진짜 잠재 고객의 게시물을 선별해서 영업활동을 하는 것이 중요합니다. 또한, 사용 해시태그의 분석과 더불어 고객이 검색할 만한 검색 해시태그를 함께 분석해서 내가 콘텐츠를 업로드할 때마다 사용할 수 있는 해시태그의 리스트도 갖추어 놓고 있으면 좋습니다. 위의 자료는 샘플로, 제가 간단하게 만든 자료이기 때문에 당장 실무에 적용하기에는 자료가 너무 부족합니다. 제 책을 보고 실무에 적용하실 예정이라면, 더 많은 양의 해시태그를 분석하고 찾는 연습을 하셔야만 합니다.

CHAPTER. 03

콘텐츠 기획하기

잠재 고객을 분석하고, 잠재 고객과 친해지기 위해 영업하는 방법에 대한 전략을 세웠다면, 이번엔 잠재 고객들에게 보여줄 콘텐츠를 기획할 차례입니다. 열심히 영업을 해도, 매력적인 콘텐츠를 제공하지 못한다면 잠재 고객들의 머릿속에 우리 매장을 인지시키고 기억시킬 수 없기 때문입니다. 콘텐츠를 기획할 때는 우선 내가 발행할 수 있는 콘텐츠의 리스트를 쭉 작성해보면 좋습니다. 이때는 개인 계정과 오피셜 계정을 나누어서 하면 좋습니다. 아직 오피셜 계정의 활용이 어렵다면, 개인 계정 먼저 하시는 것이 좋습니다.

/ 브랜드 콘텐츠 표 /

분류	콘텐츠 표	설명 / 콘텐츠 포인트
브랜드 콘텐츠 표		
매장 내부	매장 인테리어	고객 포토 포인트1
	매장 포토존	고객 포토 포인트2
	음식 재료	신선한 재료를 사용한다는 느낌 주기
	조리 과정	고객들이 궁금해 할만한 내용 영상 촬영
음식 사진	숙성회	오늘의 숙성회 사진(매일 업로드)
	모듬회세트	배달시켜 먹기 좋은 메뉴 강조
	시즌 메뉴	여름엔 물회
	베스트 메뉴	오늘의 추천 메뉴 사진
매장 외부	인천 시장 현장	고객들이 궁금해 할만한 수산 시장의 모습
	원산지 사진	완도 바다 사진 : 깨끗한 바다의 자연산 대광어
포스터	이벤트 소식	수요일은 ○○데이
	공지 사항	이번 주 일요일은 휴무입니다.
	어필 포인트	자연산 광어 구별법 / 대광어 vs 소광어 / 완도산 등
외부 콘텐츠	고객 후기	리그램 / 고객이 업로드한 사진 소개하기
컨셉	#경기광주숙성회 #서민숙성회	

컨셉은 매장을 대표하는 메인 메뉴를 활용해서 컨셉을 설정하시면 좋습니다.

소상공인이나 스타트업 브랜드라면 업로드할 수 있는 콘텐츠는 제한적일 수밖에 없습니다. 다양한 콘텐츠를 업로드하기 위한 소스가 부족하니까요. 만약 식당을 운영하는 소상공인이라면 더욱 제한적일 수밖에 없습니다. 판매하고 있는 메뉴는 한정적이고, 같은 메뉴의 사진을 매일 반복적으로 올릴 순 없으니까요. 그리고 우리가 판매하는 메뉴의 사진만 올린다고 해서 인스타그램의 계정이 성장하진 않습니다. 다른 이들이 보았을 때는 그저 메뉴의 홍보를 위해서 인스타그램을 한다는 느낌만 들 테니까요.

이제 갓 인스타그램 계정 운영을 시작했다면 잠재 고객들과 소통하고 친해지는 것을 가장 큰 목표로 하는 것이 좋습니다. 그러니 가능하면 콘텐츠의 대부분을 잠재 고객들이 궁금해 할, 보고 싶어 할, 좋아할 만한 콘텐츠로 구성해서 콘텐츠를 기획하는 것이 좋습니다. 완성된 음식 메뉴를 보여주기보다는, 음식을 완성하기 위해 사용되는 재료들, 음식을 만드는 과정, 음식 안에 들어 있는 이야기, 매장과 관련된 재미있는 소식, 소비자가 궁금해 하거나 알아두면 좋은 정보에 대해서 업로드 해주는 것이 좋습니다. 톤앤매너는 상권의 특징에 따라 조금씩 달라지겠지만, 대체로 동네의 유명 식당을 운영하는 사업자의 느낌으로 운영하는 것이 좋습니다. 이에 맞춰 매장에 손님이 많다면 손님이 많은 모습이나 특정 상품의 품절 모습을 촬영해서 피드나 스토리에 업로드 해주는 것도 좋은 방법입니다. '품절'·'마감'이라는 단어는 우리 식당을 더 유명한 장소인 것처럼 보이게 할 수 있으니까요.

컨셉은 매장을 대표하는 메인 메뉴(아이템)를 활용해서 컨셉을 설정하시면 좋습니다. 앞 페이지의 예시는 실제로 2020년 6월에 오픈할(원고 마감 직전), 제가 마케팅을 도와주고 있는 업체의 샘플 예시입니다. 경기도 광주에서 처음으로 숙성회를 판매하는 횟집을 오픈했고, 주변 상권 중 유일하게 숙성회를 판매하는 업체이기 때문에 초반의 컨셉은 군더더기 없이 #경기광주숙성회 로 했습니다. 앞으로 숙성회를 제조, 유통, 판매하는 과정을 인스타그램을 통해 전달할 예정입니다.

당분간 경기도 광주 상권에 숙성회를 판매하는 곳이 생기지 않고, 누군가 우리의 컨셉을 따라하지 않는 이상 #경기광주숙성회 = #브랜드명 이 되는, 브랜드의 동사화가 가능할 것으로 보입니다. 숙성회가 먹고 싶다면 "○○수산 주문하자"라는 말이 나올 수 있도록 만드는 것이 목표입니다.

#서민숙성회 는 동네 주민 분들께 합리적인 가격으로 숙성회를 제공한다는 느낌을 주기 위해 만든 키워드입니다.

✏ 사장님 콘텐츠 표 ✏

사장님 콘텐츠 표

분류	콘텐츠 표	설명 / 콘텐츠 포인트
일상	상권 살리기	주변 상권 핫 플레이스 소개
	일하는 모습	열심히 사는 동네 사장님
	여유 있는 모습	쉬는 날 놀 줄 아는 사장님
	아들로서의 모습	효자
브랜드	회식/회의	매장 분위기 전하기
	소통 채널	고객과의 커뮤니케이션을 위한 소통
	숙성회	숙성회의 '이노신산' 소개
컨셉	#이노신산개발자	

오피셜 계정 보다는 브랜드 대표님의 개인 계정을 더 적극적으로 활용하시는 것을 추천합니다.

오피셜 계정의 운영이 어렵다면 역시 브랜드 대표님의 개인 계정을 운영하는 것을 권장해 드립니다. 저는 브랜드 오피셜 계정 보다는 브랜드 대표님의 개인 계정을 더 적극적으로 활용하시는 것을 추천해드리고 싶습니다. 오피셜 계정보다는 개인 계정이 잠재 고객들과 더 원활하게 소통할 수 있기 때문입니다. 위의 자료는 예시 파일로서 보여드리는 자료입니다. 계정의 컨셉을 잡는 부분에 대해서는 계정의 콘셉트 잡기(part 1-chapter 5.)를 다시 복습하시면 좋습니다!

사실 대부분의 소상공인, 초보자 분들은 이러한 콘셉트를 잡는 것, 콘텐츠를 기획하는 것조차 어려울 수 있습니다. 그렇기 때문에 처음부터 완벽하게 콘텐츠를 기획하고 콘셉트를 잡아서 운영하려고 하기 보다는 처음에는 "잠재 고객과의 소통"을 목적으로 계정을 운영하는 것이 좋습니다. 끊임 없이 잠재 고객을 영업하며, 이들과 인친의 관계로 나아가는 것이 좋습니다. 처음부터 완벽할 필요는 없습니다. 완벽한 사람 보다 부족하지만 점차 발전해 나가는 모습을 보여주는 사람이 더 매력적입니다.

✒ 포토 포인트 기획 ✒

우리 오피셜 계정에서 업로드할 콘텐츠와 컨셉, 사장님 개인 계정에서 업로드할 콘텐츠와 컨셉을 정했다면 이번엔 "포토 포인트" 콘텐츠를 기획할 차례입니다. 포토 포인트란, 고객이 우리가 판매하는 제품이나 서비스를 접했을 때 사진을 찍을만한 이유를 의미합니다. 우리가 제공하는 콘텐츠가 고객들의 소셜 미디어에 자발적인 후기 콘텐츠로 이어지기 위해서는 우선적으로 찍게 만들어야 합니다.

보통 식당을 운영한다면, 위의 사진과 같은 포스터를 만들어 탁상용 배너로 활용하는 경우가 많습니다. 대체로 "인스타그램에 #○○○○ 해시태그를 사용하여 업로드 해주신 후 직원분께 인증샷을 보여주시면 사이다를 드립니다!"라는 이벤트를 많이 합니다. 포토 포인트로서는 굉장히 좋은 방법입니다. 식당에 방문한 고객분들이 공짜 사이다를 받기 위해서 인스타그램에 사진을 촬영하여 업로드를 해주실테니까요. 다만, 문제는 그 다음부터입니다. 인증샷을 찍어서 업로드 하고, 직원을 통해 사이다를 받은 고객은 계산을 한 이후 방금 올렸던 게시물을 삭제합니다.

결과적으로 대부분의 식당 사장님은 원하는 결과를 얻지 못합니다.

결과적으로 식당 사장님은 원하는 결과를 얻지 못한채, 서비스로 사이다만 제공하게 되는 꼴입니다. 그래서 저는 해당 이벤트는 절대 하지 말아야 한다고 말씀드리는 편입니다. 사실, 온라인에서도 마찬가지입니다.

온라인에서 수많은 브랜드가 가장 많이 하는 이벤트는 단연 '스타벅스 기프티콘 제공 이벤트'입니다. 특정 해시태그를 사용하여 게시물을 업로드 하거나, 이벤트 게시물을 리그램/공유하면 추첨을 통해 스타벅스 기프티콘을 주는 이벤트죠. 이 경우도 마찬가지로 당첨자 발표일이 되면 게시물들이 사라지곤 합니다. 이벤트 기간 동안 브랜드 해시태그가 달린 게시물이 발행된다는 장점은 있지만, 이벤트 발표일이 되면 귀신같이 사라집니다. 고객은 때론 영악한 존재입니다.

그렇다면 고객들은 왜 이런 행동을 하는 걸까요? 일종의 보상 심리 때문입니다. 인증샷 이벤트를 보고 '이벤트에 참여하면 사이다를 얻는구나'라는 생각을 하는 것이 아니라 '내가 인증샷을 올려줬으니 사이다를 받아야지'라는 생각을 합니다. 식당에서 혜택을 주는 것이 아닌, 고객이 식당에 도움이 될 만한 행동을 했으니 (당연히)혜택을 받는 것이라고 생각합니다. 인증샷을 올려주었고, 그에 상응하는 대가도 받았으니 계산을 하고 나서 게시물을 삭제하는 것이죠. 이런 소소한 고객의 심리를 놓치게 되면 애꿎은 사이다 서비스만 나가게 됩니다. 그리고 이런 이벤트의 가장 큰 단점은, 자발적인 후기 게시물도 삭제가 된다는 점입니다. 만약 이벤트가 없었다면 자발적인 인증샷 게시물이 업로드가 될 수도 있었을텐데, 사이다 인증샷 이벤트가 존재함으로서 고객의 보상 심리가 발동하고, 삭제가 되어버리는 것입니다. 실제로 광고 대행을 하면서 이런 경우를 경험한 적이 있었습니다.

하루 평균 10개 정도의 후기 게시물이 업로드가 되던 카페가 있었습니다. 어느 날 사장님이 더 많은 후기 게시물을 기대하여 인증샷 이벤트를 진행했습니다. 사진을 찍고 인스타그램에 업로드한 후 직원에게 인증샷을 보여주면 특정 서비스를 제공해주는 이벤트였습니다. 결과적으로 매일 생성되던 인스타그램 후기 게시물의 개수가 줄어들었습니다. 고객분들이 게시물을 삭제했기 때문입니다. 10개 정도의 후기가 매일 쌓였다면, 이젠 10개의 후기 게시물이 올라오면 정말 많이 올라오는 정도가 되어버렸습니다. 당연히 지금은 인증샷 이벤트를 없애고, 다시 원래만큼의 자발적인 후기 게시물이 쌓이고 있는 중입니다.

포토 포인트 콘텐츠를 기획할 때는 가능하면 '어떻게 하면 자발적으로 사진을 찍게 만들 수 있을까?'를 고민하시기 바랍니다.

조금이라도 더 고객의 SNS에 업로드될 수 있는 가능성을 높여야 합니다.

오프라인 식당이나 카페에서 가장 활용하기 쉬운 방법은 역시 '플레이팅'입니다. 많은 사람들이 '항공샷'이라고 해서, 음식이나 디저트/음료를 먹기 전에 사진을 찍는 습관이 있습니다. 이 때 우리가 제공하는 음식 사진을 최대한 예쁘게 찍을 수 있도록 플레이팅을 잘 해주면 사진에 대한 완성도가 높아져 조금이라도 더 고객의 SNS에 업로드 될 수 있는 가능성이 높아집니다. 그리고 요즘은 카페에서 피크닉 세트를 대여해주는 경우가 정말 많습니다. 카페 주변의 예쁜 장소에서 사진을 찍고 피크닉 세트의 후기를 남기도록 유도하는 전략입니다.

인위적으로 '포토존'을 만드는 방법도 있습니다. 사실 일반 식당에서 포토존을 만드는 것은 너무 뜬금없는 느낌이 들지만, 카페나 분위기 좋은 술집 같은 경우엔 많이 활용하는 방법입니다.

천국의 계단 사례는 많은 점을 시사해줍니다.

어느 날 갑자기 인스타그램에 많이 보이는 조형물인 〈천국의 계단〉의 시작은 전라남도 곡성입니다. 수많은 사람들이 해당 조형물에서의 사진촬영을 위해 곡성을 방문했습니다. 사실 곡성은 여행지로 유명한 장소가 아니지만, 2019년과 2020년 가장 핫한 여행지 중 하나였음은 분명합니다. 해당 조형물은 카페 씨엘로의 소유물이라고 합니다.

인스타그램에 해당 조형물이 인기 몰이를 시작하자 타 지역의 카페와 펜션에서도 해당 조형물을 똑같이 따라서 만들어 마케팅을 했습니다. 덕분에 지금은 곡성 뿐 아니라 전 지역에서도 심심찮게 천국의 계단 조형물을 볼 수 있게 되었습니다. 천국의 계단 사례는 많은 점을 시사해줍니다. 수많은 사람들이 여행을 떠나는 이유가 예쁜 사진 1장이라는 점, 한 번 유행하기 시작하면 엄청난 파급력을 불러올 수 있다는 점, 누구나 적용할 수 있다는 점 등.

우리 매장을 방문하는 고객들과, 경쟁사의 매장을 방문하는 고객들의 이유를 찾아 적용하고 발전시키는 것은 정말 중요합니다. 포토 포인트와 관련된 내용은 파트4의 챕터3 인스타워씨를 다시 복습하시면 좋습니다!

CHAPTER. 04

위치 등록하기

사실 오프라인 매장을 오픈했다면 가장 먼저 해야 하는 일이 〈위치 등록〉입니다. 네이버 지도(스마트 플레이스)/다음 지도(검색 등록)/구글 지도(마이 비즈니스)/페이스북 인스타그램의 위치 태그 등록/티맵 지도(업체 신규 등록) 등에 우리 매장의 위치를 등록하는 것입니다. 특정 플랫폼의 지도에 우리 매장의 위치를 등록하는 것은 "무료"이며, 간단한 심사를 통해 등록이 완료되거나 등록과 동시에 등록이 완료되기도 합니다. 방법도 간단하기 때문에 쉽게 등록할 수 있습니다. 네이버에 "○○지도 위치 등록"또는 "○○ 플랫폼 지도 등록"이라고 검색하고 따라만 하면 누구나 쉽게 등록이 가능합니다.

지도 등록과 관련한 매뉴얼의 내용을 책에 모두 담기에는 아쉬운 부분이 많아, 간단한 지도 등록 매뉴얼은 제 블로그에 업로드를 해놓았으니 참고해주시기 바랍니다!

네이버에 "조영빈강사 지도 등록"을 검색하시면 포스팅을 확인하실 수 있습니다.

이번 책에서는 페이스북 지도와 인스타그램에 위치 태그를 등록하는 방법을 알려드리겠습니다!

01 페이스북 지도 등록과 인스타그램 위치 태그 등록은 동시에 진행이 가능합니다.

우선, 페이스북에서 글을 쓰거나 사진을 업로드해서 게시글을 업로드해줍니다.

02 게시물을 업로드하면서 〈체크인〉 기능을 눌러줍니다.

03 우리 매장의 이름을 적어줍니다. 이때는 정
직하게 '○○카페' '○○수산'이라고 하는 것
보다는 "맛있는 커피 ○○카페", "너무 맛있어서, 미
안커피", "세민수산 숙성회"처럼 업체명과 함께 센
스 있는 문구나 주 판매 상품을 같이 입력해주는 것
이 고객들의 기억에 더 오래 남을 수 있습니다.

만약, 이전에 위치를 등록했던 적이 있지만 너무 정직
하게 업체명만을 등록했거나, 수정을 하고 싶은 부분
이 있다면 이번 목차를 처음부터 따라 오시면서 다시
등록해도 됩니다.

04 우리 사업에 적합한 카테고리를 선택한 후
등록해줍니다.

05 현재 위치 사용을 눌러줍니다.

06 마지막으로 업체의 상세 주소를 입력해주면 위치 등록이 끝납니다.

07 페이스북에 업로드한 게시물의 체크인(위치 태그)을 눌러줍니다.

08 좋아요 버튼 옆의 메뉴 버튼을 눌러줍니다.

09 〈회원님의 비즈니스에 대한 페이지인가요?〉 버튼을 눌러줍니다.

10 파일 선택 버튼을 눌러 사업자 등록증 사진을 업로드하여 제출 버튼을 눌러주면 됩니다!

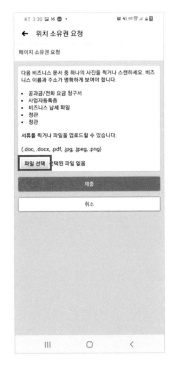

11 마지막으로, 인스타그램에 접속해서 장소 태그 기능을 활용해서 방금 페이스북에 지도 등록한 위치를 태그해서 게시물을 업로드 해줍니다.

이렇게 순차적으로 잘 따라오면 지도 등록, 위치 태그 등록이 어렵지 않지만 종종 제대로 되지 않는 경우들이 있습니다. 대체로 페이스북 지도에는 등록이 되었지만 인스타그램에는 위치 등록이 되지 않는 경우가 있습니다. 만약 이런 현상이 나타난다면, 처음 1번부터 다시 반복해주시면 됩니다.

매장을 오픈하기 최소 10일 전에 매장의 위치 등록을 해놓아야 합니다. 지도 등록이 반려가 될 수도 있고, 페이스북 인스타그램에 제대로 위치 등록이 되지 않을 수도 있기 때문입니다.

오프라인 식당을 오픈했다면 이 외에도 다양한 마케팅을 진행할 수 있습니다. 모든 마케팅을 모두 하면 좋지만, 마케팅에 대한 지식이 부족하다면 인스타그램 마케팅과 더불어 블로그 마케팅, 우리동네 소상공인 광고, 페이스북/인스타그램 스폰서 광고 정도를 추천합니다.

유저들은 광고나 콘텐츠를 보고 바로 구매하지 않고 검색을 통한 검증 과정을 거쳐 구매를 결정하게 됩니다. 이 때 검색은 보통 네이버, 인스타그램, 유튜브, 구글을 검색합니다. 우리 브랜드에 대한 콘텐츠를 미리 유저들이 검색하는 채널에 배포를 해 놓으면 유저들이 검색했을 때 우리 브랜드에서 판매하는 상품이나 서비스를 구매하도록 유도하기에 좋습니다. 그렇기 때문에 SNS 마케팅과 블로그 마케팅은 동시에 진행하는 것이 좋습니다.

우리 동네 소상공인 광고(지역 소상공인 광고)는 네이버에서 진행할 수 있는 광고 상품으로, 특정 지역에 위치한 유저들에게만 광고를 내보내는 형태의 광고입니다. 1 노출 당 1원이라는 엄청나게 합리적인 가격으로 배너 광고를 집행할 수 있다는 점이 가장 큰 장점입니다.

페이스북/인스타그램의 스폰서 광고 기능 중에는 지오 타겟팅(지역 타겟팅)이 있습니다. 우리 매장 반경 5KM 이내의 유저들에게만 광고를 내보낼 수 있도록 설정이 가능합니다. 이 외에도 다양한 타겟팅이 가능하고, 광고를 통해 유저들이 내 인스타그램 피드로 유입이 되기 때문에 계정 운영에도 큰 힘이 되어주는 광고입니다.

이번 목차에서 예시로 보여드린 횟집은 2020년 8월부터 제가 마케팅을 도와주기로 했습니다. 제 책에서는 인스타그램 마케팅을 시작하는 단계 부분만을 소개해드렸지만, 앞으로 인스타그램용 사진 촬영&보정, 업로드, 브랜딩, 광고 등의 과정을 제 블로그를 통해서 소개해드릴 예정입니다!

[부록]
현업 작가에게 듣는 사진 이야기

▶ 풍경사진 작가 '김대일' Interview

▶ 제주 스냅 사진 작가 '유은진' Interview

풍경사진 작가
'김대일' Interview

퇴근 길에 촬영한 대구 이월드의 모습

간단하게 자기 소개 부탁드립니다!

안녕하세요 인스타그램에서 @daily_kdi 로 활동하고 있는 김대일입니다. 사진은 12년차 됐습니다. 첫째가 태어났을 때 아이를 예쁘게 찍고 싶어서 사진을 시작했는데, 요즘은 주로 풍경 사진을 촬영하고 있습니다.

간단한 레퍼런스/경력 소개 부탁드립니다 (수상 내역 또는 제품 촬영 등)

현재 대구 이월드 포토그래퍼로 활동 중이고요, HNI, 네오포토 등의 카메라 장비 관련 브랜드의 엠버서더로도 활동하고 있습니다. 수상 경력은 함안 연꽃 사진 공모전 최우수상, 신안 환경 공모전 은상, 한사진 공모전 대상, 웰니스 여행 사진 공모전 대상 등을 포함해서 공모전 50회 이상의 수상 경력이 있습니다.

최근 유행하는 사진의 트렌드는 무엇일까요?

인물이 주가 되는 사진 보다는 풍경 속에 인물이 살짝 들어가 있는 사진들이 트렌드라고 생각해요. 인물이 주가 되면 풍경이 죽어서 뒷배경이 어딘지 모르지만 풍경 속에 인물이 살짝 들어간 사진은 어디인지도 알 수 있으니까요. 요즘은 여행 사진이 워낙 트렌드이다 보니 뒤의 배경이 잘 어울리는 인물 사진이 트렌드인 것 같습니다. 그리고, 조금 밝은 사진들. 색감이 밝고 청량한 사진들을 많이 선호하는 것 같아요.

예쁜 사진을 촬영하기 위한 팁

촬영을 가기 전에 촬영지의 컨디션을 미리 살펴봐요. 날씨나 꽃 상태 등 최대한 다양한 정보를 면밀히 검토하고 촬영을 합니다.

사진 촬영하기 좋은 장소를 한 군데만 추천 한다면?

국내에는 경주를 추천해요. 역사를 담은 문화재가 많은 장소이기도 하고, 특히 첨성대 주변은 계절마다 꽃이 바뀌어서 갈 때마다 다른 느낌의 사진을 촬영할 수 있어요. 꽃과 문화재 사진을 함께 담기에 너무 좋은 장소로 추천 드립니다.

좋은 사진을 촬영하기 위해 어떤 노력을 하시나요?

사진 촬영 전에 이미지 트레이닝을 많이 하는 편이예요. 특정 장소가 있으면 그 장소에서 어떻게 찍을 것인지 상상하는 거죠. 현장에서 도움이 많이 되요. 로드 뷰나 블로그, 인스타그램의 최신 사진을 많이 참조해요. 현장의 최신 사진들을 보고 현장이 어떤 꽃이 폈는지, 어떻게 변했는지 최대한 알아보고 어떻게 찍을지 머리 속으로 미리 그려보고 현장에 가는 편입니다.

작가님 꽃을 되게 좋아하시네요?

아무래도 사진 속에 꽃이 있으면 눈에 확 들어오는 느낌이 강해져요. 배경으로 꽃이 들어가도 시선을 확 사로잡는 것 같다고 생각해요.

사진을 찍을 때 가장 중요하게 생각하는 요소는 무엇인가요?

현장에서 제가 보고 느꼈던 감정을 최대한 담아내는 것이 제일 중요하다고 생각해요. 일반적으로 사진을 보정하는 것 보다는 그 사진에 알맞게 보정하는게 되게 중요한 것 같아요.

작가님께서 촬영했던 당시의 감정이나 느낌을 사진에 담아낸다! 이런 느낌인가요?

네. 밝은 날 인물 촬영을 했는데 칙칙하게 보정하면 안 되잖아요. 그 날의 기분 좋았던 느낌이나 색감, 감정을 보정하면서 사진에 담는 거죠. 보정하면서 억지로 왜곡하지 않으려 노력해요. 같은 날씨, 같은 장소여도 사람마다 느끼는게 다르거든요. 그런 감정에 맞게 보정을 하는거죠.
'기분 좋은 사진이 조금 밝게 보정되어있는 것'처럼 현장의 느낌을 많이 담으려고 해요. 그러면서 원본의 느낌은 최대한 살리면서 보정하죠. 무엇보다 원본을 최대한 잘 찍으려고 노력하기도 하고요. 원본이 좋아야 후 보정이 쉽거든요. 풍경은 더 그런 것 같아요.

딱 한 가지의 카메라 브랜드를 골라야 한다면 어떤 브랜드를 선택하실 건가요? 그리고 이유가 무엇인가요?

캐논. 브랜드는 개인 취향인데, 조작법이나 스위치의 위치 등이 제 손에 가장 익은 카메라는 캐논이에요. 빠르게 포착해야 하는 순간이 있는데, 제 손에 익은 카메라를 써야 순간을 빠르게 포착할 수 있거든요.

'인스타그램 감성'으로 표현되는 '갬성'을 표현하자면 어떻게 이야기할 수 있을까요?

굉장히 어려운 질문이네요. 감성이라는 말이 사실 어렵고 애매하거든요. 색감이라는 이야기를 많이 하는데, 사실 색에는 감성이 없어요. 사람이 색을 통해 느끼는 것을 의미하지, 색 자체에는 색만 존재할 뿐이예요. 그런데 색감이라는 말을 요즘 많이 쓰잖아요. 보통 색감이 좋다는 말은 인스타그램 유저들이 좋아하는 밝고 청량한 사진을 인스타 감성이라고 많이 하는 것 같아요.
굳이 제가 갬성이라는 걸 표현해 보자면, 사진 1장에 추억이 있고 작은 이야기라도 있으면 그게 갬성이 아닐까요?

인스타그램에서 주목받을 수 있는 사진은 어떤 사진일까요?

여행 사진, 꼭 가보고 싶어하는 장소의 사진, 계절에 걸맞는 사진, 벚꽃 필 때 벚꽃 사진, 이런 사진이 주목을 받기가 조금 더 좋은 사진이라고 생각해요.

왜 여행 사진이 주목을 많이 받을까요?

많이들 가보고 싶어서 찾아 보거든요. 사진 1장 보고 여행가는 사람들이 꽤 많더라고요. 보통 사진 1장에 꽂혀서 가는 분들이 많아요. 소위 말하는 인증샷 찍으려고 유명한 장소에서 2–3시간 기다려서 사진 찍고 하잖아요. 그런 인증샷을 위해서 가는 분들이 많은 거 같아요. 사진 1장 때문에.

'좋아요'와 '덧글' 을 많이 불러 일으킬 수 있

는 사진은 어떤 사진인가요?

대표적으로 여행 사진이 그렇고, 사진 관점으로 이야기를 해보자면 남들과 다른 시선이나 남들과 다른 색다른 보정이 있으면 주목을 끌게 되어서 좋아요 덧글이 많이 발생하는 거 같아요.

예상치 못하게 좋아요를 많이 받았던 사진처럼 좋아요를 많이 받은 사진 중 인상 깊은 사진이 있을까요?

이월드 벚꽃 사진인데, 퇴근할 때 찍은 사진인데요. 벚꽃이 흩날리는 순간에 찍은 사진이거든요. 삼각대가 아니라 손으로 찍은 사진인데 의외로 많은 분들이 좋아하시더라고요.

왜 인기가 많았을까요?

풍경 속에 감성 같은 것이 묻어난 거 같아요. 약간 말하는 듯한 사진이 되었거든요. 사진 속에 청룡열차가 있는데, 청룡열차가 중간을 통과할 때쯤 제가 순간 포착해서 촬영했어요. 기다렸다가 지나갈 때 순간 포착한 저의 이야기가 사진에 잘 담겨서 좋아요 덧글을 많이 받은거 같아요. 흩날리는 벚꽃도 예쁘고. 그리고 퇴근길에 촬영한 사진이다보니 직장인 분들이 많이 좋아해 주신 것 같아요. 제가 퇴근길에 찍은 사진이니까. 제가 제목도 그렇게 했거든요.

사진 뿐만 아니라 제목이나 인스타그램의 캡션도 중요한 역할을 하네요?

네. 캡션은 사진 속의 이야기를 설명하는 역할을 하기 때문에 중요하다고 생각해요.

인스타그램 말고, 이용하는 SNS가 또 있으신가요? 있다면 이유도 알려주세요!

페이스북은 인스타그램과 다르게 그룹이나 페이지가 많이 활성화되어 있어요. 사진 구경, 사진 소통을 위해서 페이스북을 이용하고 있습니다.

작가님이 사진 공부를 위해 참고하는 사이트나 계정이 있다면 알려주시겠어요?

좋아하는 작가님들 인스타그램, 블로그 들어가서 보기도 하고 500px 사이트 종종 들어가서 참고하기도 합니다.

인스타그램 해시태그를 통해서, 좋아하는 작가님들의 계정을 통해서 사진을 공부해요. 보통 외국 사진을 많이 보는 편이고요. 외국 작가님들도 팔로우를 많이 해서 모니터링하고 있어요.

팔로워 1만, 얼마나 걸리셨나요?

3년 정도 걸렸습니다. 꽤 오래 걸렸죠.

작가님만의 팔로워를 늘리는 방법이나 노하우가 있으신가요?

하루에 2장 정도는 꾸준히 올리는게 저와의 약속이에요. 그렇다고 너무 좋지 않은 사진을 올릴 순 없으니까. 2장씩 올리다 보면 제 실력에도 도움이 돼요. 업로드도 시간을 정해서 비슷한 시간대에 업로드하는 것이 좋은 거 같아요. 기존의 팔로워 분들이 이 시간대면 제 사진이 올라올 때가 됐다는 걸 알고 기대감이랑 신뢰감도 생기는 것 같아요.

여행에 미치다 같은 곳에 제보를 해서 여행에 미치다 계정에 제 사진이 업로드가 되면 팔로워가 많이 늘더라고요.

청옥산 육백마지기를 유명해지기 전에 다녀오셨다고 들었습니다. 어떻게 찾으셨어요?

꾸준히 다녀보고 검색을 많이 하는 편이에요. 네이버, 구글, 인스타그램 등 제가 찾아볼 수 있는 방법은 모두 동원해서 많이 찾아보고 가요. 너무 예쁜 장소라고 생각하고, 사진도 만족스럽게 촬영했어요. 이후에 방송에 사진이 소개되기도 했구요.

작가님은 빛을 정말 잘 활용하시는 것 같아요. 초보자들도 빛을 잘 활용할 수 있을까요?

저도 아직 빛을 잘 활용하는지 모르겠지만, 사진을 빛의 예술이라고 하잖아요. 풍경이나 사물을 유심히 살펴 보면 빛이 나가고 들어가는 것이 눈에 보여요. 초보자 분들도 유심히 빛을 잘 살펴 보면서 이를 활용하려는 노력을 하다 보면 충분히 활용하실 수 있다고 생각합니다.

풍경 사진을 예쁘게 찍기 위해서는 어떤 노력이 필요한가요?

풍경 사진은 진짜 쉬우면서도 어려운데, 풍경 사진은 접하기가 좋아요. 누구나 쉽게 접하기 좋은데 좋은 풍경을 얻으려면 조금의 노력이 필요하죠. 남들 보다 조금 더 일찍 일어나고, 촬영지의 컨디션을 파악하는 등의 노력이 필요하죠.

가장 기억에 남는 촬영 장소는 어디인가요?

화순 세량지. 처음 풍경 시작할 때, 사진 1장에 반했던 게 화순 세량지의 벚꽃 사진이거든요. 굉장히 가보고 싶어했던 곳인데, 이 날이 가장 기억에 남아요. 좋은 사진을 찍고 싶어서 일주일 전부터 날씨 계속 체크했어요. 벚꽃 상태나 날씨, 물안개가 언제 피고 안 피는지 등. 촬영 날 가는 길에 봄인데도 불구하고 폭설이 왔어요. 망했구나 생각을 했는데, 일출 뜰 때쯤 눈도 그치고, 구름도 싹 걷히고, 새벽 물안개도 피고 엄청 좋았어요. 사진 찍기 너무 좋은 날씨가 되었어요.

가장 가보고 싶은 출사지는 어디인가요?

해외를 가보고 싶어요. 뉴질랜드나 아이슬란드. 여행 겸 풍경 사진 찍으러요.

앞으로 작가님의 목표 여행작가인가요?

여행작가라기 보다는 여행 다니면서 사진을 많이 남기는 사람이 되고 싶어요.

작가님은 사진을 찍기 위해 여행을 떠나는 것 같아요.

사진을 목적으로 여행을 가는 편은 맞아요. 찍고 싶은 풍경이 있어서 주로 떠나죠. 원하는 사진을 촬영하면 남은 시간은 여행에 집중하고요.

사람들이 좋아하는 구도와 색감은 뭘까요? 색감은 아까 얘기 했으니 구도에 대해 이야기 해주세요!

구도는 장소에 따라 많이 다르죠. 망원이 잘 어울리는 구도가 있고 광각이 잘 어울리는 구도가 있어요. 구도는 현장에 따라 다르다고 답변을 드리고 싶어요.

좋지 않은 카메라로 최상의 결과를 뽑아 내는 방법?

좋은 카메라로 찍는게 제일 좋은데, 좋지 않은 카메라로 찍는다고 나쁜 사진이 나오는 건 아니에요. 장비빨을 이겨낼 수 있는 방법은 신선한 구도나 보정인 것 같습니다.

전문가도 아니고 카메라도 좋지 않은 상황에서 평범한 일반인이 스튜디오를 렌탈해서 촬영해도 좋은 제품 사진을 찍을 수 있을까요?

제품 사진은 조명이 제대로 들어가는게 좋아요. 제품 사진은 감성으로 찍는게 아니라 제품을 돋보 보이게 찍어야 하니까 조명을 잘 활용하는 전문가 분이 찍을 줄 알아야 해요. 인물은 빛이 잘 들어오는 곳에서 찍으면 왠만하면 잘 나오니까 일반인이 촬영해도 된다고 생각해요.

핸드폰으로도 촬영이나 보정을 하시나요?

핸드폰으로도 촬영합니다. 핸드폰은 아이폰7 Plus 사용하고 있어요.

어플리케이션은 어떤거 사용하시나요?

모바일 포토샵 사용합니다. 이 외의 어플리케이션은 잘 안 써요.

PC로는 어떤 보정 프로그램 쓰시나요?

대량의 사진을 보정할 때는 라이트 룸을 쓰지만, 1장의 사진을 보정할 때는 보통 거의 포토샵을 사용합니다. 겸용해서 쓰긴 하지만 거의 포토샵을 사용하고 있어요.

촬영 프로젝트 중 가장 재미있는 프로젝트는?

동해에서 커다란 얼음을 사서 아이슬란드 다이아몬드 비치처럼 장노출을 활용해서 찍은 사진이 있어요. 아이슬란드까지 못 가니까 한 겨울에 얼음 사서 비슷하게 연출을 해서 촬영 해봤죠. 아이슬란드처럼. 반응이 되게 좋았어요. 많이들 놀라고, 아이슬란드냐고 많이 물어 보셨어요.

남원도 재미있었어요. 가볼만한 여행지가 가까이에 있어서 여기저기 가보기가 좋더라고요. 광원루같은 경우에는 나무나 물이 많아서 촬영하기가 너무 좋았어요. 야경도 너무 예쁜 곳이고요.

화순 세량지에 핀 벚꽃

함안 연꽃 사진 공모전 최우수상 수상작

동해에서 연출한 아이슬란드 다이아몬드 비치 느낌의 사진

제주 스냅 사진 작가 '유은진' Interview

간단하게 자기 소개 부탁드립니다!

안녕하세요. 두시의동화(@jeju_fairytale) 은진(@pastel_jeju)과 지훈(@hun_fairytale)입니다. 저희는 제주에서 커플 작가로 활동 중이에요. 반갑습니다!

간단한 레퍼런스/경력 소개 부탁드립니다 (수상 내역 또는 제품 촬영 등)

2018년부터 2년간 이니스프리 오피셜계정 공식사진작가로 활동했었구요. 이니스프리 강남점에서 이니클래스 사진강의를 간단하게 진행한 적이 있습니다. lg모바일 스마트폰 스냅사진촬영도 진행했었어요. 그리고 현재는 제주스냅에 집중하고 있습니다.

최근 유행하는 사진의 트렌드는 무엇일까요?

사진의 트렌드라 너무 어려운 질문이네요. 사람들이 좋아하는 요즘의 사진 방향은 나도 이 사진속의 주인공이 되고싶은 마음이 드는 사진. 그리고 조금 더 저희만의 특별한 색감을 추구하는 것 같아요.

사진 촬영하기 좋은 장소를 한 군데만 추천해주세요.

일반인도 누구나 찾아가기 쉽고, 인생사진을 건질 수 있는 곳이 있다면 바로, 아부오름과 금오름이에요. 동쪽에는 아부오름, 서쪽에는 금오름이 있어요. 둘다 정상까지 거리가 10-20분 이내로 짧은것이 장점이구요, 올라가면 탁트인 시야, 그리고 정말 멋진 절경이 펼쳐져요. 안가보셨다면 꼭 한번 가보시길 추천드립니다.

좋은 사진을 촬영하기 위해 어떤 노력을 하시나요?

좋은 장비를 삽니다. 장난이구요! 사실 그것보다 더 중요한건 일에서 벗어나서 자유로운 영감을 받는게 제일 중요한 것 같아요. 너무 치여서 일만하다보면 잘 나와야 할 사진도 안나오기 마련이구요. 여기저기 돌아다니면서 구경하고 눈으로 많이 담고 다닙니다.

사진을 찍을 때 가장 중요하게 생각하는 요소는 무엇인가요?

표정이요! 모든게 완벽해도 사실 표정이 이상하면 사진이 죽어버려요. 포즈가 조금 어색하더라도 표정이 좋으면 사진이 완벽해지는 마법 같은 부분이죠. 혼자 모든 것을 하려고 하기보다는 누군가 옆에서 디렉팅을 해주면 훨씬 더 잘나오는 부분이 있더라구요. 예를들어 훈작가님이 카메라를 잡고 옆에서 제가 포즈나 느낌에 대해 디렉팅을 같이 하는거죠! 이렇게 하면 시너지가 있다고 생각해요.

사진을 보정할 때 가장 중요하게 생각하는 요소는 무엇인가요?

저는 색감을 제일 중요하게 생각합니다. '두시의동화'만의 동화 같은 색감으로 입히는 작업을 제일 중요하게 생각하고 시간도 많이 투자합니다. 그다음은 피부, 몸의 선이나 비율 이런부분들을 봐요.

어떤 피사체를 가장 좋아하시나요? 이유도 함께 알려주세요!

20대 소녀의 감성을 제일 좋아합니다. 이유는 간단해요! 순수해서 그 순수한 미소가 너무너무 예뻐보이더라구요.

딱 한 가지의 카메라 브랜드를 골라야 한다면 어떤 브랜드를 선택하실 건가요? 그리고 이유가 무엇인가요?

이미 캐논브랜드만 쓰고있긴하지만, 다시 고르라고 한다고 해도 캐논을 선택할 것 같아요. 제일 애정하는 브랜드이기도 하고 카메라 내에서 캐논만의 따뜻한 색감이 있어요. 원본자체도 캐논만의 예쁜 그 색감을 좋아해요.

'인스타그램 감성'으로 표현되는 '갬성'을 표현하자면 어떻게 이야기할 수 있을까요?

수많은 사진들속에서 눈에 띄는 사진, 그리고 사진을 들여다봤을 때, '아'하는 감탄이 있는 사진이 갬성이라고 생각해요. 사진한장으로 감동을 줄 수 있으면 더 좋구요.

인스타그램에서 주목받을 수 있는 사진은 어떤 사진일까요?

인스타그램에서 주목받을 수 있는 사진은 각자 좋아하는 분야가 다르겠지만, 가보지 못한 곳, 그곳에서 동화속 주인공처럼 나온 사진이 조금더 주목을 받는 것 같아요. 예쁜 배경속에서 예쁜 옷을 입은 사람. 2-30대 여자분들께서는 많이 공감해주실 것 같아요.

'좋아요'와 '덧글'을 많이 불러 일으킬 수 있는 사진은 어떤 사진인가요?

사실 유명한 사람일수록 좋아요와 덧글, 그 인기가 비례하죠. 일반인도 좋아요와 덧글을 많이 받을 수 있는 방법은 그만큼 인스타그램에 시간투자를 많이하는 거에요. 인친들에게 안부도 전하고 먼저가서 덧글도 남겨주고요. 활동을 열심히 하는 방법이죠!

요즘은 피드 콘텐츠 보다는 스토리 콘텐츠가

더 중요하다고 하는데, 이에 대해서는 어떻게 생각하시나요?

그러게요! 피드는 예쁜 사진을 저장해놓는 곳이라면, 스토리는 그날그날의 느낌. 하루 지나면 없어지는 특별한 콘텐츠라는 느낌 때문에 더 그런것같아요. 저도 예쁜것이나 오늘의 촬영현장 등을 스토리에 열심히 올리곤 하는데 생각보다 많은 분들이 봐주시더라구요!

스토리 콘텐츠를 업로드할 때의 노하우나 팁이 있다면 알려주시겠어요?

예를 들어 스토리 콘텐츠 하나를 만들어서 하이라이트에 올리고 싶다면, 이름그대로 스토리있게 올려주시는 것이 좋아요! 두시의동화 스토리콘텐츠 1)들판의동화 2)바다의동화 이런식으로요!

인스타그램 말고, 이용하는 SNS가 또 있으신가요? 있다면 이유도 알려주세요!

다른 SNS를 사용하지는 않고있어요. 일이 워낙 많아서 인스타그램만 하기에도 벅차기도 하고요. 블로그에는 글을 가끔올리고있어요. 사진한장으로 모든걸 보여주기가 어려울 때 블로그에 그날의 분위기를 설명하며 더 많은 사진들을 올리면 손님들이 저희 브랜드를 이해하기가 더 쉬운거죠.

작가님이 사진 공부를 위해 참고하는 사이트나 계정이 있다면 알려주시겠어요?

핀터레스트에서 많이 봐요 J 사진공부는 딱히 안하지만 온라인보다는 오프라인으로 직접 눈으로 보는게 더 좋다고 생각해요 .

팔로워 9천! 얼마나 걸리셨나요?

저는 2년정도 걸린것같아요! 제가 2년동안 내내 인스타그램을 열심히 한 것은 아니지만 최근들어 부쩍 열심히 하고 있습니다!

인스타그램 광고(스폰서 광고/홍보하기)를 해본 적이 있으신가요?

네! 물론있죠. 마케팅을 인스타그램으로밖에 안하기 때문에 스폰서 홍보를 자주했었어요.

해보셨다면 효율은 어떠셨나요?

스폰서를 안 했을 때보다 1.5배 효율정도를 기본적으로 적용되는 것 같아요. 100프로 장담할 순 없지만 사진이나 그시기에 분위기가 딱 맞다면 몇배까지 되기도 하구요.

작가님만의 광고 세팅 노하우가 있나요?

'같은사진을 여러 번 보여주는 것'보다는 짧고 굵게 2일 혹은 3일 이렇게 홍보합니다. 그리고 여러사진들을 스폰서를 해서 다양하게 보여드리는 방법으로 택하고 있어요.

가장 아끼는 사진을 보여주세요. 그리고 이유도 알려주세요!

이사진 제일 좋아합니다! 바람결에 날리는 머리카락과 치마 그리고 너무 좋았던 빛, 하늘, 소녀, 모든게 완벽했어요! 이런 동화 같은 사진들을 보면 제가 찍었지만 보면서 제 스로도 힐링되고 또 많은 분들이 제 사진을 보면서 힐링받으셨으면 좋겠습니다.

이니스프리와의 작업은 어떻게 시작하게 되었나요?

제가 스냅사진을 시작하며 인스타그램을 한 지 3개월쯤 안되서 대행사 측에서 직접 연락이 왔었어요 !

가장 기억에 남는 프로젝트가 있다면?

이니스프리 봄 최고매출을 올려주었던 벚꽃 톤업크림 촬영이 기억에 남아요. 신제품촬영은 항상 전월에 진행하기 때문에 항상 많은 이슈들이 있어요 ㅎㅎ 3월에 촬영을 했었어야 했는데, 벚꽃이 없어서 조화 몇십 가지와 꽃잎들을 구해 일일이 뜯어서 배경으로 썼던 기억이 납니다.

이니스프리 외 다른 브랜드의 제품 촬영을 해보신 적이 있으신가요?

같은 화장품계열은 아니지만 몇몇 소규모브랜드에서 제품 촬영의뢰가 들어와서 진행했었어요. 그전에도 기념품 디자인회사를 다닐 때 회사에서 제품촬영을 맡아서 했었구요!

제품 촬영을 할 때 가장 많이 신경 쓰는 부분은 무엇인가요?

아무래도 제품이 의도하는 컨셉, 그리고 제품의 셰입(shape)이 얼마나 예쁘게 보이느냐 얼마나 반짝일 수 있게 담는지가 제일 중요한것같아요.

국내에서 가장 인스타그램 마케팅을 잘하는 브랜드로 많은 분들이 이니스프리를 선정하고, 그 중에서도 피드의 사진에 대한 칭찬을 정말 많이 하는데요. 기분이 어떠신가요?

그런가요? 주변에서 얘기는 들었었는데, 직접 광고전선에는 뛰지않으니 실감나진 않는 부분이네요. 이니스프리에서는 브랜드가치를 보존하려는 노력과 이미지로 보여주려는 노력들이 많아요. 특히나 아름다운 제주를 보여주는 부분도 그렇구요. 그 부분을 제일 칭찬하고 싶어요.

작가님이 생각했을 때 제품 촬영을 잘 하는 브랜드가 있다면?

화장품계열쪽에서는 저는 외국브랜드의 프레시(fresh)브랜드의 사진이 리얼리즘하면서도 여성들의 마음을 감동시키는 색감을 쓰는 것 같아서 좋더라구요!

인물 사진과 제품 사진 중 어떤 촬영이 더 힘드신가요?

저는 개인적으로 제품사진이 더 힘들더라구요. 인물과는 촬영하면서 대화를 하고 맞춰갈 수 있는데 제품은 말을 안하니, 촬영하면서 심심하기도 하고 답답한부분도 있구요. 열심히 해서 다 찍었는데 결과물이 좋아도 클라이언트의 마음에 안들면 또 그게 문제더라구요 !

주로 제주도에서 웨딩 스냅을 촬영하시잖아요! 많고 많은 사진 중 웨딩 스냅을 고집하는 이유가 있을까요?

제주에 웨딩스냅작가님들이 참많죠.그만큼 수요가 많긴합니다. 현재는 초과포화상태에요. 경쟁이 치열해서, 모든 스냅업체가 사랑받기가 힘들어요. 3년동안 제주스냅을 하면서 손님들이 두시의동화를 많이 사랑해주시기도 하고 입소문을 내어주시기도 하구요. 그래서 여기까지 오지 않았나 싶어요. 제가 웨딩촬영만 하는 것은 아니고, 개인화보, 여행스냅 가족스냅 도 전부촬영합니다. 예약주시는 비율이 웨딩이 더 많은 것 뿐이에요.

앞으로 작가님의 목표는?

롱런하는 게 저의 목표입니다. 사랑해주셔서 감사합니다

지난 2017년에 출간한 〈0원으로 하는 인스타그램 #해시태그 마케팅〉의 책은 제가 책을 쓰고 있는 현재까지 6쇄를 향해 달려가고 있습니다. 이 책 덕분에 더 유명해져서 10쇄를 찍을 수 있는 스테디셀러 작가가 되기를 간절히 기도하고 있습니다.

별다른 광고와 마케팅 활동을 하지 않았음에도 책 판매가 잘 되고 있는 것을 보면 뿌듯하기도 하고 신기하기도 합니다. 어떤 분들이 책을 구매해주시고 읽어 주시는지 잘 모르겠지만, 너무너무 감사합니다. 종종 독자분들께서 자발적으로 올려주시는 블로그나 SNS의 후기를 발견하면 너무 기쁩니다. 1년 동안의 집필 기간에 대한 보상을 받는 기분이랄까요?

제 책을 구매해주신 분들 덕분에, 제 책을 다른 이에게 추천해주신 분들 덕분에, 책을 집필하면서 많은 도움과 인사이트를 제공해주신 분들 덕분에, 디지털북스 출판사의 노력 덕분에, 태어나서 처음 집필한 〈0원으로 하는 인스타그램 #해시태그 마케팅〉 책이 세종 도서에 당당히 선정될 수 있었습니다. 정말 정말 감사합니다!

이번 책도 마찬가지로 많은 분들의 도움으로 만들어지게 되었습니다. 처음 출간했던 책 보다 더 좋은 책으로 고객 분들께 기억에 남길 바랍니다. 책에 대한 아쉬운 내용이나 좋은 내용 등의 피드백은 언제든지 환영입니다! 저도 몇 번의 검수를 하고, 출판사도 몇 번의 검수를 해주시지만 혹시 모를 오타에 대한 정보도 언제든지 환영합니다! 아래 제 개인 메일 주소로 책에 대한 그 어떠한 내용이든 공유 부탁드리겠습니다. 제 책을 구매해주셔서, 끝까지 읽어주셔서 정말 감사합니다!

저의 첫 번째 책, 〈0원으로 하는 인스타그램 해시태그 마케팅〉처럼 이번 〈소상공인을 위한 인스타그램 해시태그 마케팅〉책에서도 역시 1쇄에는 추천사를 생략하였습니다.

2쇄부터 들어가게 될 추천사는 독자분들에게 받고 싶습니다. 제 책의

1쇄를 읽어보신 분들 중 추천사를 남겨주실 수 있는 분들은 제 개인 메일(passionvip@naver.com)로 부탁드리고 싶습니다. 지금 쓰는 이 내용을 얼마나 많은 분들이 보고 계실지 모르지만 이 책의 가장 마지막인 에필로그, 감사 인사까지 보시는 분들께 받는 추천사는 저에게도, 제 책의 내용에도 큰 의미가 있는 추천사가 될 것 같습니다.

2020년 8월
저자 조영빈(passionvip@naver.com)

| 1판 1쇄 인쇄 | 2020년 8월 1일 | 1판 1쇄 발행 | 2020년 8월 10일 |
| 1판 2쇄 인쇄 | 2021년 6월 25일 | 1판 2쇄 발행 | 2021년 6월 30일 |

지 은 이 조영빈
발 행 인 이미옥
발 행 처 디지털북스
정   가 16,000원
등 록 일 1999년 9월 3일
등록번호 220-90-18139
주   소 (03979) 서울 마포구 성미산로 23길 72 (연남동)
전화번호 (02) 447-3157~8
팩스번호 (02) 447-3159

ISBN 978-89-6088-349-9 (03320)
D-20-15
Copyright ⓒ 2021 Digital Books Publishing Co,. Ltd

DIGITAL BOOKS
디지털북스